素养本位课程创生丛书
丛书主编：张华 任燕 程明

小学大观念教学

设计与实施

张华 任燕 廖伟 主编

教育科学出版社
·北京·

出 版 人　郑豪杰
策划编辑　池春燕
责任编辑　杨建伟
版式设计　孙欢欢
责任校对　贾静芳
责任印制　叶小峰

图书在版编目（CIP）数据

小学大观念教学：设计与实施／张华，任燕，廖伟主编. —北京：教育科学出版社，2023.3（2023.3重印）
（素养本位课程创生丛书）
ISBN 978-7-5191-3445-7

Ⅰ.①小… Ⅱ.①张… ②任… ③廖… Ⅲ.①课程设计—教育研究—小学 Ⅳ.①G622.3

中国国家版本馆 CIP 数据核字（2023）第 035357 号

素养本位课程创生丛书
小学大观念教学：设计与实施
XIAOXUE DA GUANNIAN JIAOXUE：SHEJI YU SHISHI

出版发行	教育科学出版社				
社　　址	北京·朝阳区安慧北里安园甲9号		邮　　编	100101	
总编室电话	010-64981290		编辑部电话	010-64981151	
出版部电话	010-64989487		市场部电话	010-64989009	
传　　真	010-64891796		网　　址	http://www.esph.com.cn	
经　　销	各地新华书店				
制　　作	北京金奥都图文制作中心				
印　　刷	三河市兴达印务有限公司				
开　　本	720毫米×1020毫米　1/16		版　　次	2023年3月第1版	
印　　张	20		印　　次	2023年3月第2次印刷	
字　　数	301千		定　　价	58.00元	

图书出现印装质量问题，本社负责调换。

谨以此书献给正在努力探索大观念教学的老师们！

本书作者

主　编：张　华　任　燕　廖　伟
副主编：程　明　龚青铧　彭小珊

各部分作者

总论部分（第一、二章）：张　华　任　燕
语　文：张纯静　方　媛　任　燕　甘　虹　罗　燕　谭　洁
数　学：刘　苹　熊　雪　郭雨佳　潘国龙　郭腾岳
　　　　赵廷廷　彭　娜　雷国娇　王　霞　曾　莉
英　语：甘翠竹　唐经纬　徐　画　唐晓雨　谭文静　张　杭
　　　　郑淑文　屈　杨　宋翌栋　宋　利　赵雯青
科　学：潘诗雨　唐　静　杨明忠　陈　洁
体　育：李　璞　张俸彬　马文凯　范永强　薛文涛
艺　术：张宁玲　冯　卓　曹倩雯　桂　栖　吴　桃　李天予
　　　　赵思妮
超学科：代　韵　杜璐遥　司雅静　李一莹

目 录
CONTENTS

第一章　小学大观念课程与教学：是什么？为什么？怎么做？　/1

第二章　小学大观念教学设计路径与框架　/13

第三章　语文　真实世界与文学世界的对话
　　　　　　——跨文体组元导向大观念理解　/45

第四章　数学　在探究中经历知识的诞生
　　　　　　——从面积度量到万物的尺度　/77

第五章　英语　从"学习英语"到"用英语学习"
　　　　　　——饮食背后的多元文化理解力　/117

第六章　科学　真实情境催生社会责任意识
　　　　　　——从长江禁渔令说起　/157

第七章　体育　用"运动思维"实现自我探索
　　　　　　——从技能走向理解　/191

第八章　艺术　像艺术家一样感知和表达
　　　　　　——"看得见"的节奏　/219

第九章　超学科　个人身份与文化认同
　　　　　　——听，服饰在说话　/265

附　录　/299
参考文献　/310

第一章
小学大观念课程与教学：
是什么？为什么？怎么做？

一、引言

进入新千年后的第一个 20 年,很可能是我国有史以来发展最快的时期,我国已经快速迈入信息时代。2022 年 2 月 25 日,中国互联网络信息中心发布的第 49 次《中国互联网络发展状况统计报告》显示:截至 2021 年 12 月,我国网民规模达 10.32 亿,互联网普及率达 73%;网民人均每周上网时长达到 28.5 小时,互联网深度融入人们的日常生活和职业世界;网民使用手机上网的比例达 99.7%,手机已成为人们生活和工作的基本工具。

在日新月异的信息时代,小学里 6—12 岁的儿童将来走上社会将使用的新技术和从事的新职业可能尚未诞生,他们在职业生涯中很可能平均更换 7—8 次工作。知识和信息的激增,使知识的"半衰期"至多只有一年(Neisbitt et al.,2019)。在这个经济全球化和信息化、文化多元化、社会国际化的新时代,"专家思维力"和"复杂交往力"必将成为每个公民的基本素养。在如此急剧变革的时代,我们该用什么内容和方法教育我们的儿童,该追求什么样的教育目的?

对时代提出的教育问题,《义务教育课程方案(2022 年版)》给出了鲜明回答:构建信息时代课程与教学新体系,发展儿童核心素养,保障每位儿童的受教育权。课程方案指出:"聚焦中国学生发展核心素养,培养学生适应未来发展的正确价值观、必备品格和关键能力。"为达此目标,方案又具体写道:"基于核心素养培养要求,明确课程内容选什么、选多少,注重与学生经验、社会生活的关联,加强课程内容的内在联系,突出课程内容结构化,探索主题、项目、任务等内容组织方式。原则上,各门课程用不少于 10%的课时设计跨学科主题学习。"

让我国基础教育彻底摆脱"应试教育"价值观,走向"核心素养观"与"未来教育观";让课程与教学内容摆脱"里宽寸深"(mile wide, inch deep)的知识技能丛林和"题海战术",走向"少即多"(less is more)的核心概念或大观念;让教学过程植根真实情境、形成真实任务,学生运用大观念解决复杂问题、经历真实实践、完成真实任务,由此持续发展概念性理解与核心素养,知识技能由此变成发展核心素养的手段、"副产品"与"伴随物";让课程评价超越"分分计较"的纸笔测验,走向基于真实任务的表现性评价,学生在完成表现性任务的过程中运用高阶思维(high-order thinking),使用聚焦概念性理解的评价量规衡量学生核心素养发展水平;让亿万小学生从日复一日的"做题人"真正转变为信息时代的"做事人"和创造者。凡此种种,构成本次课程改革的核心内容与根本追求。

本次课程改革最耀眼的目标是概念性理解与核心素养,宛如皇冠上熠熠闪光的明珠;最核心的改变是大观念课程与教学。每一位教师在日复一日的工作中自觉走向大观念课程与教学之日,就是课程改革成功之时。

二、什么是大观念课程与教学?

我国当前面向信息时代的课程改革提出了一系列新术语,其中最主要的就是"核心素养"。所谓"核心素养",就是把"三维"目标——知识与技能、过程与方法、情感态度价值观融合起来,回到真实情境,解决复杂问题的高级能力和人性能力。它是为了迎接21世纪信息时代的挑战而提出的概念,故又称"21世纪素养"。

核心素养概念的提出,意味着我国整个课程和教学体系将从课程目标、课程内容到教学、学习和评价方式进行整体变革。为实现此变革,我国学者提出了一系列伴随核心素养的以"大"为定语的概念:大项目、大问题、大情境、大任务、大观念,等等。在这里,"大"的意思是"强而有力":能够帮助学生"强而有力"地解决真实情境中的复杂问题。所有这些概念的本质都是"大观念"(big ideas)。倘若没有"大观念"的理解与应用,课程改革很可能流于形式,"换汤不换药",改革目标难以达到。因此,核心素养理念意味着我国基础教育正在走向"大观念教学":让各门学科的教学由传递学科事实、掌握知识点,走向理解学科事实以产生"大观念",帮助学生产生可广泛迁移的"概念性理解"。只有当学生理解了学科大观念,形成了"专家思维能力"和"复杂交往能力",他们才能成为信息时代"负责任的创造者",我国教育改革才能完成时代使命。

所谓大观念课程与教学,是以学科大观念为主要内容,以学科实践为主要过程,以发展学生概念性理解与核心素养为目标的课程与教学。大观念教学的本质是概念性理解,旨在发展每一个学生的逻辑心性与批判性思维能力。在大观念课程与教学中,一切知识、技能变成了手段,成为发展概念性理解与核心素养的工具。第一次明确提出大观念对教育的意义的人很可能是怀特海(Whitehead),他在1912年做的名为"数学课程"的演讲中说道:"无人能成为好的推理者,除非他通过持久实践,已然意识到理解大观念并死死坚守大观念的重要性。"(Whitehead,1929)[84]

大观念课程与教学有着悠久的过去,却只有短暂的历史。从其悠久的传统而言,柏拉图的"理念"(idea,又译为"理式""理型"等)是今日"观念"及"概念"的源头。他区分了"理念世界"与"现实世界",认为抽象的"理念"是完美而实在的,具体的"现实"则是"理念"的不完美的复制品,是虚假而变化的。亚里士多德的形而上学和形式逻辑发展了柏拉图的"理念论"。在欧洲大陆唯理论(rationalism)和英国经验论(empiricism)长期分庭抗礼之后,直到18世纪康德系统确立起"先验认识论",为现代科学和今日倡导的学科概念奠定哲学基础。康德说:"思维即通过概念而认识。"(Kant,1992)他进而提出了著名的认识论公式:概念无经验则空,经验无概念则盲,概念与经验的结合即理解或知性的发生。(Kant,1996)在康德看来,概念具有独立性,不能通过分析经验事实而获得。概念又依赖经验事实验证其合理性。杜威在其独特的探究逻辑的基础上,撰写了被称为"进步教育圣经"的不朽名著《我们怎样思维》,这也是关于核心素养的经典之作。杜威认为概念或观念是分析困惑问题的理智工具,是引领实验或探究的假设。这样,学科概念或观念就与学科实践或实验具有了内在联系。从柏拉图、亚里士多德到康德、杜威,他们的概念或观念理论为今日大观念课程与教学提供了取之不尽、用之不竭的智慧资源。

从诞生历史看,大观念课程与教学是20世纪60年代以后的产物。布鲁纳(Jerome Bruner)和施瓦布(Joseph Schwab)所引领的"学科结构运动"为大观念课程与教学奠定了思想基础。所谓"学科结构",即一门学科的基本概念、基本原理及相应的探究方法和态度。与学科结构相适应的学习方式是"发现学习"或"探究学习"。今日大观念课程与教学直接继承了这些观点并有所发展。在

"学科结构运动"的历史背景下,美国课程理论家塔巴(Hilda Taba)于 1962 年出版了《课程开发:理论与实践》(*Curriculum Development:Theory and Practice*)一书,她在本书中将课程内容区分为四个水平,即具体事实与过程(specific facts and processes)、基本观念(basic ideas)、概念(concepts)、思想体系(thought systems)。塔巴指出,掌握具体事实与过程的好处是相当有限的,"这类知识可描述为是静态的,是'死胡同'。掌握它们不会产生新观念,不会将思想引向前方"(Taba,1962)。只有基本观念、概念和思想体系能够在具体事实之间建立联系,为学生的"洞见和理解"提供情境。一般认为,大观念课程与教学起源于塔巴的《课程开发:理论与实践》一书。深受塔巴著作和研究工作的影响,美国当代教育家埃里克森(H. Lynn Erickson)于 1995 年在《激荡头脑、心灵与灵魂》(*Stirring the Head,Heart and Soul*)一书中,第一次提出了"概念本位课程与教学"(concept-based curriculum and instruction)这一术语,创立了大观念课程与教学最具代表性的范式。

埃里克森"概念本位课程与教学"模式的核心内容包括四方面:①概念视角(conceptual lens),即提取与主题内容相适切的核心概念,作为探究主题内容的心智工具或结构;②协同思维(synergistic thinking),即运用概念视角理解学科事实,运用学科事实支持、验证概念性理解,使概念与事实协同发展,这里的"协同思维"与"批判性思维"具有同质性;③归纳教学(inductive teaching),即学生在小组合作与教师指导下自己获得概念性理解,用"再发明"知识的方式学习知识;④引导问题(guiding questions),即运用"事实性问题""概念性问题"和更加开放的"辩论性问题"引导学生的系列探究活动,让教学成为探究过程。(Erickson et al.,2014)[95-103]

埃里克森的教学模式是大观念课程与教学的主要模式之一,目前已被广泛采用。除埃里克森模式以外,其他的大观念课程与教学模式还包括:威金斯(Grant Wiggins)和麦克泰格(Jay McTighe)的"设计性理解"模式(understanding by design);统整课程模式(integrated curriculum model);组织图模式(graphic organizer model);科学技术社会取向(STA approach);5E 教学模式(5E teaching model);等等。日益增多的模式充分说明:大观念课程与教学正在成为国际课程与教学理论和实践的重要发展方向。我国倡导大观念课程与教学顺应了国际课程改革趋势。

儿童是高阶思维者。儿童与生俱来带着"四种本能":社会交往本能、建造本能、探究本能与表现本能。(Dewey,1976)由此构成儿童高阶思维和社会交往的自然能力与基础。儿童出生以后,便基于这些高阶思维和社会交往的"种子"与周围环境展开互动,在积极主动的行动——游戏和活动中改变着世界、建构着自我。儿童在活动过程中,基于日常生活经验,自发建构着各种各样用于解释生活现象的"天真理论"(naive theories),并以这些理论为背景形成和发展着"日常概念"。"毛衣能产生热量","树摇动产生了风","山是有人建造的","雨是天上的爷爷在浇花"……,诸如此类的"理论"和相应的"概念"在学术或科学上是错误的,因而被称为"迷思概念"(misconceptions)。(Gardner,2011)然而,儿童这些迷人的"天真理论"和"错误概念"从另一个方面证明:儿童是理论、概念和价值的建构者。进入制度化幼儿园和学校教育以后,儿童基于其日常生活经验及由此形成的天真理论和日常概念,系统学习更有解释力量和社会意义的以学科形态呈现的学术理论与概念。这个过程便是将学科逻辑转化为儿童的心理经验,变成儿童经验生长的环境,并以学科逻辑为判断标准从儿童既有经验中选择有生长价值的要素,让儿童以社会交往、探究、建造、表现等方式学习学科知识,参与社会生活,主动纠正原先的"迷思概念",不断形成日益丰富和专业化的"概念性理解",最终发展成为具有高阶思维能力和社会责任感的具有自由个性的人。

因此,小学大观念课程与教学即围绕超学科主题(生活主题)与学科主题,选择超学科概念(如形式、功能、因果、变化、关系、视角、道德、审美等)与学科概念,形成大观念与探究问题,设计真实表现性任务和系列探究活动,让学生在真实实践中发展概念性理解,掌握鲜活的学科知识,培养做事的能力和品格,最终形成负责任的创造者。

三、为什么倡导大观念课程与教学?

我国 2001 年新课程改革确立了知识与技能、过程与方法、情感态度价值观"三维"目标,这对超越传统"双基"(基础知识和基本技能)目标、重建课程与教学具有里程碑式意义。从 20 年的课程改革实践看,"三维"目标观为我国素质教育实践做出了重要贡献,创造了一大批先进的课程改革经验。然而不容否认的是,"三维"目标在实践中既存在彼此机械割裂的现象,又存在"形式化""标签化"现象。许多地方和学校以"三维"目标之名行传统"双基"之实,导致形形色色的"虚假探究""虚假对话""虚假合作",影响教育改革的深化与发展。

"三维"目标的主要问题是:知识与技能的静态化、过程与方法的形式化、情感态度价值观的灌输化。导致这些问题的现实根源是"应试教育"的观念和体制,哲学根源是"事实本位"认识论。当"知识"被设置为静态事实、"技能"被当成固定规范,无论"过程与方法"如何花样翻新,其实质都是传递与训练,"自主、合作、探究"也就变成了"作假"和"做戏","情感态度价值观"则沦为自外而内的灌输、规训与"洗脑"。凡此种种的观念与实践,又反过来助长了"应试教育"的日益强化。

从"三维"目标到核心素养是我国当前课程改革的主旋律。这意味着既要根本改变"应试教育"价值观,又要彻底超越"事实本位"认识论,还要改变"讲授主义"方法论。核心素养不仅仅是课程目标,而且表征信息时代的教育价值观与课程理念。首先,核心素养表征21世纪新型教育民主与人文主义教育价值观。这是建立在信息技术和数字交往基础上的教育民主,个人与个人、个人与群体、个人与文化、群体与群体、文化与文化之间的共享利益充分增加、互动更为自由,"共同体的组织与生活"成为每一个人的内在需要。教育成为以数字交往为基础的"协作式实验"。同时,对人的尊严和个性差异的充分尊重成为教育的"首要善"。用联合国教科文组织的话说:"维护和增强个人在其他人和自然面前的尊严、能力和福祉,应是21世纪教育的根本宗旨。"(联合国教科文组织,2017)其次,核心素养表征理解本位教育认识论。核心素养是在真实情境中解决复杂问题的能力与品德,由于问题情境是不确定的,用于解决问题的知识也必须是不确定、可应用的。知识的本质不再是确定无疑的"客观真理",而是指导理智行动的有力观念。这样,知识就变成了"理解"(understanding)。杜威曾说,理解是"理智行动的源泉","理解必须依据事物如何运作和如何做事而界定。理解,就其本性而言,与行动相联系;信息,就其本性而言,与行动相分离或仅仅偶然零散地与行动相关联"(Dewey, 1987)。只有当知识变成"动词",表征"事物如何运作"与"人如何做事",它才指向核心素养。最后,核心素养表征实践取向教育方法论。信息可以传播,但理解无法传递,每一个人必须像"亲自吃饭"一样亲身经历实践过程,方能获得相应的理解。

因此，理解本位认识论必然要求实践取向方法论。创设真实情境，让学生从事真实实践，亲身经历知识的诞生与使用过程，是发展核心素养的方法论原则。"真实情境"主要包括两类：一类是学生置身其中的真实生活情境，一类是与学生的心理经验和发展水平相适应的、类似学科专家工作环境的"准专业情境"。通过真实生活情境，学生可以"做中学""用中学"，真切体验知识的意义；通过"准专业情境"，学生可以"创中学"，学会像专家一样思考，用"再发明"知识的方式去学习知识，以进行深度学习、获得深刻理解。

由此观之，将"三维"目标融合起来，形成植根真实情境、经历真实实践、解决复杂问题的高级能力与人性能力，即为"核心素养"。具有确定性和事实性的"知识与技能"本身不能普遍迁移，因其适用范围局限在特定时空条件和文化场域之中。能够解决复杂问题、应对不可预测的情境的只能是强而有力的学科观念、理解或思维，它不仅是现有"知识与技能"产生的原因，而且还通过解决新问题、应对新情境而不断创造新的学科事实。因此，核心素养与"三维"目标的根本区别是增加了课程目标的理解维度，并由此实现了课程目标的整体变革：由静态化的"三维"目标发展为动态性的"新三维"目标——大观念、新能力、新知识。

所谓"大观念"，即一门课程中少而重要、强而有力、可普遍迁移的"概念性理解"。它一般由两部分构成：一是形成一门课程逻辑体系的核心概念；二是由核心概念之间的联系所形成的命题、原理或理论。（Erickson et al.，2014）[24-27] 大观念是分析问题的视角、解决问题的假设和连接事实的纽带。所谓"新能力"，即将一门课程的大观念及相应知识技能用于真实情境、完成真实任务、从事真实实践的做事的能力与品格。学生在表现核心素养中发展核心素养。对核心素养的发展而言，一两的真实实践胜过一吨的记忆训练，做一件事胜过做百道题。所谓"新知识"，即与大观念建立内在联系并得到应用的关键学科事实或知识技能。学科事实既为大观念是否合理提供客观依据，又能展现大观念的创造力量。脱离事实的大观念必然空洞，流于虚妄。大观念为学科事实赋予生命力量、指引发展方向。脱离大观念的学科事实必成"惰性知识"，沦为心灵的僵尸或朽木。（Whitehead，1929）[1-2] 因此，核心素养非但不忽视知识技能，反而对知识技能的掌握提出了更高要求。

大观念、新能力、新知识是一个有机整体——大观念表征理智精神与原则，新能力表征理智行动，新知识提供事实基础，三者缺一不可。

由此观之,走向大观念课程与教学是发展学生核心素养的必要条件,是信息时代课程与教学体系的核心内容,是我国课程与教学改革的发展方向。

四、怎样设计和实施大观念课程与教学?

设计和实施大观念课程与教学包括以下不可或缺的要素。

第一,提出生成性主题。将普遍的课程内容与学生的具体生活情境相结合,形成对学生有意义的开放性、生成性探究主题。主题要充分体现学科知识、学生经验与生活情境的"三位一体"。主题确定遵循"少而重要"的原则,选择一门课程中最典型、最有代表性且学生感兴趣的内容,凝练成主题,构成一个单元的名称。教师须根据课程标准的要求对教科书内容做出恰当选择、整合与补充,以使单元主题更能体现学生的发展兴趣和需要。主题内容要体现深刻性与进阶性,每个主题的探究要持续足够长的时间,如加德纳(Howard Gardner)所言:"如果它值得学习,它就值得深入学习,经历足够长的时段,运用各种范例和分析方式。"(Gardner,2008)同时,不同单元之间要纵向一贯,体现发展性,螺旋式上升。大观念课程本质上是"螺旋式课程"。主题内容还要体现丰富性与整合性,使学科内容与真实的社会问题、自然问题和人生问题建立内在关系,使学科知识得到应用。与此同时,让学生学会把一门学科视为理解世界的"概念视角",学会用不同学科视角认识同一个真实问题,在学科之间建立关联,发展学生"跨学科"理解问题的能力。

第二,确立"新三维"目标。单元主题确定以后,教师首先要围绕主题内容提取核心概念。概念(concepts)是以学科专家为主体所提出的理解世界的专业视角。它们是"学科思维"或"专家思维"的集中体现。思维即通过概念而认识。无概念则无思维、无理解。"学科思维"即运用学科概念认识世界。学科理解之所以不同于日常经验,正是由于学科概念所提供的独特视角。因此,提取核心概念并一以贯之运用概念视角,是培养核心素养的关键,也是对教师的最大挑战。概念作为思维的一种独立创造,它不能在日常感知经验中归纳得到,不能通过概括事物的共同特点而获取,只能围绕主题内容明确而独立地提出。概念具有抽象性、普遍性、可迁移性,以词汇或短语的形式呈现,如"形式""变化""力""美感"等。不同概念之间建立关联,就形成可迁移的理解,由此形成大观念,如"事物的形式是变化的"、"力量能够产生美感"。将核心概念和大观念运用于真实情境,由此形成做事的能力与品格,即构成新能力。与大观念和新能力形成有机关联的学科事实或知识技能即构成新知识。

第三,设计表现性任务。核心素养理念既纠正传统行为主义者将"素养"(competences)与"表现"(performances)混为一体的错误,又避免某些认知主义者将"素养"局限在头脑"黑箱"的神秘主义倾向。它首先借鉴当代"构成主义"(constructionism)的洞见:只有将头脑中的观念表现、"外化"为"公共实体"(a public entity)时,才能促进观念发展。(Papert,1991)只有通过设计"表现性任务"(performance tasks),让学生能够在真实情境中表现其"概念性理解"时,才能促进核心素养发展。"表现性评价"也因而成为评价核心素养的基本方式和主要方式。它其次借鉴当代"设计思维"(design thinking)的研究洞见——"以终为始":在行动开始之前借助信息技术等工具对行动结果在头脑中进行"沙盘推演"式创造,然后以心灵中的结果形象为参照在具体行动中真正创造出所期待的产品,这两个过程可大致概括为"以终为始脑中想,以行为知动手创",俗称"二次创造"。这在课程与教学中的表现是:目标即评价。确定课程目标之后,接着设计与目标相适应的评价证据。美国教育家威金斯和麦克泰格将这种教学设计概括为"逆向设计"(backward design)——先设计评价证据,再计划学习活动。(Wiggins et al.,2005)这种取向被认为是指向核心素养与深度学习的教学设计可供选择的思路之一。

教师确定"新三维"目标之后,需要将单元主题内容与课程目标要求结合起来,回到真实情境,让学生选择某种角色、面对某类受众、基于成功标准完成某件作品,以展示其核心素养的发展水平。这就是评价学生核心素养或"概念性理解"的"表现性任务"。该任务是学生完成一个或几个单元主题之后的累积性任务,表征学生核心素养的阶段发展水平。例如,当学生学习完"血管"单元之后,为了评价学生对"动脉和静脉的结构与其功能相适应"这一大观念的理解水平,可以设计这样的"表现性任务":"你是一名心血管医生,请你和你的小组同伴综合运用单元所学知识技能以及大观念为高血压病人设计一款人造动脉,以促进高血压病人健康生活。""表现性任务"设计完之后,可根据"新三维"目标要求,为任务的完成情况制订评价标准或量规,以对学生在单元或阶段学习结束后进行"表现性评价"。

与此同时，辅以更加开放的"标准化评价"，以检测学生"新知识"或学科事实的掌握状况。

第四，设计系列探究活动。核心素养通过由浅入深、范围逐步扩大的探究活动所生成。从"新三维"目标引出"基本问题"（essential questions，又译为本质问题）和探究线索。以"表现性任务"为参照确立核心素养发展过程中的具体表现和具体评价量规。两方面结合起来，形成持续数周、螺旋上升的系列探究活动。每一个探究活动具有整体性，需要将单元的大观念细化为探究活动的大观念，并规划理解大观念的具体行为表现。不同探究活动之间、不同单元之间是累积性、生长性关系，而非"整体"与"部分"的关系。通过一个个探究活动、一个个探究单元、一门门课程的累积与生长，各门课程核心素养不仅自身在生长，而且彼此间相互促进、相互融合、相得益彰，共同形成每一个学生的健全人格——负责任的创造者。

第五，建立学习共同体组织。核心素养理念要求学习组织创新。要将传统班级授课制转变为学习共同体。核心素养包括相互关联的"认知领域"与"非认知领域"两大类，它要求将学习变成"协作式问题解决"，因此，建立学习共同体就成为培养核心素养的前提和必要条件。这要求遵循"组内异质、组间均衡、灵活编组"的原则，形成小组学习共同体，由不同小组共同组成班级学习共同体，由不同班级构成学校学习共同体。班级文化和学校文化的本质即是"共同体的组织与生活"。

第六，创造新学习环境。核心素养理解要求学习环境创新。首先，时间上由固定课时制转变为弹性课时制。探究需要时间。为了让学生从容不迫地完成探究活动，需要根据活动目标和内容的要求安排时间，打破"垒砖块"式的课时安排。为了保证课程学习时间的均衡，可根据课程方案的要求，在各门课程时间总量上保持均衡，时间的具体使用则弹性安排。鼓励学校组织丰富多彩的"跨学科学习"活动，以更加经济高效地使用学习时间。其次，空间上突破教室固定空间限制，让世界成为"课堂"。要改变教室的物质环境和精神环境，使之更适合学生探究活动的开展，让教室成为学生思想的实验室。要充分利用学校图书馆、阅览室、实验室、功能教室等开展探究活动。要挖掘各类社区环境资源，如博物馆和纪念馆等场馆设施、科研机构和高等院校、企业研发部门、各类自然资源等，为学生的探究活动创造更丰富的条件。最后，要为学生的探究活动创造丰富多彩的工具条件。人是制造和使用工具的存在，探究需要工具支持。要根据课程方案和课程标准要求，配备标准化实验探究工具、图书和其他课程资源。要善于选择、开发和利用各类思维工具，如组织图、概念图等思维可视化工具。要善于运用信息技术和互联网，为学生的探究活动创造符合信息时代要求的先进条件。

生成性主题、"新三维"目标、表现性任务、系列探究活动、学习共同体组织、新学习环境构成指向核心素养的新课程与新教学的关键要素，也因而是大观念课程与教学的关键要素。每一个教师基于学生的个性化发展需求和自身的专业特长及风格，创造性地使用这些要素，创生出丰富多彩的大观念课程与教学模式，实现教师与学生创造性人格的协同发展。

让我们一起开启小学大观念课程与教学的美好旅程！

第二章
小学大观念教学设计路径与框架

2022年义务教育课程方案的发布，是从理论到实践对传统教学的一次整体性变革。很多新观念涌现了出来：核心素养，大观念，概念为本，大任务，综合性，实践性，探究式教学，差异化教学，思维可视化，等等。尤其在教学层面，大观念教学成为新时代教学改革的发展趋势。理论的阐述总是抽象的，如何设计和实施大观念教学，对于一线教师而言是具体的、现实的挑战。第一章我们重点对何为大观念和大观念教学进行了阐释，本章我们将对大观念教学如何设计，如何提炼和生成大观念，如何基于大观念设计大任务和评估体系，如何设计学习实践等，一一进行解构，帮助一线教师更好地架构以核心素养为导向的大观念教学。

一、大观念教学概述

　　大观念教学是建立在大单元的基础上，以概念统整知识和技能，在解决问题的真实情境中建构理解。大观念教学尤其强调知识在当下的运用价值，所谓真实情境，一定是与学习者相关的情境。在学习过程中，学习者体会到知识服务于社会的力量，看到自己的成长，感受到核心素养的培育与提升。

（一）大观念教学的构成要素

　　大观念教学是"新三维"目标合一的教学，对人的培养是课程的核心。

　　我们在研究了中国学生发展核心素养以及国内外相关的核心素养培养体系之后，依据"三有"（有理想、有本领、有担当）育人目标，提炼出具体的八大培养目标，并把这八大培养目标转化为做事的能力和品格（即三大探究能力）。在做事的过程中，学习者在任务情境中经历知识的诞生和迁移，把知识转化为概念性理解。我们提出并使用八大超学科概念来统整学科概念和知识，提出六大超学科主题来统整任务情境，并根据学科核心素养生成各科评估标准，对任务以及概念性理解进行评估；在课堂的组织形式上，我们采用国际上较为流行的探究六循环来组织学习活动，建构概念性理解。

通过对大观念教学持续的理论学习、教学研讨、实践总结和反思迭代，我们提炼出大观念教学设计的五大核心要素：

- 基于核心素养生成的一套评估标准——八大培养目标
- 支持教学中真实情境的创设——六大超学科主题
- 支持学科理解和跨学科迁移的概念体系——学科概念与超学科概念
- 支持学科实践的学习方法——三大探究能力
- 支持概念探究的课程模型——探究六循环

下面我们将从大观念、大任务和学习实践三个方面来进一步阐述五要素及其相互关系。

1. 大观念

大观念来自专家对真实世界所蕴藏的规律的发现，是对基本问题的回应，是学科或超越学科反映的重要思想观点。大观念教学，即让学习者亲历专家"发现或发明"之路，运用概念思维展开对真实情境中复杂问题的探究。

大观念教学通过概念来使学习内容结构化，用超学科概念统整学科概念，让单元中的关键知识和技能相互关联，形成结构化的思想或观念。超学科概念、学科概念起到了聚焦教学重难点、统整知识的作用。同时，大观念教学以代表人类经验的六大超学科主题为探究情境，让教学情境兼具生活与学习的意义。

这六大主题将与超学科概念一起被不同学科，从不同的学科视角，在每一个年级段进行均衡的、持续的探究。每一个单元我们将聚焦其中一个主题创设大观念探究的情境。

2. 大任务

大任务是大观念的表现，是具体的、可见的学习结果，如：制作或开发一个产品，创作一件作品，用口头或书面报告的形式解释一个现象，提交一份解决问题的方案，等等。

大任务的完成需要概念引导题来驱动，学生理解的形成也通过概念引导题来梳理；在任务的完成过程中、在成果的交流和展示中，学生表现出对大观念的理解。大任务同大观念一样诞生于超学科主题铺设的探究情境，同时，由于大任务来自真实的生活情境，其成果也体现了知识服务于社会的力量。

大任务既是过程，也是成果，对应的成果评估应基于本学科的育人目标——学科核心素养来建立。但是，每个学科的每个学段都有数条甚至十数条学业质量水平细则，这就需要概念来梳理。我们基于任务情境，从知识技能的掌握、概念的迁移、任务的完成过程、成果的展示交流和学习者的反思等维度，用概念化的表述来统整内容细则，生成每个学科的一套表现性任务评估标准。教师可以根据具体任务，摘引相关维度和细则用于本单元的总结性评估、形成性评估和元认知（反思性）评估，避免成功标准制订的随意性。同时，评估标准也有利于教师统筹规划整个小学阶段的学习，以保证每个学年每个维度的每一条细则都被评估到。

3. 学习实践

学习实践，即完成大任务、建构大观念的过程，是在评估标准引领下目标明确、设计严谨的探究活动。

探究活动的目标是明确的。学习者被概念性思维引领，以达成概念性理解为目标，以三大探究能力为工具，在任务情境中，从事专业或准专业的思考、研究和学术交流，在同伴协作和完成计划的过程中培养社交和情感技能。这三大探究能力超越了学科的界限，指向了对学习者终身有益的能力与品格的培养。但是，当具体化到对学科探究活动进行描述时，它又具备了学科思维的特征，成为指引学科探究的路径。

这里需要强调的是，大观念理解的建构不是单线条的知识技能的叠加累积，探究活动是在探索概念与概念之间关系的关联层面展开，一个个活动遵循由简单到复杂、循环往复、螺旋上升的原则来建构理解。为此，在众多的课堂探究模式中，我们选择国际上广泛采用的凯西·默多克（Kath Murdoch）的探究六循环来组织学习。

（二）大观念教学设计的三个阶段

追求概念性理解的大观念教学设计分为三个阶段：目标与评估、学习体验、教学反思。整个大观念教学设计的框架见表2-1。

表 2-1 追求概念性理解的大观念教学设计

单元主题			
阶段一：目标与评估			
超学科主题：	超学科概念：		学科概念：
基本问题：			
大观念：			
学生将知道的知识（K）：	学生将理解的概念（U）：	学生将具备的能力（D）：	学生将成为（　　）的人：
探究线索：	引导性问题：		学生的问题（学习过程中收集整理）：
评估标准：	总结性评估： 形成性评估： 元认知（反思性）评估： 其他评估证据：		总结性评估与大观念的关系：
阶段二：学习体验			
探究六循环	学习目标	学习活动	评估证据
进入探究	概念性理解： 探究能力：	引导性问题（或学生的问题）： 子任务： 学习活动： 教学策略：	
探究发现	概念性理解： 探究能力：	引导性问题（或学生的问题）： 子任务： 学习活动： 教学策略：	

续表

单元主题			
阶段二：学习体验			
探究六循环	学习目标	学习活动	评估证据
梳理建模	概念性理解： 探究能力：	引导性问题（或学生的问题）： 子任务： 学习活动： 教学策略：	
深入探究	概念性理解： 探究能力：	引导性问题（或学生的问题）： 子任务： 学习活动： 教学策略：	
建构理解	概念性理解： 探究能力：	引导性问题（或学生的问题）： 子任务： 学习活动： 教学策略：	
知行合一	概念性理解： 探究能力：	引导性问题（或学生的问题）： 总结性评估任务： 学习活动： 教学策略：	
阶段三：教学反思			

教前反思

1. 基于教学目标的反思
2. 基于学情的反思

中期反思

针对学生的兴趣与疑问，我们如何回应以支持学生的自主探究（差异化教学）？

教后反思

1. 我们的教学策略多大程度上帮助了学生的理解？
2. 哪些主要证据证明学生发展了对知识、概念、能力（KUD）的理解？

◆ 阶段一：目标与评估——大观念的生成与评估

大观念教学遵循的是逆向设计的原理，大观念生成的同时，大任务和评估标准随即产生。因此，目标与评估属于同一设计阶段。

大观念是一个单元学习后学生所形成的对知识的最本质的理解，学生可将此理解自由迁移应用于新情境之中。学生将知道的知识（Knowledge，简称K）、学生将具备的能力（Doing，简称D）是对学习内容、学习过程和学习方法的梳理。学生将发展的概念性理解（或者说"学生将理解的概念"）（Understanding，简称U），即大观念，是对概念之间关系的陈述。不同的单元侧重培养不同的探究能力，能力的培养直接指向对人的培养，即八大培养目标。

八大培养目标、六大超学科主题、八大超学科概念、学科概念、三大探究能力和一套评估体系，作为教学主体，将被学习者在整个小学阶段均衡、持续、螺旋式、深入地探究。"引导性问题"是单元教学的纲要，由教师在备课时根据本单元概念性理解的要求提出，用来激发学生的问题，并帮助学生梳理思想，形成理解。"学生的问题"是指学生在本单元学习中产生的问题，其将在学习过程中被持续收集，是学生全身心投入探究的内在驱动力。基于超学科概念产生的"探究线索"用于统整学生的问题，界定本单元的探究范围。而大任务是大观念的表现，大任务的设计与评估需要根据理解"六侧面"（详见附录5）和评估标准来核查。评估标准的维度不必每个单元都要列全，而是根据教学重点来选择某几个维度及其包含的某几条细则，虽然一个单元只体现评估标准的某些部分，但是在一学年结束后，每一个维度和细则都要被评估到，而这考验的是教师对整个学年课程的规划能力。

大观念的教学是基于证据的教学，需要从大任务完成的过程中收集学习者理解的证据。总结性评估、形成性评估和元认知（反思性）评估这三种评估方式保证了学习证据收集的全面性，也体现了基于反思的深度学习。

因此，阶段一的"目标与评估"充分体现了"教"和"评"的一体化。

◆ 阶段二：学习体验——大观念的实施

横向看大观念教学设计模板的第二部分，"学习目标—学习活动—评估证据"呈先后顺序排列。首先，师生要明确本单元的学习目标，即不同探究阶段学生要达成的概念性理解是什么，要形成什么样的学习能力；其次，根据学习目标以及大任务拟定单元探究计划，一步步展开学习活动，所有的活动都指向概念性理解，而理解需要证据呈现,故三栏的排列体现了"教—学—评"一体化的教学理念。

大任务是概念性理解的表征,探究能力是完成大任务的必备工具,我们把大任务拆分成子任务,步步进阶;思维可视化、小组协作等教学策略保证了差异化教学的实施;以学生为主体的自主探究解放了教师,大多数课堂时间,教师成为学习活动的引导者、观察者和记录者,通过聆听、观察和谈话等方式,收集学生理解的证据,以此调整下一步的教学。

纵向看大观念教学设计模板的第二部分,探究六循环体现了概念建构的认知过程,"循环"是概念性理解建构的特点。在"进入探究"环节,我们对学生已有的概念性理解进行前测;在前测基础上,新的事实在"探究发现"环节介入,不断冲击已有的理解;在"梳理建模"环节,通过概念引导题帮助学生整理事实,形成新的理解,事实—概念—事实—概念……,循环往复的协同思考把理解推向深入;通过"深入探究",把对事实的概念性理解迁移至新的情境;通过"建构理解"环节的反思,建立个人对大观念的真正理解;最后在"知行合一"环节,通过展演,展示理解。在整个学习过程中,学生的一言一行,子任务和大任务的完成,等等,都在以行动表现理解,践行"知行合一"的教育理念。这六个步骤以"循环"命名,强调的是:这不是单向线性的过程,而是可逆的、循环往复地建构理解的过程。

◆ **阶段三:教学反思**

教学反思贯穿教学设计与实施的整个阶段。教学一旦展开,原有的单元计划就要根据学情而动态调整。因而,单元计划也是教师和学生在教学进展中共同完成的一份学习记录。

教案模板中,我们只展示三次教师的反思记录:教学展开前、教学中和教学结束后。之所以把教学反思单独列为一个阶段,是为了突出大观念教学的核心是基于学情的教学——一切为了学生的"学"。

当教学不再以教授课本知识为目的时,教学目标的设定与达成,尤其是对学情的研究,就成为教师关注的主体。因此,三次教学反思中的五个反思引导题,其中四个指向了对学情的关注。当学生展示出个体的疑问和兴趣时,教师需要调整计划,以支持学生的自主探究,只有这样,差异化教学(因材施教)才会真正地落实。

综上所述,大观念教学的单元计划,是根据学情不断调整、动态生成的一份学案。

二、大观念教学设计

（一）大观念的生成

大观念是对现实世界的专业化理解，集中体现专家思维的特点，学科大观念就是学科专家探究发现的成果。专家基于人类社会所要解决的真实问题，不断地提出、更新或摒弃各种理论、概念、研究方法和学科语言，加深人们对世界的理解。而大观念教学实际上是让学生亲历知识被创造、被运用的过程，参与到人类文明的创造进程中，解决真实世界的复杂问题。那么，人类面临哪些问题？有没有一个知识体系可以在各个学科之间建立联系，并将各个学科整合起来，作为所有学科研习的共同主题？目前我们采用的这个意义体系是借鉴博伊尔（Ernest L. Boyer）的观点并经过转化进而生成的六大超学科主题（详见附录1）。（见表2-2）

表2-2 超学科主题之三大维度、六大主题

三大维度	六大超学科主题
人与自我	我是谁
	我如何表达自己
人与社会	我们如何组织自己
	我们身处什么时空
人与自然	世界如何运作
	保护自然

1. 超学科主题指向学习的意义

六大超学科主题确立了一套使学科知识与现实生活建立联系的意义体系，帮助学生对学习产生兴趣和内驱力。在单元备课之前，我们先依据课程标准，用六大超学科主题架构整个小学阶段的知识大图谱，生成五年或六年的探究计划，以保证每一个主题得以在各个年级段均衡、持续地探究。当单元备课展开时，教师在这个超学科主题下，根据教材选择其中的一条或几条细则作为本单元的生成性主题。如，语文"我的心爱之物"单元，教师将本单元的教学内容定位在"我如何表达自己"这一主题下，并选择其中的几条细则聚焦单元主题（见画线部分）。

我们如何表达自己

<u>这是对符号标志、表达方式及审美观的探究</u>。人是通过符号系统进行自我表达和沟通交流的，因而语言符号本身成为重要的研究内容；<u>人们通过各种方式表达情感、价值观、观点，展示创造力，表达方式构成探究的另一内容</u>；人人都有美感，并可通过艺术表现出来，因而，审美也成为重要的探究内容。

同时，超学科主题为大观念理解提供了跨学科迁移的平台。从学科背景来看，真实世界的问题越来越以超越学科界限的形式出现，要做到学以致用、知行合一，教育必须在各个学科之间建立关系，而超学科主题为所有学科的研究提供了一个公共平台。

从概念性理解的建构来看，概念的产生与情境密不可分，在不同情境中，概念的含义是变化的，而且是动态发展的，需要接受来自不同情境的质疑和争论。超学科主题给概念研习提供了这样一个广阔的背景，让学生在不同的学科情境、事实情境中去讨论概念、更新理解。

所以，超学科主题可以作为从幼儿园到高中持续探究的学习内容和背景，它具有让教学持续和连贯开展的作用，可以促使学生就这些主题由浅入深、螺旋式地深入探究。

更重要的是，超学科主题也回应了学生经常提出的问题："我为什么要学习这些知识？"从学习背景来看，我们处于一个全球互联的世界，地区、国家和全球的界限很难截然划分，越来越多的问题是全球共同面临的重大挑战。这是最大的真实情境，我们给学生提供机会来探索这些人类面临的共同问题，促使学生创造性地解决这类问题，这既具有挑战性，也和学生当下的经验息息相关，而且这类问题的解决将服务于社区或者更广阔的社会，学生会由此看到知识的力量和学习的意义，学习的内驱力得以增强。

2. 概念视角统整知识与技能

超学科主题从课程内容的角度聚焦了六个探究领域，但是，我们仍然需要一组强有力的概念来提供认识世界的视角，构建具体的探究路径。这些概念需要具有普遍的重要性，具有跨学科特征，同时也有助于对学科知识进行深入探究。我们选择了八个超学科概念作为概念视角引导探究（注：并非只有这八个概念值得探究，详见附录2）。

为了让学生把对事实的学习上升到概念性理解，我们还需要构建学科概念体系。学科概念的提出，有利于教师统整课程标准和教材要求学习的零散的知识和技能。每个单元我们聚集几个核心的学科概念，如语文"我的心爱之物"这个单元，我们通过对课程标准和教材的梳理，提取了"借物抒情""说明目的、说明结构、说明方法"等学科概念。接着用超学科概念中的"视角、形式"进行再次统整，帮助学生建立"文体的表达形式"与"作者观点（作者视角）传达"之间的概念关系。此时，再结合超学科主题，就可以回应我们的学习目的：人们在不同的情境下选择各种不同的表达形式来表达观点和情感。

此时，我们可以在超学科主题、超学科概念和学科概念的基础上，初步拟出这个单元的大观念：人们根据不同的交流目的和语境，选择不同的语言表达形式。

3. 概念思维即学科思维

概念思维即学科思维，或专家思维。培养学科思维习惯，把专业的探究方法和程序运用于新的情境，这对学生的学习能力提出了新的要求。这些能力不仅指具体的听说读写、计算、测量这些学科技能，而且指向超越学科界限的、对学生今后的生活、学习、工作都有价值的三大探究能力（也称作21世纪技能）：批判性和创造性思考能力，社交和情感能力，交流、协作和资讯科技能力（详见附录3）。这三大探究能力是专家思维的行为外显，教师在设计每一个教学活动时，要将其转化成体现本学科思维的、学生具体要做的事情，在教学过程中运用和提升这些能力，同时将其作为研究学生理解水平的证据。

以数学学科为例，通过梳理教材，明确本单元学生要做的事情，再对照三大探究能力，选择本单元着重培养的2—3项能力，摘引与探究能力有关的论述，最后整理成数学学科的探究方法。（见表2-3）

表 2-3　学科思维的培养

学生要做的事	批判性和创造性思考能力	
整理自教材	摘引文件	本单元要求学生具备的能力
会用多种方法来估计给定的长方形和正方形的面积	创造性思考	通过接触不同的经验和资源，我可以产生新想法，开启新探究	1. 能借助可视化思维工具 CSQ（主张—证明—提问）提出猜想并进行验证，得出结论 2. 与同学广泛交流，获得新的理解 3. 提出新的疑问，开启新的探究
	我可以将知识和技能用于校内和校外的不同情况	会用面积的知识解决生活中简单的实际问题，形成并对比方案，思考何种方案最合理

这三大探究能力需要在"做事"中培养，所以既是学习方法，也是能力目标，同时指向了品格的养成。表 2-4 清晰地展示了品格培养如何通过大观念教学来达成。

表 2-4　在"做"中培养品格

学习内容 （Learn about）	学习能力 （Learn to do）	品格养成 （Learn to be）
1. 寻找关于白鹭的科学说明，解读信息发现模式 2. 如何通过"物"表达自己的情感？ 3. 如何理解不同读者对作品的不同解读？	交流、协作和资讯科技能力——信息素养 批判性和创造性思考能力——批判性思考、创造性思考	乐学善思 喜欢交流 勇于探究

4. 八大培养目标细化育人目标

综上可见，大观念教学的框架决定了它是知识、能力和品格三位一体的教育，回应了新课程改革的核心诉求——对人的培养。那么，每一个单元具体落实哪几项培养目标呢？任何一个大单元的教学都涵盖了三大探究能力，但是每一个单元我们会聚焦其中的 2—3 个能力，能力的聚焦决定了八大培养目标的聚焦，我们选择相应的 2—3 个育人目标和知识、概念性理解、能力（KUD）一起成为大单元学习目标的具体陈述。

如语文单元，我们聚焦的是三大探究能力中的批判性和创造性思考能力以及交流、协作和资讯科技能力，对应的育人目标是"乐学善思、喜欢交流、勇于探究"这三条培养目标。

综上所述，我们看到，超学科主题和超学科概念构成了大观念教学的核心，帮助教师轻松生成大观念，与探究能力一起，组成了单元教学"新三维"目标。

我们用图 2-1 来呈现大观念生成的路径。

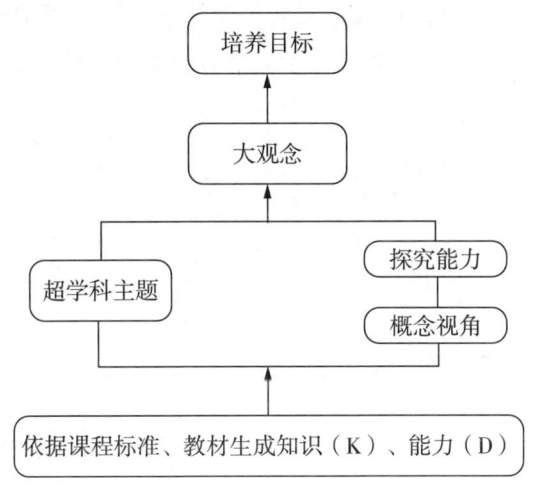

图 2-1　大观念生成的路径

当立足于课程标准和教材来做大观念教学设计时，我们通常采用自下而上的方式来建构大单元。首先研读课程标准和教材，明确教学意图，定位一个超学科主题，选择其中的某一（些）条目，来生成整个单元的学习意义（在生成整个小学阶段的总探究计划时，要对超学科主题的选择进行平衡）。接着从教材中提取出学科概念，通过八大超学科概念来聚焦，选择其中 1—3 个超学科概念作为单元的透镜来统整学科概念。概念透镜既有助于深度研习，也有助于发展学生的跨学科理解能力。

对于融合了不同学科的超学科单元教学设计而言（以道德与法治和科学学科为例），我们摒弃了从内容上融合教材的方式，而是基于学生的生活情境和发展需要、道德与法治和科学课程标准，分别形成社会学科和自然学科的生成性主题，完成单元设计，最后再借鉴其他学科课程标准，从概念的角度进行学科融入。在超学科单元教学设计中，教材真正成了被"用"的对象，这极大地解放了教师，使教师成为课程的创造者，体现课程创生的特点。

（二）大观念的评估

1. 大任务承载大观念

概念是抽象的，需要表现性任务来表征；概念是不能被直接教授的，需要在已有经验的基础上通过探究真实情境中的真实问题来建构对概念的理解。六大超学科主题是产生大任务最大的真实情境，它立足于解决当时、当地和学生相关的问题，因而往往指向社会责任意识的培养，落实新课程标准对人的能力与品格培养的要求。大任务与大观念的关系见图2-2。

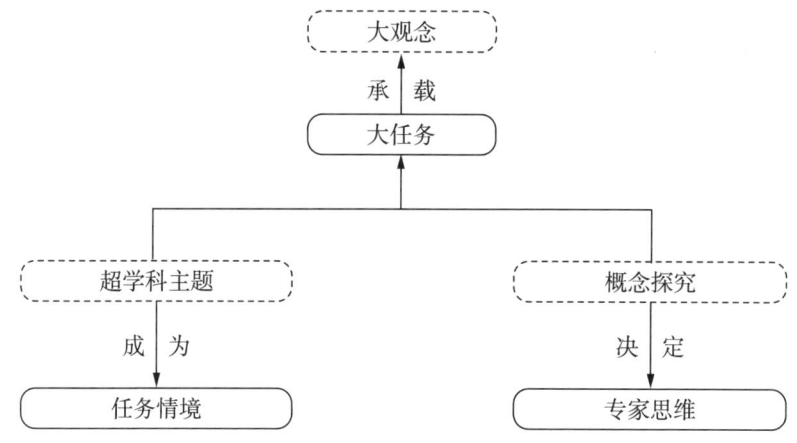

图2-2 大任务与大观念的关系

（1）大任务要表现理解

大任务属于表现性任务，是单元结束时对学生解决问题的能力、概念性理解达成程度的评估依据，以学生的作品或表现来呈现。在单元教学中，我们往往会将大任务拆分成一系列子任务，形成阶梯式任务，进而帮助大任务的完成。大任务以"做事"的方式表现理解。那么，理解有哪些可以识别的外部特征？在此，我们借用美国教育家威金斯的理解"六侧面"（威金斯 等，2017）以及比格斯的SOLO

(Structure of the Observed Learning Outcome，可观察的学习结果的结构）分类评价理论（Biggs et al.，1982）来帮助我们产生并检验大任务是否指向理解。

理解的证据 1：理解"六侧面"

威金斯在《追求理解的教学设计（第二版）》中写道，理解是"洞察"，是"智慧"，不是"知道"，学得太多反而可能无助于理解。同时，对行为进行评估是理解的必需，学生只有能讲授、使用、证明、联想、解释、辨析所学内容，并能领会言外之意，才算是理解了。另外，理解还有"同理心"之意。学生在人际交往中认识道：我可能不认同你的观点，但是我能真诚地倾听，并从中受益。所以，理解是复杂而多面的：有时候是高度理论化的知识，有时又是温暖的体察；有时是基于直接经验的联想，是与人互动的领悟，有时又是独立思考的产物。根据理解的这些特征，威金斯给出了六个侧面的视角来帮助我们真正理解什么是"理解"（详见附录 5）。

理解的证据 2：SOLO 分类评价理论

SOLO 分类评价理论向我们揭示了学生概念性理解的程度。SOLO 分类评价理论是香港大学教育心理学教授比格斯首创的一种学生学业评价方法，是一种以等级描述为特征的质性评价方法。在 SOLO 分类评价理论中，比格斯把学生对某个问题的学习结果由低到高划分为五个层次：前结构、单点结构、多点结构、关联结构和拓展抽象结构。（见图 2-3）

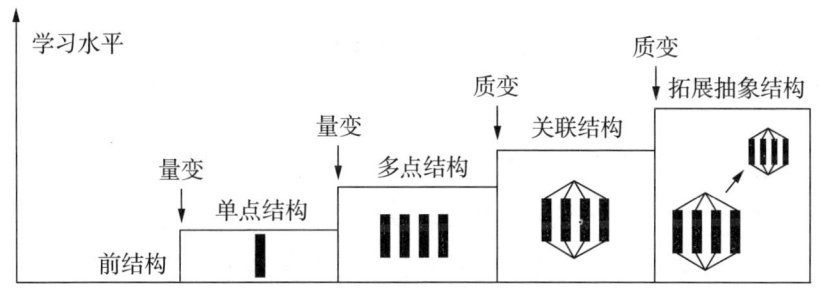

图 2-3　SOLO 分类评价理论的层级结构模型

SOLO 分类评价理论可以帮助我们在制订教学目标时，时刻注意知识目标与概念性理解的平衡。在形成了一定事实理解的基础上（多点结构），帮助学生建立知识之间的关系，形成概念性理解，并且通过迁移来使理解得以拓展和深化。

教师还可以根据学科特征，利用表 2-5（表中以小学科学为例）使学习内容具体化，方便学生自评和他评。

表 2-5　SOLO 评价表

SOLO 层次		主要表现	本单元学习中的案例
前结构水平		完全没有理解，答非所问	
浅表性了解水平	单点结构	理解概念或主题的某一方面	对食物链有一些了解
	多点结构	理解概念或主题的某几个方面，但是知识没有被结构化，处于离散状态，不能指向概念性理解	了解食物链，能分析身边的食物链关系；了解生产者、消费者、分解者，能分析他们之间的关系，但是不能建立以上概念之间的联系
概念性理解水平	关联结构	能够把多方面的知识、概念结构化，找到相互之间的关系	在了解食物链和生产者、消费者、分解者之间关系的基础上，理解生态系统、生态平衡的概念
	拓展抽象结构	形成了概念性理解，能够迁移，用于解决新情况下的问题	迁移生态鱼缸的原理，运用生态平衡的知识理解长江面临的问题，并提出解决措施

（2）大任务的设计原则

大任务的设计需要遵循以下三大原则来体现大观念教学的学科实践性及关键能力和必备品格的培养。

原则一：重要性与挑战性

大任务解决的是当今人类面临的普遍问题，始终关注知识的运用价值。例如，哲学问题"我（们）是谁？"，社会问题"人类的制度是如何建立和运作的？""面对科技的发展，我们如何和生物共享地球？"，这些问题是没有最终答案的。因此，大任务直面的是重要且富有挑战性的问题。

六大超学科主题为直面重要且富有挑战性的问题的大任务提供了真实情境。比如：数学的"面积"单元，我们实际上是通过探索度量概念的发展，理解人类社会的组织原理；在体育方面，学生是在探索自我的身体特点以及与他人的协作关系；

科学更是直面当今人类遇到的重大问题——环境保护。这些问题使学生和专家站在一起，共同面对关乎人类生存与发展的重要问题。

原则二：学科性

在大任务中，通过对超学科概念和学科概念的探索，对学科本质或原理进行理解。这就决定了学生不是普通的"做事"，而是在从事体现专家思维的研究活动。比如，语文的"我的心爱之物"单元，大任务是推动学生在两种文体之间辨析，在哪种情境下使用哪种文体的语体和知识技能进行表达，学生的文本分析是文学批评，学生的写作交流是创作；数学方面，学生在测量长廊面积的过程中，经历了面积公式的诞生；科学方面，学生通过生态鱼缸的模拟实验，学着像专家一样思考长江面临的问题以及解决办法……。以上课例让我们看到，大观念教学强调的表现性任务，绝不仅仅是"做事"或完成一个任务、一个作品，而是围绕学科本质展开探究。这要求教师在设计学科任务和教学活动的时候，必须熟悉本学科的研究方法（专家思维），如此才能设计出符合学科本质的教学活动。

原则三：相关性

大任务重在连接学生的生活，解决和学生息息相关的问题。由于大观念教学建立在学生生活经验和生命体验基础之上，学生必须亲身经历才能获得概念性理解并迁移原理用于解决新情境下的问题。所以大任务的设计需要尊重学生现有的生活体验，让学生与自我、与家庭、与社区乃至与整个世界逐渐建立联系。认知心理学告诉我们，越是与学生自身相关的话题，越能激发他们的兴趣和求知欲。因此，大观念教学成功与否，首先看大任务是否能持续激发学生的求知欲。比如，在语文的单元教学中，一次普通的写作因"心爱"而触动了学生的心灵。学生需要回忆、辨析、描述"最心爱"的物品，这个过程实质上是对自己成长经历、与亲人朋友互动关系的一次回忆，唯有动情才能激发出表达欲；在数学的单元教学中，通过运用面积知识为家庭、学校解决问题，学生看到了知识的力量，通过对"度量"的拓展探究，看到数学语言在广阔世界的运用；在英语的单元教学中，通过了解不同国家的饮食文化，学生能够理解和尊重多元文化，在中外文化对比中坚定文化自信，树立国际视野，形成健康向上的正确价值观……。任何宏大的主题，最终都要落在人的身上，只有和学生的生活经验、生命体验、思想心灵相连接，大任务才有足够的驱动力，帮助学生完成大观念的建构。

综上所述，大观念驱动下的大任务必须是真实的，既能够承载宏大的社会责任、家国情怀、国际视野等素养目标，又能够和学生日常息息相关，同时又必须体现本学科的专家思维。这样，才能通过大任务这个载体落实育人目的。

2. 大任务的评估

大任务是大观念的表现载体，对大任务的评估即对大观念的评估。

（1）评估的目的

评估是对学习过程和结果的检查。从评估的视角看教学，教学与评估是一体的。大观念教学的评估，过程与结果同样重要。探究式学习的过程，就是不断收集学生理解的证据的过程，教师据此调整预设的教学计划与学习方式，使评估成为"帮助学生成长"的工具。

评估的内容涉及知识、能力、理解和学习感受。我们不仅要关注学生学到了哪些知识，还要关注他们的能力，他们的独立学习与协作能力是否在进步；更要关注他们的理解，比如他们的提问是否比之前更有深度了；同时，他们的兴趣和关注点也需要重点关注，因为学生的好奇心与求知欲是单元学习的核心驱动力。

（2）评估的分类

评估分为三种：总结性评估、形成性评估、元认知（反思性）评估。

总结性评估

总结性评估是逆向设计的结果，往往发生在学习的结束阶段，是基于目标达成程度的一个报告。

总结性评估是教师深思熟虑的结果，要求教师看到整个单元的全局。教师梳理单元所有的知识、能力和概念性理解，然后基于学习目标设计一个真实（或模拟真实）的表现性任务，即大任务，用以检查学生目标的达成情况。

形成性评估

形成性评估是服务于教与学的评估，是评估的主体部分。它提供每一阶段学生学习的信息，帮助师生发现学生已经"知道"和"能做"什么，还有什么问题，师生据此调整教与学。所以它是持续的、有频率的和有效的反馈。

形成性评估也包含正向设计的评估，当学生展开探究时，在观察学生行为的过程中，会发现一些预设之外的要素，教师要随时将其引入评估体系。

在小学阶段，形成性评估尤为重要。以学生为中心的课堂上，教师要更多地倾听、观察和记录学生的一言一行，收集理解的多元证据，了解学生现阶段的兴趣和理解水平，借此调整下一阶段的教学。

形成性评估的方式是多样化的，为教师提供一切可以了解学生的证据。书中后面几章的学科课例中提供了一些可以在不同学科中使用的形成性评估的工具与方法。

元认知（反思性）评估

元认知（反思性）评估是学生的反思，它不仅关注学生"学到了什么"，更关注学生"如何学到的""为什么学这个"和"接下来做什么"，这更专注于对探究能力的评估。反思的目的是帮助学生建立主体意识，最终能够在没有成人的情况下能够自我掌控学习。元认知（反思性）评估发生在探究的每一个环节中，评估结果保留在学习者档案中。在使用元认知（反思性）评估时，教师应注意以下事项：

- 从"裁判者"的位置下来，成为观察者、协助者。
- 帮助学生建立"诚实"的态度和成长型思维，引导学生自我评估已有的进步和进步的空间。
- 教会学生自评，寻找可以证明自己进步的证据。
- 教会学生他评，"教别人"是最好的学习方式。
- 提供脚手架，如量规、核查表、能力矩阵等，引导学生自主向学习目标和成功标准迈进。
- 避免控制性的语言，如"你应该……"，改为探寻式的语言，如"你对自己的作品感觉如何？为什么这么说？你最满意的地方是什么？你最想加强的地方是什么？"。

（3）评估的原则

在评估的过程中，教师可以参照以下原则。

看到学习的全局

大观念教学是一个漫长的旅程，师生需要时时看到学习单元的全局。我们要去向哪里？我们学习的最终目的是什么？我们已经走到哪一步了？我们可以借助"为什么"这个词帮助学生反思：我为什么要做当前这件事？

让学生参与教学设计

学生是学习的主体，理应参与学习计划和成功标准的制订。教师可以在单元学习开始之前给学生一个成功的范本供其分析，让他们知道高质量的学习应该达到怎样的要求。

重视学生已有知识和经验

学生已有的知识和经验是理解建构的基础。教师在教学的任何阶段收集的证据，如作业样本、任务单、讨论录音或活动视频等，都应该带到年级备课会来分析，以此成为调整教学的证据。思维工具"过去我认为……，现在我认为……"是常用的评估工具。

持续关注每一个学生

教师要提高课堂上每一个学生的有效交流时间，让学生说出自己的理解，在听与说的过程中相互激发，使对方成为自己的学习资源。以下是提高课堂教学效率和学习效果的一些策略——

- 减少讲授，增加倾听、观察和记录。
- 减少全班性的竞相举手回答，增加同伴分享及小组分享，人人有机会展示理解。
- 减少"乒乓球式"问答，增加学生个体思考的时间，并且鼓励学生记录下分享要点。
- 采用可视化思维工具（常见的思维工具见附录6），增强学习的可控性和有效性。
- 增加对目标学生的密切观察。

（4）评估标准和评估量规

在评估方法上，教师要明确评估标准，制订清晰、具体、可操作、可检验的评估量规，帮助学生对自我学习效果进行检测。

评估标准

大任务的成果是可见的、可供交流的，是学生知识、能力、概念性理解和情感态度的整体呈现。每一个学科，教师都要根据这四项生成表现性任务的评估标准，如表 2-6 呈现的是我们研制的九年义务教育数学评估标准。

表 2-6　数学评估标准

标准 A： 知识技能与理解	标准 B： 数学建模	标准 C： 表达与交流	标准 D： 应用于生活情境
1. 面对真实情境中的问题能够选择恰当的数学知识和技能 2. 能成功地应用所选择的数学知识和技能 3. 正确地解决问题	1. 认出模型 2. 构建模型 3. 验证模型	1. 能用恰当的数学语言表征理解 2. 能选择合适的数学表示法来介绍相关的信息 3. 能用数学语言准确、有条理地交流相关问题的推导过程 4. 能用有逻辑性的方式组织信息	1. 能在生活中识别与数学问题相关的量 2. 能用数学的眼光发现生活中的相关问题，并选择适当的数学策略来解决 3. 能对自己解决问题中用到的知识和技能进行反思和改进

从横向看：评估标准 A 关注了知识和技能及其在情境中的运用，既强调了"双基"，又关注了新课程对实践性的要求；评估标准 B 关注了数学的模型意识，数学模型可以用来解决一类问题，是数学应用的基本途径；评估标准 C 强调了数学语言的表达，大观念教学最大的特征就是要把理解"说"出来，数学作为一种描述现实世界的表达方式，学生要会用数学的语言表达现实世界，并在学习活动中能提出自己的想法，在与他人交流的过程中，敢于质疑和反思；评估标准 D 关注了学生在生活情境中识别和解决数学问题能力的培养。

从纵向看：每一项下面的细则都在寻求知识或概念之间的联系以及概念在问题解决情境中的运用。

评估量规

在具体的单元学习中，教师要根据学习目标确定评估任务需要用到评估标准中的哪几项，然后结合具体教学内容，生成评估量规。

以数学为例，在"面积"单元的地砖铺设任务中，教师着重测评评估标准中的

A、C、D 三项，这里仅以评估标准 A 为例，来看如何根据评估标准生成此项任务的评估量规。（见表 2-7）

表 2-7 评估量规

评估标准	水平细则	任务细则	成绩水平
标准 A： 知识技能与理解 1. 面对真实情境中的问题能够选择恰当的数学知识和技能 2. 能成功地应用所选择的数学知识和技能 3. 正确地解决问题	学生能够： 1. 面对真实情境中的问题选择恰当的数学知识和技能 2. 应用所选择的数学知识和技能 3. 基本解决问题	学生能够： 1. 用数学知识和语言阐述面积的含义 2. 掌握长方形和正方形面积的计算方法 3. 建立面积单位表象，掌握面积单位间的进率，用面积单位帮助解决简单的面积相关问题	发展中
	学生能够： 1. 在熟悉的情境中解决比较复杂的问题时，选择适当的数学知识和技能 2. 解决这些问题时，成功地应用所选择的数学知识和技能 3. 在各种各样的情境中，通常正确地解决这些问题	学生能够： 1. 用数学知识和语言阐述面积的含义 2. 掌握长方形和正方形面积的计算方法 3. 建立面积单位表象，掌握面积单位间的进率，用面积单位帮助解决比较复杂的面积相关问题	熟练
	学生能够： 1. 在熟悉和不熟悉的情境中解决具有挑战性的问题时，选择适当的数学知识和技能 2. 解决这些问题时，成功地应用所选择的数学知识和技能 3. 在各种各样的情境中，正确地解决这些问题	学生能够： 1. 用数学知识和语言阐述面积的含义 2. 掌握长方形和正方形面积的计算方法 3. 建立面积单位表象，掌握面积单位间的进率，用面积单位帮助解决比较有挑战性的面积相关问题	优异

（注："任务细则"是根据单元任务，在"水平细则"的基础上对任务进行的具体化描述，便于师生对学生成果做出准确细致的评估。）

（三）大观念的实施

在大观念建构的过程中，引导学生在真实情境中形成自己的探究问题、设计自己的探究思路并展开对问题的研究，最后形成自己的理解，我们称之为探究式学习。

探究过程是师生共同生成课程的过程，即大观念的实施过程。在众多探究模式中，我们采用澳大利亚教育家默多克的探究循环作为学习实践设计框架，它具有众多探究模型的共同特征，且适用于各个学科和学段。最重要的是，它揭示了概念性理解产生的过程。（Murdoch，2015）

1. 探究六循环的原理

概念性理解建立在学习者已有经验的基础上，学习者通过亲历实践活动获得新理解。概念性理解是在探究过程中产生的，探究过程包括进入探究、探究发现、梳理建模、深入探究、建构理解、知行合一六个环节。（见图2-4）

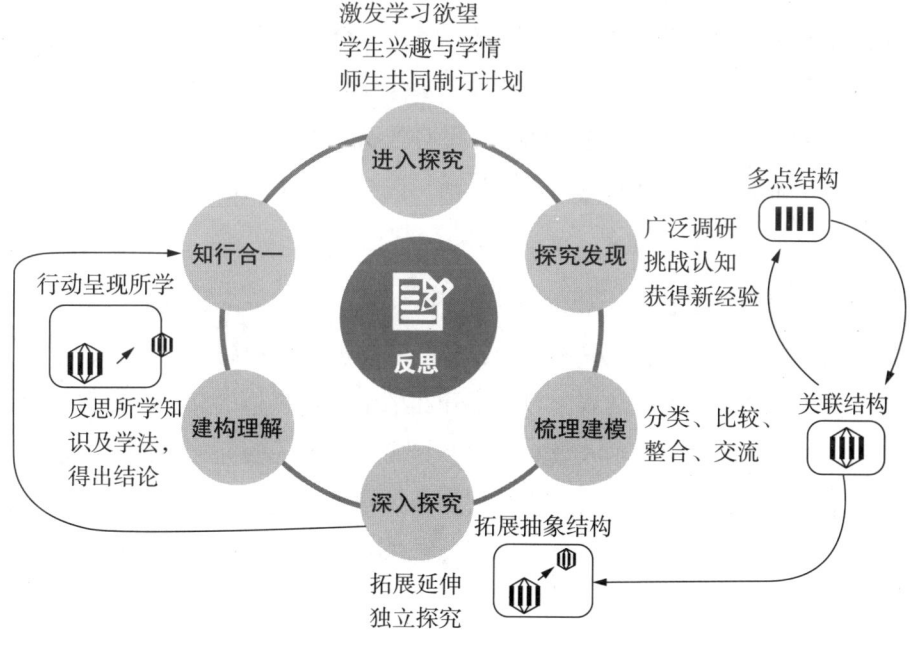

图2-4 探究六循环

在"进入探究"环节，教师通过前测，在学生脑海里初步建构概念模型，了解学生目前对概念的认知水平。

"探究发现"环节，是探究循环的重要环节。教材资源远远不能满足探究所需，学生需要从不同来源获取知识和信息，需要用不同的方式验证思考、得出结论，需要多角度质疑证据、验证结论的可靠性，比如书本学习、田野调查、实验探究、专家对话……。学生会对每一次学习活动的发现进行归纳，每一次研究都是对前一次学习结论的冲击，所以探究发现是在事实和概念之间循环往复的过程，学生逐步地将二者建立联系，从多点结构走向关联结构。

在"梳理建模"环节，通过分类、比较、整合、交流，学生脱离了事实，找到了观点之间的内在联系，建构起对大观念的理解，为下一阶段的迁移做好了准备。此阶段的学生处在关联结构水平。

然而，在认知层面建构的、在教学情境中建立的对大观念的理解还无法证明学生是真正理解了，我们还需要看到学生能够在新的情境下对所学的知识进行迁移，利用建立的模式解决新情境下的问题，进而从关联结构水平走向拓展抽象结构水平。探究六循环中的"深入探究""建构理解""知行合一"环节，就是学生在新情境下进行独立探究，通过反思建构个人理解，通过行动展示理解的过程。

运用 SOLO 分类评价理论进行分析后我们可以发现，概念驱动的教学以多点结构为基础，在知识和概念之间不断建立联系，最终通过个人的实践和反思，实现知识和概念性理解的迁移运用。

2. 探究六循环的实施

依据探究循环产生的教案并不意味着从一开始就要完成每一个细节，这个教案是基于学情而动态调整的。随着学习的展开和学生学习兴趣的介入，评估学习状态和效果的证据被不断收集并纳入教案之中，为保持学生的探究兴趣以及让学习真正发生，教案始终在进行微调。所以，教师的角色像是一个绘图者，鸟瞰全局，在教学过程中始终关注大局、关注学生。探究六循环的实施过程见表 2-8。

表2-8 探究六循环的实施过程

探究循环及意图	老师做的事情及学生做的事情
进入探究 体现学生主体性的最高原则：做一个清醒的求知者，知晓全局，也知晓每一个环节和步骤，了解自己目前的局限，知道为什么要做这些事情	**老师做的事情：** ● 提出问题，激发学生的好奇心，激活学生已有的经验，前测理解 ● 师生共同生成单元探究计划 **学生做的事情：** ● 与自己的生活关联，为已有的想法取证，生成问题 ● 参与学习计划的制订
探究发现 ● 强调从不同渠道、用不同方式获得多样的信息，目的是不断挑战学生现有的认知经验，为产生新认知做准备 ● 从概念性理解的角度看，充分的事实性学习是为抽象的概念领悟做准备 ● 教材资源只是学习资源的一部分	**老师做的事情：** ● 充分准备各类教学资源 ● 确定合理的教学策略，满足差异化学习的需要 ● 通过任务单呈现学科研究方法 ● 通过各种途径收集学生理解的证据 **学生做的事情：** ● 充分利用学习资源，运用不同的学习方式，如做实验、调查、查询网页、观看视频、联系专家、咨询他人、阅读、看图片、听故事或讲座等，从各种渠道获取解答，生成理解 ● 记录发现 ● 协作学习
梳理建模 ● 处理信息，生成概念性理解 ● 展示研究成果	**老师做的事情：** ● 通过概念引导题指导学生共同建立分类标准，引导异同比较，推断出结论 ● 与进入探究阶段填写的前测表的内容进行比较，鼓励学生思考新的发现 **学生做的事情：** ● 对所有研究结果进行整理，通过分类与再分类、比较异同、整合信息、发现关联，建立模式 ● 交流结论，以各种方式直观、清晰地展示理解，如使用数学、艺术、语言、图表、戏剧、舞蹈、音乐等方式来处理和交流所获得的信息

续表

探究循环及意图	老师做的事情及学生做的事情
深入探究 找到兴趣点，展开个人或小组的独立探究	**老师做的事情：** ● 提供相关信息，帮助学生选择个人感兴趣的方向生成探究计划，并根据学情予以过程性指导 ● 鼓励采用不同的方式和方法展开研究 **学生做的事情：** ● 定义问题，制订计划 ● 自我管理，执行计划
建构理解 基于个人反思，建构个人对大观念的理解	**老师做的事情：** 给出反思引导题 **学生做的事情：** ● 反思所学—— 我们为什么要研究这个主题？ 我从中学到最有趣的是什么？为什么？ 我还有什么不明白的？ 我最大的挑战是什么？ 什么促进或阻碍了我的学习？ ● 反思学习方法—— 我是如何展开研究的？ 下次我会有不同的做法吗？为什么？
知行合一 用行动表现理解	**老师做的事情：** ● 帮学生创造行动的机会 ● 提供引导性问题 **学生做的事情：** ● 用行动表现理解 ● 通过展演，以所学知识和行动影响周围的人

需要强调的是，这六个循环步骤并非是一成不变地单向推进，某些环节可能会循环往复，比如探究发现与梳理建模，建构理解和知行合一的顺序也可以根据单元任务情况交换或者合并，而且"行"并非仅仅是单元学习结束后的行动，整个学习

过程都在贯穿"行"。

3. 探究式课堂的样态

探究式课堂最能突出"创生"的特征,它常以对话的形式展开(见图2-5),通过协作与交流产生新想法。同伴对话、小组学习,都是最大效率利用课堂时间的做法。有效的分组学习给每个学生带来充分交流的机会,使学生相互激活,成为彼此的学习资源。

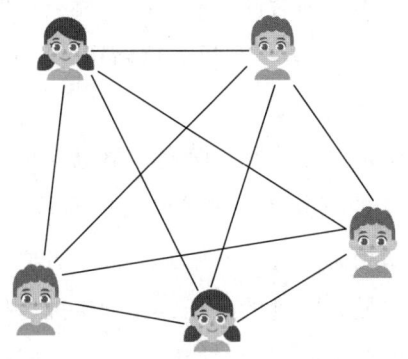

图 2-5 探究式课堂

探究式课堂展现出以下样态。

首先是自由的。师生可以在教室里自由走动,每个小组甚至每个学生都有可能在做不同的任务。有的学生在电脑区查阅资料,有的学生在独立研究,有的学生在交谈,有的学生在记录,有的学生在整理,行走坐卧,以各种适合自己的方式展开学习。教师在教室里也是自由的,很多时候在对小组或者个人进行深入指导,或者提问、激发,或者反馈、鼓励,或者示范、引领,更多的时候是在倾听,了解学情。

其次是协作的。课堂上,学生或者在求助教师,或者在和同伴协商、讨论。教师和学生也是协作关系。教师提前准备好学习资源和任务单,让学生在学习一开始就明确当天的学习意图,教学要求清晰具体。当学习展开时,教师更多的是倾听、记录、指导、反馈,可以采用照相、录像等直观手段,将捕捉的信息带回年级备课组,供调整教学计划使用。最忌讳的是教师掌握了提问主导权,以问答的方式占领课堂。

再次是全局的。教室墙上呈现的不是可以"炫耀"的学习成绩,而是学习计划、成功标准和学习过程的痕迹,让学生随时知晓大单元的全局和进展,把墙壁变成学习交流的公共空间。

最后是快乐的。课堂上随处可以看到笑脸，听到笑声。

三、学习空间的创设

在传统教学的定义中，学习空间往往意味着教室和有序的一人一桌。当探究式学习把学习从课本延伸到课本外的时候，学习时空就被拓展了——我们无时无处不在借助一切资源和方法在学习，学习空间被重新定义，空间的创设成为一个新的课题。

探究式学习的核心是学生主导学习，探究式学习空间的最大特征是一切以促进学生自主学习为中心。学生的探究欲决定了学习的质量，探究欲、好奇心、冒险、创造……，这些品质与情绪相关，与智力相关。怎样的学习空间能够充分激发学生的求知欲，给学生的试错以最大限度的信任，让学生拥有探究的安全感？这对学习空间提出了新的心理层面的要求。因此，探究式学习空间由两部分构成——心理空间和物理空间。

（一）心理空间的创设

1. 安全的情感空间与智力空间

心理空间实际上是由师生、生生的人际关系构成，其中情感关系尤为重要。探究式学习需要安全的学习氛围。当我们不设成规，鼓励创造，构建学生成长型思维时，学生需要一个安全的、容许犯错的心理环境，需要教师的尊重、信任和帮助，而非批评、责难。某种程度上可以说，什么样的师生关系，决定了教室里存在什么样的探究文化。权威式师生关系是很难激发学生的冒险精神的。

平等、信任、相互关爱的师生关系的建立，在传统教学中已经有很多例子。在探究式教学里，我们尤其强调教师的探究者形象和成长型心态。

要激发学生的好奇心，教师首先要对世界充满热情与好奇，要大胆地表达自己的情感和思考：我的好奇是什么？要敢于承认自己的困惑和面临的挑战，时刻和学生一起调整探究计划，敢于直面学生的质疑。

要让学生成为协作者，教师首先要学会和学生平等协作。我们经常听到这样一句话：教育是用一棵树去摇动另一棵树，用一朵云去推动另一朵云，用一个灵魂去唤醒另一个灵魂。这是对探究型教师特征的最好概括。师生共建课堂准则，共同制订学习计划，一起商定解决问题的方法，建立平等的协作关系。

探究型教师需要具备成长型心态。在面对真实世界的未知问题时，教师和学生是站在同一个起跑点的。教师没有权威的答案提供，教师也是探究者。此时，教师需要放下权威，和学生一起通过各种方式探究问题，用对话的方式让学生感知到你对他（她）的悦纳。

与此同时，教师是先行者，是引领者，在和学生的交谈中要用教学语言，使用能够把学生引向该知识领域的术语和概念；课堂上能够运用高质量的对话和追问，促使学生深度思考；能够借助可视化思维工具，让思维过程可见。教师是学习活动的组织者和协助者，而非指令的下达者，是学生学习的促进者和反馈者，而非学习结果或成绩的评价者。教师要保持对每一个学生的关注，阶段性地持续反思师生关系。所以，心理空间除了营造情感氛围，也是一个充满智慧的空间。在这样的学习空间里，师生谈笑风生，享受发现和创造带来的快乐。

2. 平等而独立的协作空间

探究式学习是基于协作的学习。学生需要独立学习、得出结论，更需要交流协作、相互激发，一方面要倾听、理解他人的观点，另一方面需要得到同伴的有效反馈，在反思中获得成长。教师应尊重学生差异，因为差异，才避免了同质性；要接纳分歧，有分歧才有尊重、磋商、解决分歧的机会。

所以，课堂就是一个学习社区，学习者需要的不是同质化，而是差异化。尊重不同的学习风格、学习方式，尊重多样化的观点，从而丰富我们的学习资源——让学习者彼此成为对方的学习资源。

（二）物理空间的创设

布置教室的目的是方便探究式学习的发生。培养目标在教室墙上展示，随时看得见。

学习空间内的桌椅是非常灵活的，会随时根据学情和教学活动进行调整。学生在学习过程中可以选择令自己舒服、自在的空间展开探究：课桌、矮桌、地板上、地毯上、走廊……。小组成员也由学生自由选择和组合，教师不会强制安排，因为学生是学习的主体。当然，这一切都是在安全有保障的前提下进行。

教室的布置是由教师与学生共同完成的。墙壁上呈现的并非是值得"炫耀"的"学习成果"，而是单元计划、成功标准以及探究循环各个环节中表征学生理解的图表，这些构成了大单元学习的行动地图，目的是让学生随时鸟瞰大单元学习的全局，明确目前走到了哪里，方便查看并调整学习进程。

资料墙、问题墙、反思墙也占据了半壁江山。学生的问题、作业等都成了彼此的学习资源，供大家随时浏览旁批，以便听到尽可能多的同伴的反馈。这个举措打破了教学时间的限制，让学习无时无刻不在发生。

阅读区是随时开放的，教师还会根据学习单元的内容尽可能多地提供学习资料，学生可以随时取阅，为探究提供支持。图书角里的书籍由学校、教师和学生共同提供，也是重要的学习资源。两位班主任的工位也在教室内，让师生之间的交流变得更密切、便捷，也有助于教师更好地观察学生的学习和成长状况。

学习空间绝不局限于教室内，比如英语学习单元"One More Dish（我为春藤加个菜）"的结题展示场地就在学校食堂门口。口头介绍结束后，学生制作的全英文海报也一直陈列在食堂门口，供全校师生参观、学习。我们还将海报扫描制作成展示板，置于食堂，成为食堂独一无二的装饰品，再次增加学生的归属感和成就感。

在本书的其他案例中，教师还呈现了更大的学习社区，学校的菜园、连廊……，校园的每一个角落都成了学生的探究空间。

科学的学习空间设计和丰富的教学资源能够最大化地调动学生的主观能动性，产生意义深远的教育成果，即培养出乐学善思、具有国际情怀和善于交往协作的学习者，他们能够给自己以及他人的生活带来积极的影响，并拥有获得幸福的能力。

第三章
语文：真实世界与文学世界的对话
——跨文体组元导向大观念理解

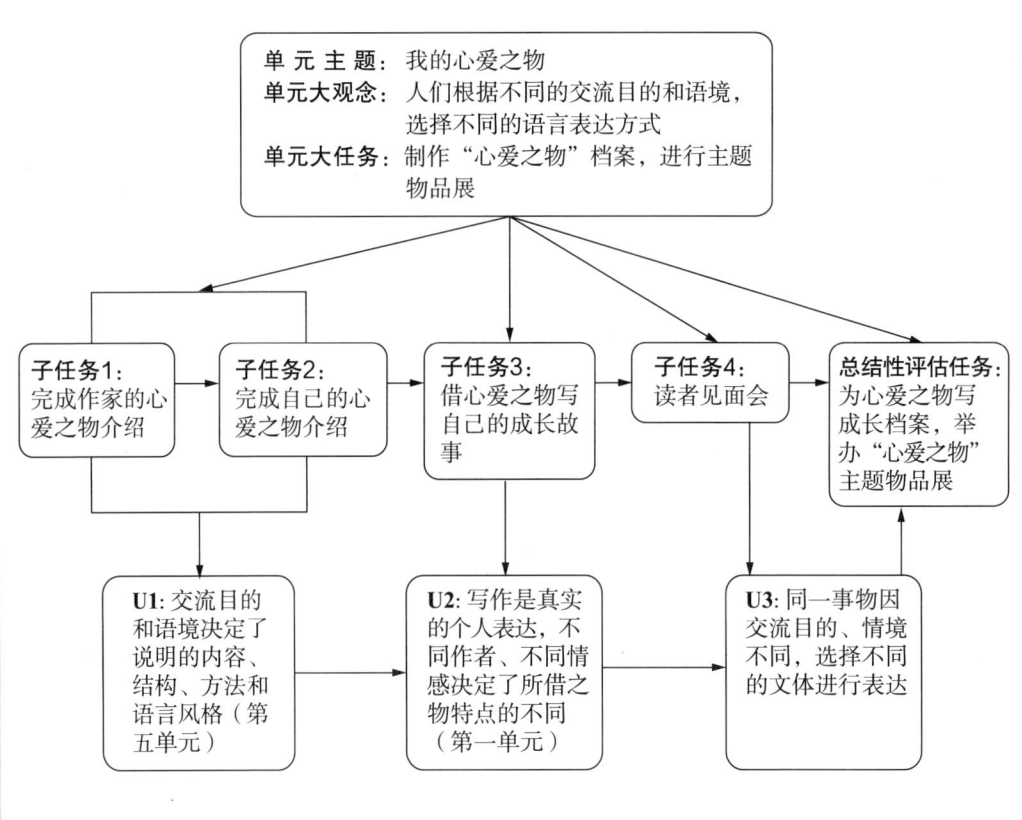

单元探究图谱

单元主题	我的心爱之物
单元内容	部编版语文五年级上册第一、五单元
单元大观念	人们根据不同的交流目的和语境，选择不同的语言表达方式
单元大任务	制作"心爱之物"档案，进行主题物品展
设计者	张纯静 方媛 任燕 甘虹 罗燕 谭洁

一、单元概览

（一）单元设计说明

为什么学习这个单元？它对学生有怎样的重要意义？

每个人都有自己心爱的物品，物品往往寄托着我们的情感，帮助我们建立和他人的连接。但是传统的习作练习往往缺乏真实情境，对于"我为什么要写""写给谁看"这些问题学生往往是不清楚的。当我们把这个任务放到真实情境中去，从读者的角度去追问作者的时候，自然就理解写作目的了。学生成为创作者，面对特定的读者，自如地在说明和叙述两种文体间切换表达方式，以期达成共鸣与理解。

本单元，学生将在读者和作者两种身份之间切换：作为读者，阅读关于"物"的课文以及同伴作品；作为作者，向同伴及老师介绍他的心爱之物，讲述他和心爱之物的故事，让同伴看到他的成长过程。在这个过程中，学生体会到真正的作者是如何创作的，体会到读者与作者、与文本的深度交流是多么愉悦——这就是语文学习的专家思维。

本单元教学内容在语文学科要培养的核心素养中如何定位？所属的学科大观念是什么？

两个单元一个属于"文学阅读与创意表达"任务群，另一个属于"实用性阅读与交流"任务群。"借物抒情"是文学审美的大概念,"说明白"是语言运用的大概念,两个任务群看似不相关,但是都涉及写"物",涉及不同语境下对语言的运用,组合成一个单元,就把理解推向了超越文体的大观念——人们根据不同的交流目的和语境,选择不同的语言表达方式。

真实的语言运用情境经常需要我们在不同文体之间自由切换,这一组元思想也反映了真实世界对语文学习的要求。

大观念延伸出的大任务和核心教学策略是什么?

大观念决定大任务,本单元的大任务设置为:制作"心爱之物"档案,进行主题物品展。大任务决定核心教学策略,本单元的核心教学策略就是进行不同文体单元之间的比较阅读与写作,以此为制作"心爱之物"档案做准备。

结合学科探究计划,本单元与前后单元的勾连关系如何?

在中年级教材中,学生已经学过借物抒情的文章和说明文,具备了基本的描写和说明能力,但"表达方法"这一概念是在五年级上册教材中第一次明确提出的。借由两个单元的整合,正好让学生在比较中辨析两种文体,为后面的学习做好准备。

(二)学习过程扫描

单元导入

单元学习一开始,学生就明确了任务:要为自己心爱的物品做一个成长档案,最后举行主题物品展,展示心爱之物和成长档案。每个学生展示心爱之物时都需要对物品进行介绍,同时附一篇自己与这个物品之间的故事,让读者了解他的心爱之物,倾听他的成长感悟。

"心爱"二字打开了学生回忆的闸门,大家列举出很多心爱之物,情感被调动了。但是,困惑随之产生:如何才能向特定的读者说明白?如何才能打动人?困惑指向的就是我们的大观念:如何根据不同的交流目的和语境,选择不同的语言表达方式。师生一起列出了成功标准和需要学习的知识,勾勒出学习过程。

子任务 1：完成作家的心爱之物介绍

从文学单元开始，学生自选了最感兴趣的一篇课文《白鹭》，尝试为郭沫若的"白鹭"建立一个档案。描写和说明的表达方式的切换一开始就对学生提出了挑战：散文中哪些信息是说明性的？在信息的筛选中，文学作品的"主观性"与说明文的"客观性"引发了学生的认知冲突，点燃了学生的思维，他们在比较和辨析中渐渐明白：事物介绍的内容应是真实且具有共性的，《白鹭》一文大都是作者主观的感受和表达。此时，教师补充白鹭的相关资料，让不同的学生选择不同的内容为不同的人做介绍，学生在分享交流中建构了"受众"的概念。

旧的困惑解决，新的困惑又起：如何为筛选出的信息做清楚的说明？我们按计划求助于第五单元。学习过程中，我们根据4C（联系—质疑—观点—变化）这一思维工具架设了自主的探究思路，指向读者、作者、文本三者关系的文本分析思路贯穿每一课的学习。对说明的内容、结构、方法和语言风格的探究，为学生完成子任务1提供了帮助，使其生成了"交流目的和语境决定了说明的内容、结构、方法和语言风格"的概念性理解。

子任务 2：完成自己的心爱之物介绍

此时，学生开始思考如何介绍自己的心爱之物，完成任务时需要深入考量：我的受众是谁？如何选择内容、安排结构、挑选说明方法和风格，才能更好地向受众说明白？任务完成的过程即是展示概念性理解的过程。

子任务 3：借心爱之物写自己的成长故事

继"说明白"之后，如何才能"说生动"？我们回到第一单元，再次借助《白鹭》一课，引入了郭沫若的写作背景，让学生结合写作背景深入理解文章情感，获得"写作背景能帮助我们理解作者写作目的"的理解，这也是专家思维的体现。

然后，我们引入白居易、张志和的同题诗歌与郭沫若的《白鹭》对比，学生立刻产生了疑惑：为什么同样写白鹭，作者表达的情感迥然不同？疑惑指向文学大概念的建构——"写作是真实的个人表达，不同作者、不同情感决定了所借之物特点的不同"，与说明文单元的客观性再次构成了认知冲突：说明文可以有感情吗？同时，学生寻找文本中打动自己的地方，从写法、读者感受、作者目的等方面深入分析自己被打动的原因，形成文本分析思路，实现从感性到理性的升华，形成方法论。其他的文章我们均采用1+N的方式（即精读一篇，余下的N篇用同样的方法自主学习），借助4C和文本分析思路自主学习。（注：一篇精读课文，在不同的任务下，是可以再次学习的——"用以致学"。）

子任务4：读者见面会

如何让学生真正体会像作家一样创作？作家的作品必须有读者读，对作者来说，获得读者的共鸣是最大的激励。单元最后一课，我们举行了"读者见面会"，见证了学生的学习成果。并且，在真实的交流中，每个学生都对自己的学习进行了反思。

总结性评估任务：为心爱之物写成长档案，举办"心爱之物"主题物品展

学生的心爱之物和成长故事都已完成，此时我们给学生搭建了一个展示自己的平台——"心爱之物"主题物品展。不同的参观对象考验着学生对不同表达方式的运用，这既是一次真实情境下的历练，也是一次个人成长的分享，学生的思维与情感都在分享中得到了激荡和升华。

探究发现

通过阅读上面的单元概览，与传统教案相比，你发现这份教案有哪些不同点？请列出你的发现。

比较点	传统教案	本教案

二、大观念的生成

（一）超学科主题指向学习的意义

素养本位的学习决定了学习的目的不再止步于知识，而是指向学习的本质意义——实践与创新，学习者的情怀和社会责任感，以及面向未来的能力。

"我的心爱之物"单元，传统教学止步于"借物抒情"和"说明白"（对应的学科概念是"情感"和"交流"），但是追求大观念的教学需要我们进一步追问：为什么要学习借物抒情？为什么要讲究说明技巧？

博伊尔的六大超学科主题中的"我如何表达自己"可以帮助我们明确定位学习目的。

我如何表达自己

<u>这是对符号标志</u>、<u>表达方式</u>及审美观<u>的探究</u>。人是通过符号系统进行自我表达和沟通交流的，因而语言符号本身成为重要的研究内容；<u>人们通过各种方式表达情感、价值观、观点，展示创造力，表达方式构成探究的另一内容</u>；人人都有美感，并可通过艺术表现出来，因而，审美也成为重要的探究内容。

上文是六大超学科主题之一"我如何表达自己"的全部探究内容，画线部分是本单元聚焦的细则：探究人们的审美表达方式，学生将理解"人们通过表达方式创造性地展示情感、价值观和观点"，这个学习目标的定位把纯粹的语文技巧的学习提升到了一个有意义的层面，回答了"我们为什么要学习"这个大问题。

同时，这个超学科主题还为"表达方式"提供了更广阔的迁移平台，学生可以从不同学科的角度展开研习，数学符号、化学方程式、美术图像、音乐旋律……，而母语表达除了交流，还承载着更深的探索内在自我的功能。

（二）概念视角统整知识与技能

超学科主题仍然是一个宽泛的研究范畴，我们需要用概念进一步聚焦。

首先，梳理教材，对标《义务教育语文课程标准（2022年版）》。（见表3-1）

表3-1 对标文件分析

单元	课文	人文主题	阅读要素	写作要素	口语交际	习作要求	小练笔	交流平台	课程标准对标
第一单元	《白鹭》《落花生》《桂花雨》《珍珠鸟》	一花一鸟总关情	初步了解课文借助具体事物抒发感情的方法	写一种事物,表达自己的感情	制订班级公约	围绕心爱之物,写出自己的喜爱之情	看到"竹子""梅花""蜜蜂""路灯"你会想到哪些人?选择其中一个写一段话	借物抒情,借物喻理	【阅读与鉴赏】1. 在阅读中了解文章的表达顺序,体会作者的思想感情,初步领悟文章的基本表达方法。在讨论中,敢于提出自己的看法,做出自己的判断,和同学交流。2. 阅读说明性文章,能抓住要点,了解文章的基本说明方法。3. 能联系上下文和自己的积累,推想课文中有关词句的意思,辨别词语的感情色彩,体会其表达效果。4. 扩展阅读面。【表达与交流】
第五单元	《太阳》《松鼠》习作例文《鲸》《风向袋的制作》	说明文以"说明白了"为成功	阅读简单的说明性文章,了解基本的说明方法	搜集资料,用恰当的说明方法,把某一种事物介绍清楚	无	介绍一种事物,写好后与同学分享交流	将课文《白鹭》第2-5自然段改成一段说明性文字,体会它们的不同	说明性文章的写作目的、说明方法及语言风格	1. 养成留心观察周围事物的习惯,有意识地丰富自己的见闻,珍视个人的独特感受,积累习作素材。2. 修改自己的习作,并主动与他人交换修改,做到语句通顺,行款正确,书写规范,整洁。根据表达需要,正确使用常用的标点符号。【梳理与探究】初步了解查找资料,运用资料的基本方法。【实用性阅读与交流】在语文实践活动中,通过倾听、阅读、观察,获取、整合有价值的信息,根据具体情境和交流对象,清楚得体表达,有效传递信息,满足家庭生活、学校生活、社会生活沟通需要。【文学阅读与创意表达】了解文学作品的基本特点,欣赏和评价你喜爱的文学作品,提高审美品位,感受自然美与社会,表达自己独特的体验与思考,尝试创作文学作品。

其次，整理出本单元需要学习的知识，并提炼出学科概念。（见表3-2）

表3-2　学科概念提炼

学生将知道的知识（K）	学科概念
1. 生字、多音字的读写，指定背诵的课文 2. 多义词在不同语境下的含义 3. 借助具体事物抒发感情的方法；对比的写作手法；基本的说明方法，写作目的，说明结构和语言风格	文学：借物抒情、对比、修辞 说明文：说明目的、受众、结构、说明方法、语言风格

学科概念仍然是零散的，我们需要再通过八大超学科概念来进一步统整。经过辨析，我们选择了"视角"和"形式"这两个超学科概念来统整学科概念。如，文学作品的写物是从"抒情言志"的角度表达情感和观点，它借助的形式包括托物、借物、对比、修辞等；说明文的写物是从"说明白"的角度介绍说明对象，它借助的形式包括说明方法、结构、语言风格等。概念的提取有助于我们形成概念性理解：

①交流目的和语境决定了说明的内容、结构、方法和语言风格。（说明文）

②写作是真实的个人表达，不同作者、不同情感决定了所借之物特点的不同。（散文）

③同一事物因交流目的、情境不同，选择不同的文体进行表达。（跨文体）

这三条概念性理解并非一次性形成的，还需要在后期教案的书写过程中来回审视、不断修改。

通过"视角、形式"这两个超学科概念，我们发现，单元的研究任务就是让学生理解：所有的表达形式都是为表达观点服务的；对同一事物，从不同的角度会产生不同的观点。于是，在之前超学科主题拟出的大观念（人们通过表达方式创造性地展示情感、价值观和观点）的基础上，我们进一步聚焦，形成本单元的大观念：人们根据不同的交流目的和语境，选择不同的语言表达方式。（见图3-1）

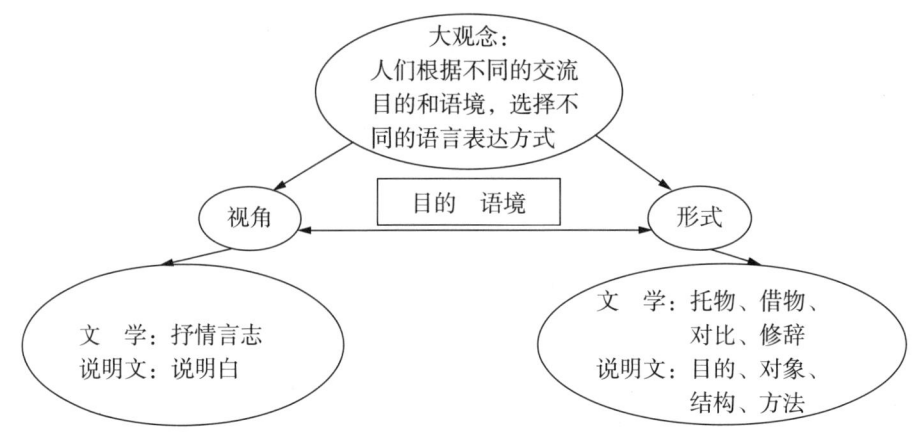

图 3-1 单元概念关系图

（三）概念思维即学科思维

概念思维即学科思维，或专家思维。我们注重培养学生的学科思维习惯，把专业的探究方法和程序运用于新的情境。

在对课程标准、教材的梳理过程中，我们列出了本单元学生要做的事情，这些"事"显得杂而无序。当我们借助"三大探究能力"这一工具，从培养学生的批判性和创造性思考能力以及交流、协作和资讯科技能力的角度来梳理这些"事"时，教学就具有了思维培养的属性。（见表 3-3）

表 3-3 学科思维的培养

学生将能做（D）	学科思维
1. 阅读：围绕词语的感情色彩和文章顺序，理解作者观点，领悟表达方式，做出审美评价 2. 探究：查找资料，运用资料 3. 写作： （1）观察，感受，围绕心爱之物写出感情 （2）用恰当的说明方法，把某一种事物介绍清楚 （3）把散文改写成说明文	**批判性和创造性思考能力** **批判性思考：** 1. 能分析关键字词或句子，识别修辞手法，根据语境推断含义 2. 能通过比较发现异同 3. 能基于文本证据形成观点，并质疑没有证据的观点 4. 能总结所学并知道自己是如何获取知识的，了解自己学习的最佳方式 5. 能和同伴交流学习，了解他人有效的学习方法 **创造性思考：** 能运用所学创作自己的作品并评价他人的作品

续表

学生将能做（D）	学科思维
4. 交流：会倾听，整合信息，表达得体清楚，和同学分享习作	**交流、协作和资讯科技能力** **信息交流能力：** 1. 能真诚与同学沟通并分享，能清晰、有逻辑地参与讨论，欣赏他人的不同观点 2. 能在阅读他人的作品时总结方法，从而支撑自己的表达，能表达自己的真情实感 **信息素养：** 1. 能根据文章结构特征，抓住关键句/段，快速提取信息 2. 会比较分析文本间的相似之处和差异，形成自己的观点

同概念的梳理一样，学习能力的梳理也不是一蹴而就的，需要在大任务设计的过程中，在教学活动的设计中，根据需要逐步完善。

我们侧重对具体的学习行为进行描述，便于收集学生理解的证据。通过对行为的描述，我们对学生品格的培养也逐渐清晰起来，示例见表3-4。

表3-4 在"做"中培养品格

学习内容 （Learn about）	学习能力 （Learn to do）	品格养成 （Learn to be）
例1：寻找关于白鹭的科学说明，解读信息发现模式 例2：如何通过"物"表达自己的情感？ 例3：如何理解不同读者对作品的不同解读？	交流、协作和资讯科技能力——信息素养 批判性和创造性思考能力——批判性思考、创造性思考	乐学善思 喜欢交流 勇于探究

（四）八大培养目标细化育人目的

品格培养通过"做事"来实现。随着任务的确定和对探究能力的定位，本单元对学习者品格、价值观的培养方向确定为：乐学善思、喜欢交流、勇于探究。本单元要收集的证据如下：

乐学善思

● 在阅读的过程中进行了大量的文本分析，学生积极主动地使用批判性思维来帮助自己寻找证据、建立观点、形成专家思维。

● 在完成自己的真实任务时，学生创造性地运用学到的写作方法帮助自己进行表达，在主题物品展上更是灵活地根据不同对象和场合进行书面语、口语、外语的转化，这些都是学生在创造性地运用所学的内容处理复杂问题的表现。

喜欢交流

● 选择"视角"，通过同题材作品，引入作者的个性化表达和读者的个性化理解，让学生体验与作者对话、与同伴对话的思维激荡的愉悦。

● 通过"读者见面会"的评估，让学生直接体验作者和读者双重身份的冲击，深刻理解写作打动他人的前提是真情实感的表达，欣赏他人和自己不一样的解读。

勇于探究

● 整个大单元的学习以真实任务为导向，用学生的问题驱动所有探究，当学生感受到有别于以往的充分的自主选择权时，他们学习的好奇心和内驱力被激发了，探究的激情被点燃了。

● 在整个探究学习过程中，学生积极参与其中，在活动中提升了开展探索和研究的批判性和创造性思考能力以及交流、协作和资讯科技能力，这些能力和好学的品质将伴随学生一生。

我们用图 3-2 来呈现大观念生成的路径。

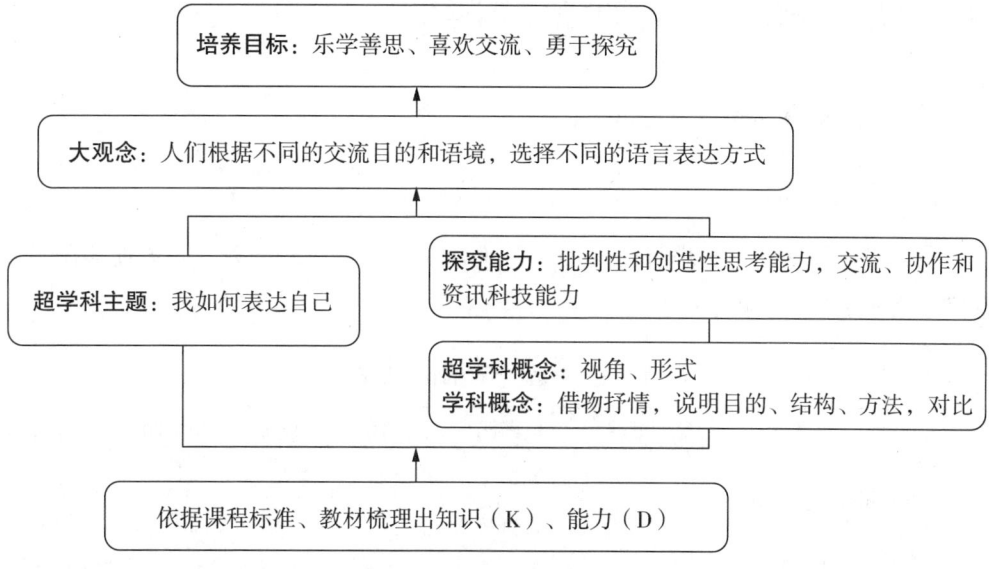

图 3-2　大观念生成的路径

需要再次强调的是，在实际的备课活动中，我们的思维不是线性的，而是在事实与概念、任务之间反复斟酌、调整、打磨、完善。

探究发现

从这一部分的描述中，你觉得单元探究教学和传统的单元教学有哪些不同？它是如何落实核心素养导向的教学要求的？请写下你的理解和发现。

与传统单元教学的不同	如何落实核心素养导向的教学要求

三、大任务——大观念的评估

（一）大任务承载大观念

1. 大任务要表现理解

我们借用评估证据和理解"六侧面"来帮助产生表现性任务，并核查其在多大程度上表现了理解。（见表3-5）

表3-5 理解"六侧面"核查表

评估证据		解释 文本分析 推论—证明	阐明 连接个人 进行转述	应用 迁移	洞察 多观点 比较、 评价	移情 同理心 视角切换	自知 收获知 识方法 认知局限
子任务1	完成作家的心爱之物介绍			√			
子任务2	完成自己的心爱之物介绍		√	√			
子任务3	借心爱之物写自己的成长故事		√	√		√	
子任务4	读者见面会	√			√		
总结性评估任务	"心爱之物"主题物品展		√	√			
其他	TPE表						√
	4C表	√	√				√

我们用SOLO来指导教学目标、任务与评估的制订。（见表3-6）

表 3-6　SOLO 检查表

SOLO 层次		主要表现	本单元学习中的案例
前结构水平		完全没有理解，答非所问	
浅表性了解水平	单点结构	理解概念或主题的某一方面	作者运用了列数字的说明方法
	多点结构	理解概念或主题的某几方面，但是知识没有被结构化，处于离散状态，不能指向概念性理解	作者运用了列数字说明、举例子说明，还有打比方说明
概念性理解水平	关联结构	能够把多方面的知识、概念结构化，找到相互之间的关系	作者运用了多种说明方法，从不同角度说明，使读者更容易理解，使说明语言更准确
	拓展抽象结构	形成了概念性理解，能够迁移，用于解决新情况下的问题	作者根据说明目的和受众选择恰当的表达方法

SOLO 可以帮助我们在制订教学目标、任务与评估时，时刻关注知识目标与概念性理解的平衡。多点结构的知识是形成概念性理解的基础，形成概念性理解的关键是帮助学生发现知识与知识之间的关系，并且通过迁移来使理解可见。

2. 大任务的设计原则

大观念是抽象的，我们需要怎样的表现性任务来表征理解？如何把任务和学生的生活经验连接起来？怎样的任务才能激活学生的情感？

评论家和文学家的工作是什么？——文学批评与创作。学科思维是我们拟定语文大任务的一个指南。根据大任务的三原则（重要性、挑战性和相关性），我们赋予了评论和写作更贴近学生真实需求的情境。

首先，需要让学习与学生"自己"连接，单元的子任务 2 和子任务 3 分别是"完成自己的心爱之物介绍"和"借心爱之物写自己的成长故事"，"心爱"是开启真实情感的关键词，连接的是学生的心灵；任务指向的是学科大概念"情"——作者表达的渴望决定作品的质量。

其次，语言文字的运用决定了交流要关注受众。子任务 4——读者见面会，如何让读者喜欢读我的作品，喜欢上我的心爱之物？这个问题一直贯穿整个单元，被学生一再追问，这就是一个最真实的问题，仍然直指学科概念"情"——寻求读者的情感共鸣是自我表达的重要目的。

（二）大任务的评估

我们的评估分为三类：形成性评估、元认知（反思性）评估和总结性评估。

1. 形成性评估

在小学阶段，形成性评估无时不在发生，教师的任务是收集学习证据，以了解学生的理解程度，掌握学习发展进程。本单元主要从以下几个方面开展形成性评估。

● 单元学习一开始就让学生参与制订学习计划以及成功标准，并在学习的过程中持续更新标准。标准更新的过程，就是学生理解发展的过程。

● 同样重要的还有预评估（前测），用以了解学生的起点。教室里准备一张大大的单元学习TPE反思记录单，学生的疑问都贴在上面，方便他们相互查看并随时解答。随着学习的展开，学生不断撤去已解决的问题并提出新的问题，形成"产生问题—解决问题—产生新问题"的探究循环。这些学生的问题会作为学习目标补充在教案里，推动学习进程，体现学生的能动性。（见图3-3）

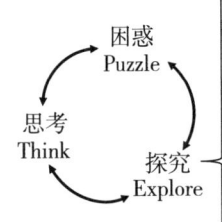

大任务：制作"心爱之物"档案，进行主题物品展

基本问题：如何根据不同的目的和语境，选择恰当的表达方式？

子任务1：完成作家的心爱之物介绍
激发困惑1：什么是说明？什么是描写和记叙？（形式—线索2）

子任务2：完成自己的心爱之物介绍
激发困惑2：怎样运用各种手法"说明白"？（形式—线索2）
为什么用这种手法？（形式—线索3）

子任务3：借心爱之物写自己的成长故事
激发困惑3：怎样理解不同的作者对同一物品有不同观点？（视角—线索1）
怎样用恰当的手法"说生动"？（形式—线索3）

子任务4：读者见面会
激发困惑4：怎样理解不同读者对我的作品有不同观点？（视角—线索1）

图3-3　问题驱动探究

- 探究线索和超学科概念一起，界定了本单元的探究范围，注意收集学生的问题，对教学计划进行动态调整。（见图3-4）

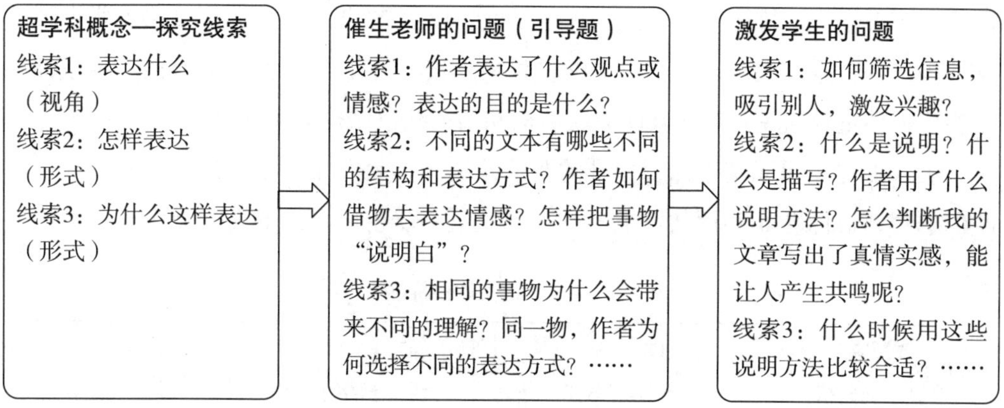

超学科概念—探究线索	催生老师的问题（引导题）	激发学生的问题
线索1：表达什么（视角） 线索2：怎样表达（形式） 线索3：为什么这样表达（形式）	线索1：作者表达了什么观点或情感？表达的目的是什么？ 线索2：不同的文本有哪些不同的结构和表达方式？作者如何借物去表达情感？怎样把事物"说明白"？ 线索3：相同的事物为什么会带来不同的理解？同一物，作者为何选择不同的表达方式？……	线索1：如何筛选信息，吸引别人，激发兴趣？ 线索2：什么是说明？什么是描写？作者用了什么说明方法？怎么判断我的文章写出了真情实感，能让人产生共鸣呢？ 线索3：什么时候用这些说明方法比较合适？……

图3-4 探究问题产生的路径

- 4C思维工具体现了语文学科的思维特点，架构了整个单元的探究路径。4C表中的最后一栏"变化"即是反思，每一次的研读，学生都通过"过去我认为……，现在我认为……"的句式更新自己的理解，成为教师了解学情、调整教学计划的重要证据。

> 小贴士：老师的增加与减少
>
> ◇ 减少讲授，告诉学生标准答案不是目的，把课堂交给学生，用问题引领探究，注意倾听；
>
> ◇ 减少全班性的竞相举手回答，更多地采用分组交流，人人有机会"说"出理解；
>
> ◇ 4C表的运用，增加了学生和文本独立对话的机会；
>
> ◇ 增加对目标学生的观察，课后给予特别指导。

2. 元认知（反思性）评估

元认知（反思性）评估贯穿单元学习始末。4C表里的"变化"让学生看到了自己每一个阶段的进步。学习结束之后的单元反思，是立足全局，从概念性理解和探究能力（会做）的角度展开的反思，体现了对学生核心素养的培养。

3. 总结性评估

总结性评估是对重要的子任务和大任务的评估。评论与写作是语文学习最主要的任务表现形式，故而我们以此为评估维度，以 2022 年语文课程标准中的学业质量描述为细则，生成大观念教学语文学科评估标准，并结合本单元学习任务生成评估量规。评估量规体现了对 SOLO 关联结构和拓展抽象结构的关注。

表 3-7 是本单元基于课程标准的要求并结合单元大任务制订的评估标准，这里我们选择评估标准 B 和评估标准 C 作为示例进一步生成评估量规（见表 3-8）。

表 3-7　语文评估标准

标准 A： 理解与分析	标准 B： 创作与写作	标准 C： 重点与组织	标准 D： 语言的运用
1. 能借助与文本相关的材料，结合作品关键语句指出作者的写作目的和具体的写作手法，分析写作手法对写作目的的达成度，形成自己的观点，并恰当运用学科术语，结合实例来进行论证 2. 能发现不同类型文本的结构方式和语言特点，感受作品内容、表现形式上的不同	1. 能明确写作目的和受众需要，乐于表达自己独特的感受，情感真实 2. 能迁移运用细节描写等文学表现手法，描述自己成长中的故事；能迁移运用合适的说明方法，用准确的语言清楚地介绍、说明事物 3. 通过写作陈述及作品，展示出认识到写作目的与表达方法对受众的影响	以符合逻辑的方式组织作品的结构和顺序，根据内容表达的需要，分段表述	根据表达需要，使用适合语境与意图的语体和风格，准确使用常用的标点符号和汉字

表 3-8　基于评估标准 B 和评估标准 C 生成的评估量规

评估标准	评估内容	成绩水平	水平细则	任务细则
标准 B：创作与写作	写作陈述（B3）	优异	能简洁、清晰、准确地表达写作观点；通过写作陈述及作品，能准确说明自己选择的写作方法及选择原因	1. 能简洁、清晰、准确地表达写作观点，能明确分析受众类型，准确提出有针对性的表达策略 2. 能准确分析从范文中学到的多个写作方法，并结合自己的表达目的准确说明自己从中选择的写作元素及选择原因，清楚地意识到艺术手法对读者的影响
		熟练	能准确地表达写作观点；通过写作陈述及作品，能说明自己选择的写作方法及选择原因	1. 能准确地表达写作观点，能分析受众类型 2. 能分析从范文中学到的多个写作方法，并结合自己的表达目的说明从中选择的写作元素及选择原因，对艺术手法给予读者的影响有一些认识
		发展中	能表达写作观点；通过写作陈述及作品，能就自己选择的写作方法及选择原因进行一定说明	1. 能表达写作观点，有分析受众的意识 2. 能分析从范文中学到的写作方法，并结合自己的表达目的就写作元素及选择原因做一定说明，对艺术手法给予读者的影响有少量认识
		初学	写作时有一定的思考，对自己选择的写作方法及选择原因缺乏思考	1. 写作时有一定的思考，缺乏受众意识 2. 能分析从范文中学到的少量的写作方法，对艺术手法影响读者缺乏认识，不太能够结合自己的表达目的就写作元素和选择原因做出说明
	成长故事（B1、B2）	优异	乐于表达，对创作充满热情，有自己独特的感受，情感真实；内容上能合理运用细节描写等文学表现手法创造性地描述自己成长中的故事	1. 习作展示出对创作过程充满热情，能根据自己的情感选择合适的物品，并与其相关特点建立紧密联系，所抒之情表现出对他人或对生活的热爱（B1） 2. 内容上，有多处细节描写，展示了思想或想象，能创造性地使用语言（B2）

续表

评估标准	评估内容	成绩水平	水平细则	任务细则
标准 B：创作与写作	成长故事（B1、B2）	熟练	对创作较有热情，有自己的感受，情感真实；内容上能恰当运用部分细节描写和修辞手法描述自己成长中的故事	1. 对创作过程较有热情，能选择合适的物品，并与其相关特点建立联系，所抒之情表现出对爱的理解（B1） 2. 内容上，能恰当使用部分修辞手法，有充分的细节描写来表达自己的真情/志（B2）
		发展中	创作过程投入尚令人满意，愿意表达自己的感受；内容上能借鉴一些已学手法和细节描写描述自己成长中的故事	1. 对创作过程投入尚令人满意，能选择合适的物品，但相关特点和物品的联系不紧密，文从字顺地表达自己的情/志（B1） 2. 内容上，能借鉴一些已学手法来表达自己的真情/志，有一些细节描写（B2）
		初学	创作过程投入有限；内容上能借鉴少量已学手法描述自己成长中的故事，细节描写少	1. 对创作过程投入有限，能选择合适的物品，文从字顺地表达自己的情/志（B1） 2. 内容上，能借鉴已学手法来表达自己的情/志，有很少的细节描写（B2）
标准 C：重点与组织	成长故事（C）	优异	结构上能有序表达，重点突出，能根据内容表达的需要分段表述	结构上能有序表达所借/托之物的样子、来历和陪伴过程，突出与情/理紧密相关的特点，能根据内容表达的需要分段表述
		熟练	结构上能有序表达，表达有重点，能根据内容表达的需要分段表述	结构上能有序表达所借/托之物的样子、来历和陪伴过程，突出与情/理相关的特点，能根据内容表达的需要分段表述
		发展中	结构上能有序表达，能根据内容表达的需要分段表述	结构上能有序表达所借/托之物的样子、来历和陪伴过程，能根据内容表达的需要分段表述
		初学	结构上表达比较有序，基本能根据内容表达的需要分段表述	结构上基本能有序表达所借/托之物的样子、来历和陪伴过程，基本能根据内容表达的需要分段表述

评估量规中包含了知识（K）和概念性理解（U），也明确了可见的学习证据（D），育人目标也清晰可见，示例见表3-9。

表3-9 评估内容

知识（K）和概念性理解（U） （Learn about）	学习证据（D） （Learn to do）	育人目标 （Learn to be）
习作展示出对创作过程充满热情，能根据自己的情感选择合适的物品，并与其相关特点建立紧密联系，所抒之情表现出对他人或对生活的热爱（B1）	选择合适的物品，并与其相关特点建立紧密联系	乐学善思

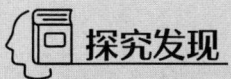

请使用下面的思维工具表达你对评估的看法。

关于评估

过去我认为……　　　　　　　现在我认为……

四、大观念的实施

在课堂的组织形式上，我们采用探究六循环来组织学习活动，本单元学习活动安排见表3-10。

表3-10 本单元学习活动安排

探究循环	学习过程
进入探究 （1课时）	明确真实任务—激发学生问题—制订学习计划
探究发现 梳理建模 （6课时）	引导性问题：作者是如何借助事物去表达自己的观点的？他为什么这样表达？ 学习说明文单元，用学生的问题形成引导性问题，驱动探究，互文阅读，展开对比、分析、梳理、整合，完成子任务1
探究发现 梳理建模 （4课时）	引导性问题：作者是如何借助事物去表达自己的情感的？他为什么这样表达？ 学习散文单元，用学生的问题形成引导性问题，驱动探究，互文阅读，展开对比、分析、梳理、整合
深入探究 （2课时）	引导性问题：作者为什么会选择不同的事物与文体去表达自己的观点？ 1. 回顾两个单元，从表达目的、结构、表达方法、语言风格等方面对说明性文本和散文进行比较 2. 学习两个单元不同的表达方法，再次修改量规，围绕同一物品完成两篇不同文本的习作，完成子任务2和子任务3；借助任务，深入探究引导性问题
建构理解 （2课时）	1. 子任务4：读者见面会，化身读者和作者，在阅读与对比中建构理解，完成写作陈述，完善心爱之物档案 2. 自我反思、互评：你最大的收获是什么？如果要进一步完善物品档案或主题物品展，你还想做哪些事情？你还有哪些疑问？
知行合一 （1课时）	总结性评估任务：主题物品展，向不同受众展示和介绍自己的心爱之物以及为它制作的档案

本章附录：单元计划

单元主题：我的心爱之物			
教学内容：部编版语文五年级上册第一、五单元		**创作团队**：张纯静、方媛、任燕、甘虹、罗燕、谭洁	**教学时长**：16课时
阶段一：目标与评估			
基本问题：如何根据不同的交流目的和语境，选择恰当的表达方式？			
超学科主题：我如何表达自己		**超学科概念**：视角、形式	**学科概念**：借物抒情、对比、修辞、说明目的、受众、结构、说明方法、语言风格
大观念：人们根据不同的交流目的和语境，选择不同的语言表达方式			
学生将知道的知识（K）： 1. 生字、多音字的读写，指定背诵的课文 2. 多义词在不同语境下的含义 3. 对比、说明结构、说明方法，借物抒情、托物言志等写作手法		**学生将理解的概念（U）**： 1. 交流目的和语境决定了说明的内容、结构、方法和语言风格 2. 写作是真实的个人表达，不同作者、不同情感决定了所借之物特点的不同 3. 同一事物因交流目的、情境不同，选择不同的文体进行表达	**学生将成为（ ）的人**： 乐学善思 喜欢交流 勇于探究
学生将具备的能力（D）： **批判性和创造性思考能力** 1. 批判性思考 ● 能分析关键字词或句子，识别修辞手法，根据语境推断含义 ● 能通过比较发现异同 ● 能基于文本证据形成观点，并质疑没有证据的观点 ● 能总结所学并知道自己是如何获取知识的，了解自己学习的最佳方式 ● 能和同伴交流学习，了解他人有效的学习方法 2. 创造性思考 ● 会运用所学创作自己的作品并评价他人的作品			

续表

单元主题：我的心爱之物	
交流、协作和资讯科技能力 1. 信息交流能力 ● 能真诚与同学沟通并分享，能清晰、有逻辑地参与讨论，欣赏他人的不同观点 ● 能在阅读他人的作品时总结方法，从而支撑自己的表达，能表达自己的真情实感 2. 信息素养 ● 能根据文章结构特征，抓住关键句/段，快速提取信息 ● 会比较分析文本间的相似之处和差异，形成自己的观点	(内容同上)

探究线索：	引导性问题（老师的问题）：	学生的问题（学习过程中收集整理）：
线索1：表达什么（视角） 线索2：怎样表达（形式） 线索3：为什么这样表达（形式）	基于线索1（视角）提出的问题 作者表达了什么观点或情感？表达的目的是什么？ 基于线索2（形式）提出的问题 1. 不同的文本有哪些不同的结构和表达方式？ 2. 作者如何借物去表达情感？ 3. 怎样把事物"说明白"？ 基于线索3（形式）提出的问题 1. 相同的事物为什么会带来不同的理解？ 2. 说明方法如何帮助作者达成写作目的？ 3. 同一物，作者为何选择不同的表达方式？	基于线索1（视角）提出的问题 如何筛选信息，吸引别人，激发兴趣？ 基于线索2（形式）提出的问题 1. 什么是说明？什么是描写？ 2. 作者用了什么说明方法？一个事物可以有多种说明方法吗？ 3. 写说明文需要加上自己的情感吗？ 4. 怎样用恰当的方法写出真情实感？ 5. 怎么判断我的文章写出了真情实感，能让人产生共鸣呢？ 基于线索3（形式）提出的问题 1. 什么时候用这些说明方法比较合适？ 2. 17课也在描写事物，但语言很活泼、自然，16课科学、客观地描述了太阳，那到底该选哪种语言风格？ 3. 为什么同样的物会被写出不同的内容，表达出不同的情感？

续表

单元主题：我的心爱之物	
评估标准： **标准A：理解与分析** 1. 能借助与文本相关的材料，结合作品关键语句指出作者的写作目的和具体的写作手法，分析写作手法对写作目的的达成度，形成自己的观点，并恰当运用学科术语，结合实例来进行论证 2. 能发现不同类型文本的结构方式和语言特点，感受作品内容、表现形式上的不同 **标准B：创作与写作** 1. 能明确写作目的和受众需要，乐于表达自己独特的感受，情感真实 2. 能迁移运用细节描写等文学表现手法，描述自己成长中的故事；能迁移运用合适的说明方法，用准确的语言清楚地介绍、说明事物 3. 通过写作陈述及作品，展示出认识到写作目的与表达方法对受众的影响 **标准C：重点与组织** 以符合逻辑的方式组织作品的结构和顺序，根据内容表达的需要，分段表述 **标准D：语言的运用** 根据表达需要，使用适合语境与意图的语体和风格，准确使用常用的标点符号和汉字	**总结性评估：** 为心爱之物写成长档案，举办"心爱之物"主题物品展 **形成性评估：** 子任务1：完成作家的心爱之物介绍 子任务2：完成自己的心爱之物介绍 子任务3：借心爱之物写自己的成长故事 子任务4：读者见面会 **元认知（反思性）评估：** 1. TPE表 2. 4C表 3. 写作陈述 **其他评估证据：** 教师的观察记录、任务单、量表、测试题等一切学习证据，组成学习者档案 **总结性评估与大观念的关系：** 给学生创造一个真实的交流情境，让学生成为真正的作者、读者，在创作与评论中，体会"不同语境"采用"不同表达方式"

阶段二：学习体验			
	学习活动		评估证据
进入探究	**激趣、发布任务、制订计划、进行前测** 1. 发布任务，学生思考自己的心爱之物，辨析是否体现成长；同伴交流 2. 前测：要写好故事会遇到哪些困难？需要哪些知识？个体思考形成TPE表，小组交流，全班生成单元学习计划，形成问题墙		TPE表 问题墙

续表

	单元主题：我的心爱之物	
	学习目标	
	概念性理解（U1）： 交流目的和语境决定了说明的内容、结构、方法和语言风格 **探究能力：** **批判性和创造性思考能力** 批判性思考：会根据文章结构特征，抓住关键句理解大意；能推测作者的目的，寻找文本证据，得出结论；能识别优势和待改进之处；能考虑新的技能、技巧和策略，以有效地学习；能记录和反思学习过程 **交流、协作和资讯科技能力** 1. 信息素养：可以从数据和信息中识别出模式和关系，并对其进行综合和解读 2. 信息交流能力：乐于分享，能清晰表达自己的想法，能用心听取信息和他人的观点；能为不同的目的和读者写作	
探究发现 **梳理建模** （第五单元）	**学习活动**	**评估证据**
	引导性问题： 1. 作者表达了什么观点或情感？表达的目的是什么？（视角—线索1） 2. 不同的文本有哪些不同的结构和表达方式？（形式—线索2） 3. 怎样把事物"说明白"？（形式—线索2） 4. 说明方法如何帮助作者达成写作目的？（形式—线索3） **学生的问题：** 1. 如何筛选信息，吸引别人，激发兴趣？（视角—线索1） 2. 什么是说明？什么是描写？作者用了什么说明方法？一个事物可以用多种说明方法吗？写说明文需要加上自己的情感吗？（形式—线索2） 3. 什么时候用这些方法比较合适？17课也在描写事物，但语言很活泼、自然，16课科学、客观地描述了太阳，那到底该选哪种语言风格？（形式—线索3）	（无）

续表

单元主题：我的心爱之物		
	学习活动	评估证据
探究发现 **梳理建模** （第五单元）	**子任务**1：完成作家的心爱之物介绍 **子任务**2：完成自己的心爱之物介绍 **学习活动：** 1. 学生从第一单元选一篇自己最喜欢的或对完成任务最有帮助的文本，为作者描写的事物建立档案（根据大多数同学的选择，确定《白鹭》为全班学习篇目）；筛选《白鹭》一文中可以进行"事物介绍"的内容，借助引导性问题1初步感知事物介绍"真实、客观"的特点和散文借物抒情的特点，建立"借物抒情""目的"的概念，引入白鹭的其他资料，针对不同的说明对象选择要介绍的内容，在比较不同说明对象不同的内容选择中建立"受众"概念 【教学策略】个体阅读、比较阅读、分组 2. 要完成事物介绍，学生需要从第五单元学习说明知识，再次让学生选择最有帮助的篇目（大多数学生选择了《太阳》），教师引导学生从"说明结构"和"说明方法"展开探究，借助引导性问题3和4学生初步获得"交流目的和语境决定了说明的内容、结构、方法和语言风格"的概念性理解；其他篇目自学，验证理解 【教学策略】1+N单元教学法（一篇精读，其他篇自读研讨）、比较阅读 3. 画廊漫步，浏览教室张贴的1—4年级课文中的说明文和小品文，探究语言风格，借助引导性问题2和3获得"交流目的和语境决定了说明的内容、结构、方法和语言风格"的概念性理解；利用教材"小练笔"，完成作家物品介绍的改写 【教学策略】互文比较（画廊漫步）、写作	探究学习任务单 4C表 观察记录

续表

	单元主题：我的心爱之物	
	学习目标	
	概念性理解（U2）： 写作是真实的个人表达，不同作者、不同情感决定了所借之物特点的不同 **探究能力：** **批判性和创造性思考能力** 批判性思考：能推测作者的目的，寻找文本证据，得出结论；能分析不同文本之间的相似性和差异性；能记录和反思学习过程 **交流、协作和资讯科技能力** 1. 信息素养：可以从数据和信息中识别出模式和关系，并对其进行综合和解读 2. 信息交流能力：乐于分享，能清晰表达自己的想法，能用心听取信息和他人的观点；能为不同的目的和读者写作	
	学习活动	评估证据
探究发现梳理建模（第一单元）	**引导性问题：** 1. 作者表达了什么观点或情感？表达的目的是什么？（视角—线索1） 2. 相同的事物为什么会带来不同的理解？（形式—线索3） **学生的问题：** 1. 故事怎样用恰当的方法写出真情实感？（形式—线索2） 2. 为什么同样的物会被写出不同的内容，表达出不同的情感？（形式—线索3） **子任务3**：借心爱之物写自己的成长故事 **学习活动：** 1. 引入郭沫若写作《白鹭》的背景资料，引导学生思考如何深入理解作者借物抒情的"情"，借助引导性问题1梳理"作家背景研究"的专家思维法；引入白居易、张志和写的白鹭，与郭沫若的《白鹭》进行比较阅读，借助引导性问题2引导学生获得"写作是真实的个人表达，不同作者、不同情感决定了所借之物特点的不同"的概念性理解 【教学策略】同题材作品的比较阅读、画廊漫步拓展阅读 2. 学习第一单元其他作品，印证理解 【教学策略】1+N单元教学法、分组	4C表 探究学习任务单 观察记录

续表

单元主题：我的心爱之物		
	学习目标	
深入探究	**概念性理解（U3）：** 同一事物因交流目的、情境不同，选择不同的文体进行表达 **探究能力：** **交流、协作和资讯科技能力** 信息交流能力：乐于分享，能清晰地表达自己的想法，能用心听取信息和他人的观点；能为不同的目的和读者写作	
	学习活动	评估证据
	子任务2：完成自己的心爱之物介绍 子任务3：借心爱之物写自己的成长故事 **学习活动：** 回顾第一、五单元，对比不同文体在写作目的、写作手法上的不同点，借助所学修改量规，并借助量规用"漂流瓶"的方式相互修改习作 【教学策略】比较阅读、修改量规、"漂流瓶"习作修改	物品档案（物品介绍+成长故事）
	学习目标	
建构理解	**概念性理解（U3）：** 同一事物因交流目的、情境不同，选择不同的文体进行表达 **探究能力：** **批判性和创造性思考能力** 批判性思考：能推测作者的写作目的，寻找文本证据，得出结论；能记录和反思学习过程 **交流、协作和资讯科技能力** 信息交流能力：乐于分享，能清晰地表达自己的想法，能用心听取信息和他人的观点	
	学习活动	评估证据
	引导性问题： 同一物，作者为何选择不同的表达方式？（形式—线索3） **学生的问题：** 怎么判断我的文章写出了真情实感，能让人产生共鸣呢？（形式—线索2）	（无）

续表

单元主题：我的心爱之物		
建构理解	学习活动	评估证据
	子任务4：读者见面会 **学习活动**： 针对两篇不同的文章，每个人化身读者和作者，分享自己的阅读感受，建构理解；再比较自己对同一物品所做的两篇文章，借助引导性问题1，学生在比较中获得"同一事物因交流目的、情境不同，选择不同的文体进行表达"的概念性理解 【教学策略】思维可视化、分组	写作陈述 4C表
知行合一	学习目标	
	概念性理解（U3）： 同一事物因交流目的、情境不同，选择不同的文体进行表达 **探究能力**： **交流、协作和资讯科技能力** 信息交流能力：乐于分享，能清晰地表达自己的想法，能用心听取信息和他人的观点	
	学习活动	评估证据
	总结性评估任务：为心爱之物写成长档案，举办"心爱之物"主题物品展 **学习活动**： 学生提前布展，邀请其他年级的师生前来参观，学生有目的、有重点地介绍物品档案，引发他人兴趣 【教学策略】提供真实情境	观察记录
阶段三：教学反思		

教前反思

1. 基于教学目标的反思

"一花一鸟总关情"，四年级下册第一单元我们学习了"抓住关键语句，初步体会课文表达的思想感情"，四年级下册第四单元我们学习了"体会作家是如何表达对动物的感情的"。到本单元，我们要引导学生"初步了解课文借助具体事物抒发感情的方法"。五年级上册第一单元习作要求是"写一种事物，表达自己的感情"，重点在引导学生围绕心爱之物，写出自己的喜爱之情。这是在把内容写清楚的基础上提出"表达出自己的真情实感"的更高要求。

续表

单元主题：我的心爱之物
第五单元是习作单元，主要学习写说明性文章。说明性文章对于学生来说并不陌生，他们在中年级就学过《蟋蟀的住宅》《纳米技术就在我们身边》等课文，在日常的生活中也会阅读科普读物、说明书等。本单元让学生集中学习不同类型的说明性文章，了解其特点，并尝试写一篇说明文。 　　**2. 基于学情的反思** 　　在散文的学习中，学生能够独立、全面地把握文章的主要内容，借助语言环境理解重点词语的意思，了解基本的写作方法，如对比等，但在体会和理解作者要表达的思想感情及提取与情感内容相关的隐性信息方面需要教师提供学习上的支持。 　　在说明文的学习中，学生在三、四年级就了解了常见的说明方法，可以概括文本所说明的事物特征，但是对说明方法的表达效果、说明性文字的语言风格等方面的认知还处于初学阶段。 　　对文本类型的认识，学生可以区分记叙文和说明文，对文体特征有浅显的认识，但未系统对比过文本之间的差异性和相似性，未对"作者为何会选择不同的文本进行创作"这方面的问题进行过有针对性的探究。
中期反思 　　**针对学生的兴趣与疑问，我们如何回应以支持学生的自主探究（差异化教学）？** 　　进入探究时，不少学生聚焦在获奖物品上，强调了成就，导致功利至上，通过听取其他同学的分享及教师的点拨，学生调整了物品的选择，这让我们认识到学生没有意识到文学动人的关键是"真情实感"，这恰好也是本单元需要重点建构的概念。 　　在探究发现这一环节，我们当初预设的精读课文是《鲸》，但学生票选的结果是《太阳》，此时教师已经把《鲸》准备得很好了，怎么办？我们最终选择了《太阳》，因为学生在学习过程中的发言权和选择权直接决定了他们参与学习的主观能动性。教师贴着学生的脉搏随时调整自己的教学思路，这是创生课堂最大的挑战，也是最大的魅力。 　　在建构理解的环节，虽然同样是运用4C表阅读同伴的文章并进行文本分析，但散文单元和说明文单元学习的重点内容是不同的，学生在说明文里结合说明方法进行文本分析可行，但是散文就不一定了，因为感动人的是情感而非方法，有的地方不用任何方法和技巧同样能让人很感动。针对学生为分析而分析的情况，教师及时提醒学生回到4C表，回到真正最打动自己的地方进行分析，至此，学生的真情实感才得以舒展。

续表

单元主题：我的心爱之物

教后反思

1. 我们的教学策略多大程度上帮助了学生的理解？

本单元我们为学生创设了真实情境任务驱动学生探究，教师和学生一起根据任务制订学习计划，教学过程中，我们每节课的教学都围绕学生的真实问题展开，通过我们的探究学习，帮助学生解决任务中遇到的困难。我们把选择权和发言权交给学生，极大地激发了学生的内驱力，当知识在真实情境的使用中变得有意义时，学生真正实现了"做中学"，在实践和探究中形成了概念性理解。

提供语文学习的思维路径：文本分析思路、结合写作背景帮助理解课文的专家思维。提供思维可视化工具：4C 表、TPE 表、文本分析思路、成长档案、写作陈述。文本分析模型帮助学生总结分析思路，进行文本分析思维建模，帮助学生深度分析文本，形成专家思维；4C 表则是从更高层面为学生提供文本学习的思维路径，1+N 的教学策略又很好地提供了练习的平台，有效提升了教学效率；写作陈述是对自己表达的理性剖析，与 4C 表中的"变化"一样，都能帮助学生及时反思，使其成为一个清醒的自主学习者。

合作学习：小组合作，师生合作，每次的分组都是精心编排的结果，同质、异质、恰到好处的小组数量及人员数量都需要反复斟酌，有效的分组策略帮助学习形成概念性理解。

2. 哪些主要证据证明学生发展了对 KUD 的理解？

一是学生通过一个月的学习，最终制作了"心爱之物"档案，进行了主题物品展，大任务就是对大观念理解的可视化呈现。而大观念的理解是通过完成一个个的子任务一步步建构起来的，我们选择了在这个过程中最重要的"心爱之物"档案作为总结性评估。评估标准是与学生讨论后共同生成的，内容包括写作陈述、习作正文和语言。其中，习作正文是对概念性理解在行动上的诠释，而写作陈述则是针对自己的行动进行的理性分析，习作和写作陈述直接证明了学生对 KUD 的理解。

二是元认知的评估贯穿学习始末。4C 表中的"变化"，学生将用"过去我认为……现在我认为……"这样的方式表达自己学习后的理解，在这里可以最直观地看到学生的概念是如何被一点点建构起来的。此外，整个单元学习结束后，我们还利用"学习反思表"进行了一次全面的复盘，引导学生从学习内容、学习方法、学习能力等方面进行自评，这里的评估也能直观地看到学生对 KUD 的理解。

三是形成性评估发生在学习的任何阶段，课堂交流、同学反馈、文本分析练习等一切过程性学习，都对学生的学习情况进行了及时的记录，也同样可以反映学生对 KUD 的理解。

第四章

数学：在探究中经历知识的诞生
—— 从面积度量到万物的尺度

```
┌─────────────────────────────────┐
│ 单元主题：面积                   │
│ 单元大观念：单位和度量的转换让我们更好│
│           地了解这个世界          │
└─────────────────────────────────┘
         │              │
         ▼              ▼
┌──────────────┐  ┌──────────────────┐
│ 单元大任务1： │  │ 单元大任务2：     │
│ 为学校连廊设计│  │ 探寻"万物的尺度"， │
│ 铺砖方案     │  │ 举办"度量的作用"  │
│              │  │ 主题展           │
└──────────────┘  └──────────────────┘
```

| 子任务1：测量连廊的面积 | 子任务2：网上调查完善地砖相关信息 | 子任务3：设计连廊地面的不同铺砖方案并优选方案 | 子任务4：向全校师生推荐方案 | 子任务5：查阅资料，自主学习寻找"万物的尺度" | 子任务6：梳理探究成果，举办"度量的作用"主题展 |

单元探究图谱

单元主题	面积
单元内容	人教版数学三年级下册"面积"单元
单元大观念	单位和度量的转换让我们更好地了解这个世界
单元大任务	1. 为学校连廊设计铺砖方案 2. 探寻"万物的尺度",举办"度量的作用"主题展
设 计 者	刘 苹 熊 雪 郭雨佳 潘国龙 郭腾岳 赵廷廷 彭 娜 雷国娇 王 霞 曾 莉

一、单元概览

（一）单元设计说明

为什么学习这个单元？它对学生有怎样的重要意义？

面积这个单元主题，对于学生理解、把握图形测量问题有重要意义。从课程标准来看，图形测量属于"图形与几何"领域的一个重要学习内容，是小学数学核心内容之一。确定度量单位、经历测量过程及获得测量结果，都能帮助学生从对物体的定性描述发展到对物体的定量刻画，有助于学生在理解常见的量的基础上用数量描述现实生活中的简单现象，发展量感；有助于学生在对图形大小的描述与表示中，在对图形的想象、分析与推理中，发展量化思想、推理能力、空间观念，继而发展学生解决问题的意识及创新意识。

本单元教学内容在数学学科要培养的核心素养中如何定位？所属的学科大观念是什么？

面积单元属于"图形与几何"板块中"图形的认识与测量"部分，要培养的数学核心素养是建立量感和空间观念，初步形成几何直观，发展抽象思维。"量感"作为新的核心素养首次出现在新修订的课程标准中，成为数学核心素养关键词之一。

量感指对事物的可测量属性以及大小关系的直观感知。

对于图形人们往往需要关注它的样子（特征）和大小。图形的大小就是它的面积，面积就是对物体大小这一属性的刻画。图形的大小需通过度量来确定，度量的关键是设立单位，而度量的实际操作就是测量。让学生经历运用多种测量方法的过程，感悟度量的本质，培养学生的度量意识。在测量中让学生理解度量就必须确定度量单位，度量就是计算所要度量的对象包含多少个度量单位。

测量的前提是已经具备了"度量单位"，从而将某一个物体的属性进行量化。度量单位是计量事物标准量的名称，几乎所有度量单位的产生和发展都经历了漫长的时间，承载了度量单位由多元到统一、由粗略到精细的发展过程。测量工具的产生使人们不需要直接比较两个量便可以间接地进行大小、长短、轻重等属性方面的判断。这些属性可以是长度的长短、重量的轻重、容量的大小、速度的快慢等。在数学中，面积与长度、质量、时间、角度、体积一样，都属于"量与计量"，面积就是要向人们说清楚一个物体的面有多大。因此，对面积的计量与其他计量一样，需要确定一个标准并用这个标准去测量，最终产生一个数量。

度量方法可以因人而异、多种多样，但有一点是共同的，就是必须借助工具并建立统一的度量语言进行量化的表达，这就是度量单位。所以度量就是利用度量单位对事物某方面属性大小的定量刻画，由此我们也需要学生达成对"物体的一些属性可以借助单位量进行量化"的概念性理解。学生在用单位量对属性进行定量刻画的过程中，学会了用数学的思维和语言来认识、理解和表达现实世界的本质。学生了解了度量单位可以帮助我们用共同的语言来进行测量并描述物体和事件，他们在解决周长、面积和体积等问题的过程中逐渐积累了自己的经验。当学生在使用本地的一种通用的度量系统时，很有必要了解其他度量系统以及它们之间的转换。因此，本单元的大观念确定为"单位和度量的转换让我们更好地了解这个世界"。（见图4-1）

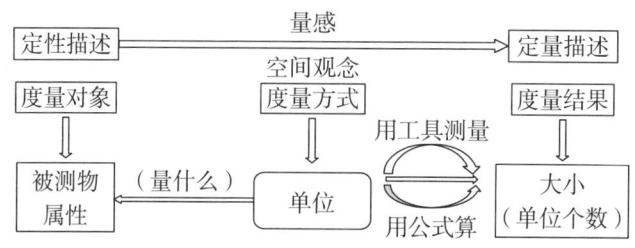

图4-1 度量学习结构图

大观念延伸出的大任务和核心教学策略是什么？

基于此，本单元的大任务设置为：一是引导下的探究——真实情境任务"为学校连廊设计铺砖方案"；二是自主探究——探寻"万物的尺度"，举办"度量的作用"主题展。主要的核心教学策略就是自主探究、类比分析、归纳、建构、迁移。

结合学科探究计划，本单元与前后单元的勾连关系如何？

面积是在长方形和正方形的特征及其周长计算的基础上进行教学的，是小学阶段几何教学的基础知识。学生有关长度、质量、时间等的度量经验都是学习这一内容的基础。学生从学习长度到学习面积，是空间形式认识发展上的一次飞跃，可以迁移已有的度量经验进行二维面积的度量，体会度量单位的重要性，发展学生的量感。教师从整体上把握数学知识，通过实施结构化教学，能够帮助学生理解知识关系，形成认知结构，促进思维发展，为以后学习其他平面图形的面积计算打下基础。

（二）学习过程扫描

真实任务驱动

14号楼和15号楼是我们小学部主要的学习活动空间，但这两栋楼相对独立，一旦遇到雨雪天气，非常不利于行走。有的学生提出建议，在14号楼和15号楼之间建一个连廊，下雨的时候大家可以借助连廊通行。这个建议立即得到了同学们的热烈响应，连廊修好后还需要铺设地砖，三年级学生有能力也很有兴趣去挑战这个铺设地砖的设计任务。任务发布后，学生产生了一系列困惑：我们如何测量、如何计算连廊铺设需要多少地砖？铺设什么形状的地砖最合理？总共需要花费多少钱？我们如何给学校提供一个最优的方案？问题接踵而来。我们梳理了问题序列，提炼出核心问题，师生一起列出了我们尚需学习的知识、制订了成功标准和学习计划，勾勒出我们的学习过程。

大任务1：为学校连廊设计铺砖方案

子任务1：测量连廊的面积

在子任务1的驱动下，学生思考测量连廊的面积需要采集哪些数据？为什么需要这些数据？测量出来的长和宽与面积有什么关系？学生以小组测量的形式，开展了有声有色的测量活动，收集连廊的相关数据。有的小组拿着一把尺子就去测量了，他们发现一次最多测出 1 米的长度，他们就想到了在连廊整米处标记数字的方法。学生会用多种测量方法，根据实际情况合理地选择测量工具，他们发现连廊很长，所以主动准备皮尺。在收集数据的过程中，学生产生了大量实际问题，产生了对度量对象属性刻画的需求。什么是连廊的面积？面积的计算与什么有关？长方形、正方形的面积怎么计算？面积有单位吗？解决这些问题的切实需求，驱动学生去探究。

对这一系列需要解决的问题进行研究排序，学生依照问题解决序列探究什么是面积，长方形、正方形的面积怎么计算，面积单位有哪些以及面积单位间的进率等问题。

子任务 2：网上调查完善地砖相关信息

解决真实的问题，需要获取真实的信息，我们鼓励学生走出课堂，到生活中收集信息。根据探究计划用各种方式调查地砖信息，展开网上调查和市场调研，从各种渠道找到信息，并对信息进行鉴别、组织和分析，形成有用的数据，并收集、记录在表格里。

子任务 3：设计连廊地面的不同铺砖方案并优选方案

新问题产生了：用选好的地砖铺设连廊，需要多少钱？怎样计算？怎样的方案才算是更优的方案？

我们采用自主探究、小组交流的方式，利用学生在子任务 1 中探究得到的面积公式，结合地砖调查表和生活经验，选择两种地砖，理清计算思路，分别计算总价后，小组对比、分析、汇总方案。同时，小组成立虚拟公司，确定优选方案并生成地砖铺设方案推荐海报。

子任务 4：向全校师生推荐方案

以小组为单位向学校介绍其铺砖方案，并将海报贴于走廊供全校师生了解和投票。学生向学校社区所有成员推荐他们的方案，展示自己如何解决社区真实问题，并在行动后总结反思，生成新的理解。

大任务 2：探寻"万物的尺度"，举办"度量的作用"主题展

连廊面积的测量帮助学生形成了度量的概念，激发了他们探究生活中更多与面积相关的问题的欲望；同时，对于了解度量在广阔世界中的作用，认识面积仅仅是冰山一角。

第四章 数学：在探究中经历知识的诞生
——从面积度量到万物的尺度

学生在问题墙上贴出了更多想进一步探索的问题，教师提供教学资源和工具支持他们进行个性化的探索，在进一步的探究中经历"确定主题—自由结组—制订探究计划—交流分享"的过程，最终完成长卷"探究航线图"。

子任务5：查阅资料，自主学习寻找"万物的尺度"

学生选择在学习中产生的新问题，个人或者自由组成兴趣小组，收集信息并生成探究计划，制作图表来记录自己或小组的研究成果，展示过程中生成的探究能力和所学所思。

子任务6：梳理探究成果，举办"度量的作用"主题展

学生寻找生活中与度量有关的问题，将已有经验和学到的知识创造性地运用到真实的生活中，改变自己的生活，展示知识的力量。世界通过度量的方式住进学生心中，学生发现万物的尺度，用单位去度量，能够更深入地理解世界。

课程即过程，课程即生长，让所教的课程永远处于创生过程中。"创生"课程，就是教师根据学生提出的问题设计有针对性的课程，即：学习是从学生该开始、想开始的地方开始，而不是从课本开始的地方开始；学习是在学生的问题基本得到解决的地方结束，而不是在课本结束的地方结束。如何用任务驱动课程，用学生的问题引领学习，刺激学生产生更强烈的进行数学研究的欲望和冲动，我们一直在探索。

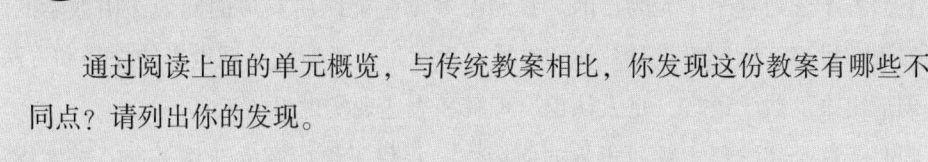

探究发现

通过阅读上面的单元概览，与传统教案相比，你发现这份教案有哪些不同点？请列出你的发现。

比较点	传统教案	本教案

二、大观念的生成

（一）超学科主题指向学习的意义

为了应对科学技术快速发展和信息时代前所未有的机遇和挑战，我们需要发展学生的核心素养，以培养"全面发展"的人，并通过学生的自主体验增强其社会责任感、创新精神、实践能力。

"面积"单元，传统教学拘泥于"了解面积的概念"和"如何计算面积"，但是追求大观念的教学需要我们进一步追问：我们为什么要学习面积？学习面积有什么用？这两个问题也是学生在学习新内容时最常问到的问题。

我们借助博伊尔的六大超学科主题，将学习目的定位在"世界如何运作"这一大背景下。下面画线部分是本单元的目标摘引。

世界如何运作

这是"关于自然"的自然探究。这不仅包括<u>对自然现象、自然规律、科学技术的体验和对科学原理的探究</u>，也包括人与自然的互动、科技进步对社会和环境的影响、环境对人类活动的影响。

"世界如何运作"是超学科六大主题之一。超学科主题代表的是人类的"核心共性"，我们聚焦细则中的一部分——人类如何运用对科学原理的理解，这从本质意义上回答了学习这个单元的目的。我们希望学生能跳出具体的知识，用数学的眼光观察现实世界，理解度量是数学的本质，揭示了人类研究客观世界的途径和方法，是人创造出来的数学语言，是人认识、理解和表达现实世界的工具。

同时，这个超学科主题"世界如何运作"提供了更广阔的迁移平台，学生将从不同学科的角度展开研习，探究人们如何运用不同学科原理来改变社会、影响世界。

（二）概念视角统整知识与技能

超学科主题仍然是一个宽泛的研究范畴，我们需要用概念进一步聚焦。

首先，我们对照《义务教育数学课程标准（2022年版）》，梳理对应学段的教

学目标和教学建议，进行单元教学背景和教材分析。（见表4-1）

表4-1 对标文件分析

单元教学背景分析——教材分析			2022年版数学课程标准	
二上[①]	长度		**课程学段目标：**	2022年版数学课程标准在第二学段要求：
	例题	教学内容	**量感**	
	例1	面积的含义	量感主要是指对事物的可测量属性以及大小关系的直观感知。知道度量的意义，能够理解统一度量单位的必要性；会针对真实情境选择合适的度量单位进行度量，会在同一度量方法下进行不同单位的换算；初步感知度量工具和方法引起的误差，能合理得到或估计度量的结果	●认识面积单位平方厘米、平方分米、平方米，能通过具体事例描述面积单位平方厘米、平方分米、平方米，能进行面积单位之间的换算
	例2	统一面积单位		
	例3	常用的面积单位		
三下面积	例4	长方形、正方形面积的计算		
	例5	简单的实际应用		●结合实例认识周长和面积，探索并掌握长方形、正方形的周长和面积计算公式
	例6	面积单位间的进率		
	例7	简单的实际应用		
	例8	解决问题	**空间观念**	
五上	多边形的面积		空间观念主要是指对空间物体或图形的形状、大小及位置关系的认识。能够根据物体特征抽象出几何图形，根据几何图形想象出所描述的实际物体；想象并表达物体的空间方位和相互之间的位置关系；感知并描述图形的运动和变化规律	●在图形认识与测量的过程中，增强空间观念和量感
五下	长方体、正方体的表面积			
六上	圆的面积			**教学提示：**
六下	圆柱的表面积			●图形的面积教学要让学生在熟悉的情境中，直观感知面积的概念，经历选择面积单位进行测量的过程，理解面积的意义，形成量感

[①] ×上（下）是指×年级上（下）册，后同。

续表

单元教学背景分析——教材分析	2022 年版数学课程标准	
（内容同上）	**模型意识** 模型意识主要是指对数学模型普适性的初步感悟。知道数学模型可以用来解决一类问题，是数学应用的基本途径；能够认识到现实生活中大量的问题都与数学有关，有意识地用数学的概念与方法予以解释	● 采用类比的方法，感知图形面积的可加性，推导出长方形和正方形面积的计算公式。在探索的过程中，形成初步的几何直观和推理意识

其次，整理出本单元需要学习的知识，并提炼出学科概念。（见表 4-2）

表 4-2　学科概念提炼

学生将知道的知识（K）	学科概念
1. 面积的含义 2. 面积单位平方厘米、平方分米、平方米的含义和实际大小 3. 长方形、正方形的面积公式 4. 相邻两个面积单位之间的进率 5. 解决问题的一般步骤	面积、度量、单位

备课时，我们的思路是自下而上梳理学科概念，再选取相应的超学科概念。例如，本单元是学生认识面积的开始，首先需要认识面积的实际意义，即面积是对物体大小属性的刻画。度量就是计量物品的一些物理属性。度量三要素是度量对象、度量单位、度量值，度量的核心是确定度量单位，而度量的本质是度量单位的累加。于是学科概念随即出现：面积、度量、单位。学科概念指向学科领域，为学科深度学习提供理解视角。

根据学科概念，我们选取了八大超学科概念中的"形式""关系"与"功能"来统整和聚焦。形式：什么是面积？关系：面积和边要素的关系是什么？寻找图形要素（长和宽等）之间的关系来获得面积的计算方法、面积和周长不同概念间的关系。功能：面积有什么用？为什么要学习度量？超学科概念足够宽泛，可以把诸多学科概念整合在一起，进行梳理归类、深入探讨。

由此，形成本单元的概念性理解：

①面积是对现实生活中物体大小这一属性的刻画。（形式）
②物体的一些属性可以借助单位量进行量化。（关系）
③度量就是计算所要度量的对象包含多少个度量单位。（关系）
④单位和度量的转换让我们更好地了解这个世界。（功能）

这四条概念性理解并非一次性形成的，还需要在后期教案的书写过程中来回审视、不断修改。（见图4-2）

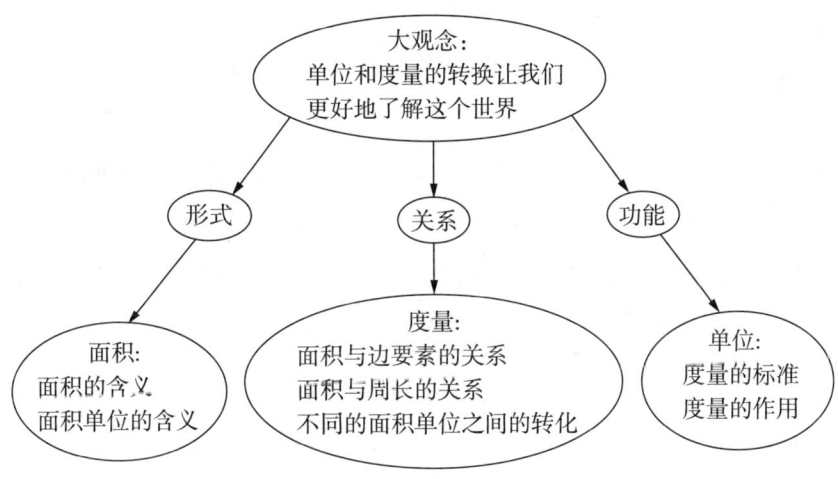

图4-2 单元概念关系图

综上可见，超学科主题、超学科概念、学科概念一起构成了本单元的大观念陈述。这样的大观念帮助学生用数学的思维来认识、理解和表达现实世界的本质。

（三）概念思维即学科思维

概念思维即学科思维，或专家思维。培养学生的学科思维习惯，把专业的探究方法和程序运用于新的情境，是概念教学的重要目标之一。

三大探究能力，具体到学科的时候，就体现了学科的探究路径，如交流、协作和资讯科技能力。（见表4-3）

表4-3 探究路径

形成问题	• 在真实情境中识别数学问题，即面积的度量问题 • 利用TPE表这一可视化工具提出具体问题，如：什么是面积？面积的单位是什么？面积应该如何计算？ • 利用探究线索将待解决的问题分类整理
制订计划	根据问题形成探究计划，规划学习过程
收集、记录和整理资料	• 从实际测量中收集、整理信息 • 从各种可信任的信息来源查找信息，并对信息进行组织、分析、评价、整合 • 对多种媒体资源进行比较，发现关系
解读数据 展示成果	用CSQ探究单、思维导图等可视化工具来展示发现的关系与模式

在对课程标准、教材的梳理过程中，我们列出了本单元学生要做的事情，见下表左栏，这些"事"显得杂而无序。当我们借助"三大探究能力"这一工具，从培养学生的批判性和创造性思考能力以及交流、协作和资讯科技能力的角度来梳理这些"事"时，教学就具有了思维培养的属性。（见表4-4）

表4-4 学科思维的培养

学生将能做（D）	学科思维
1. 会用数学的眼光观察现实世界，尝试从日常生活中发现和提出数学问题 2. 会用数学的思维思考现实世界，探索分析和解决问题的方法	**批判性和创造性思考能力** **批判性思考：** 1. 能用自选单位估计和测量图形的面积，体会引入统一的面积单位的必要性，认识并建立面积单位的表象，会进行简单的单位换算 2. 能借助可视化思维工具CSQ形成"提出猜想，进行验证，得出结论"的思维过程

续表

学生将能做（D）	学科思维
3. 会用数学的语言表达现实世界，在与他人合作交流的过程中，有意识地运用数学语言，形成数学表达与交流能力	**创造性思考：** 会用面积知识解决简单的实际问题，形成方案，思考何种方案最合理，并迁移运用知识和技能解决新情境中的问题 **交流、协作和资讯科技能力** **信息素养：** 1. 能提出问题，制订计划，收集、记录和整理资料，综合分析、解读数据，对信息进行梳理和分类 2. 能通过图表、探究单等可视化工具整理信息，记录和表达自己的理解 3. 能从数据之间的关系中得出结论，进行评价和交流，展示探究成果 **信息交流能力：** 1. 能用适当的数学语言对面积问题进行口头和书面解释 2. 能用适当形式的数学表示法来介绍与面积问题相关的信息 3. 能用数学语言完整、连贯、简明地表达面积相关公式的推导过程 4. 能用简单、清晰、有逻辑的方式组织信息 5. 在与同伴交流的过程中，能认真倾听别人的观点，清晰解读信息和表达自己的观点

同概念的梳理一样，学习能力的梳理也不是一蹴而就的，需要在大任务设计的过程中，在教学活动的设计中，根据需要逐步完善。

我们侧重对具体的学习行为进行描述，便于收集学生理解的证据。通过对行为的描述，我们对学生品格的培养也逐渐清晰起来，示例见表4-5。

表 4-5　在"做"中培养品格

学习内容 （Learn about）	学习能力 （Learn to do）	品格养成 （Learn to be）
例1：面积及面积单位的含义 例2：长方形、正方形的面积公式 例3：相邻两个面积单位之间的进率	批判性和创造性思考能力——批判性思考 交流、协作和资讯科技能力——信息素养和信息交流能力	乐学善思 勇于探究 喜欢交流

（四）八大培养目标细化育人目的

数学"面积"单元的探究在聚焦概念、知识与技能的同时，也注重学生品格与价值观的培养，本单元尤为突出的几项是：乐学善思、勇于探究、喜欢交流。

乐学善思

让学生在探究过程中借助可视化思维工具去猜想、验证，得出结论又提出问题，逐步构建学习思维路径，提高学生的学习能力，让学生能把握学科价值，迁移思维模型解决新的复杂情境中的问题。

勇于探究

整个单元的大任务源自学生在真实情境中发现并想解决的问题，极具趣味性、挑战性。在真实任务的驱动下，学生在积极思考、梳理计划、实践探究中发现知识需求，学生表现出极大的好奇心和求知欲。

让学生在真实情境中经历"提出问题—解决问题—迁移运用"的过程，在探究活动中通过图表、探究单等记录和表达不同的理解，展示不同的思维方式和方法，提高学生的探究能力、问题解决能力和创新能力。

喜欢交流

学生在和同学真诚地合作、交流与分享的过程中，尊重、欣赏他人与自己不同的思考，逐步找到解决问题的策略和方法。

我们用图 4-3 来呈现大观念生成的路径。

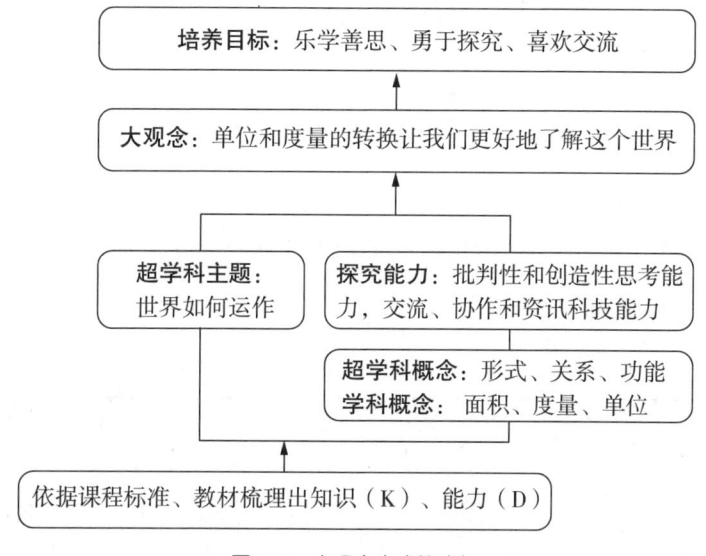

图 4-3 大观念生成的路径

需要再次强调的是，在实际的备课活动中，我们的思维不是线性的，而是在事实与概念、任务之间反复斟酌、调整、打磨、完善。

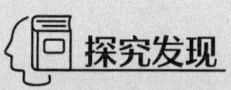 探究发现

从这一部分的描述中，你觉得单元探究教学和传统的单元教学有哪些不同？它是如何落实核心素养导向的教学要求的？请写下你的理解和发现。

与传统单元教学的不同	如何落实核心素养导向的教学要求

三、大任务——大观念的评估

(一)大任务承载大观念

1. 大任务要表现理解

我们借用理解"六侧面"来帮助产生表现性任务,并核查其在多大程度上表现了理解。(见表4-6)

表4-6 理解"六侧面"核查表

评估证据			解释 面积 公式	阐明 数学 建模	应用 迁移到 生活中 的问题	洞察 多观点 比较和 评价	移情 视角 切换	自知 收获知识 看到认知 局限
大任务1	子任务1	测量连廊的面积	√		√			
	子任务2	网上调查完善地砖相关信息			√	√		
	子任务3	设计连廊地面的不同铺砖方案并优选方案	√	√	√	√		√
	子任务4	向全校师生推荐方案				√	√	√
大任务2	子任务5	查阅资料,自主学习寻找"万物的尺度"				√	√	√
	子任务6	梳理探究成果,举办"度量的作用"主题展				√	√	√
其他		TPE 表	√	√				
		画廊漫步				√	√	
		CSQ 表	√	√				√
		STW 表				√	√	√

"教—学—评"一体是大观念课程的特征。目标即评估标准,我们用SOLO来指导教学目标、评估标准的制订以及任务的安排。(见表4-7)

表4-7 SOLO 检查表

SOLO 层次		主要表现	本单元学习中的案例
	前结构水平	完全没有理解，答非所问	
浅表性了解水平	单点结构	理解概念或主题的某一方面	只会用"摆一摆"铺满面积单位这一种方法计算面积
	多点结构	理解概念或主题的某几方面，但是知识没有被结构化，处于离散状态，不能指向概念性理解	会运用多种方法来求出面积，如：全铺上正方形，或者铺一排、铺一列，或者只用一个正方形为面积单位，用长乘宽的公式计算出面积，但是没有找到方法之间的联系
概念性理解水平	关联结构	能够把多方面的知识、概念结构化，找到相互之间的关系	• 会用多种方法计算面积并找到这几种方法的相同之处，发现它们的联系——都是在数面积单位的个数 • 回顾探究长方形面积的过程：先是用面积单位去度量长方形，数出面积单位的个数，在此基础上发现长方形的面积等于长乘宽的积 • 从间接度量到直接用公式计算，它们之间的联系都是在看度量对象里面包含有多少个度量单位
	拓展抽象结构	形成了概念性理解，能够迁移，用于解决新情况下的问题	• 学生理解到在探索一个新图形的面积时，通过数面积单位的个数，进而探究图形面积的计算方法，是一种常用的方法 • 学生会迁移这种"数"的方法来探究新的图形面积

SOLO 可以帮助我们在制订教学目标、任务与评估时，时刻关注知识目标与概念性理解的平衡。多点结构的知识是形成概念性理解的基础，形成概念性理解的关键是帮助学生发现知识与知识之间的关系，并且通过迁移来使理解可见。

2. 大任务的设计原则

大观念是在数学知识基础之上的一种重新架构，以少而精的观念促使学生达成对数学学科本质的深度理解，是落实数学素养的重要方式。

大任务是大观念的载体，是理解的具体表现，由此，我们生成了以下两个大任务：

①引导下的探究——真实情境任务"为学校连廊设计铺砖方案"。

教师首先引导学生探究面积的含义，然后让学生在解决"为学校连廊设计铺砖方案"这个真实问题的过程中经历面积单位的产生、统一以及长方形面积公式推导的过程，再让学生在选择地砖规格的活动中灵活运用公式解决实际问题，最后形成各小组的地砖铺设方案。整个学习过程是一个创造的过程，所有知识和能力是学生在活动中根据学习需要自然产生的，学生一边创造一边学习，学科知识都变成了学生探究和使用的对象，真正体现了"学中创""创中学"。

②自主探究——探寻"万物的尺度"，举办"度量的作用"主题展。

第二个大任务用于拓展理解。将面积知识运用到更广阔的生活空间，让学生看到知识的力量。"面积"单元希望学生理解的大观念是"单位和度量的转换让我们更好地了解这个世界"。从教材中的传统度量迁移到现代度量，比如信息、图像、网络的度量，度量世界的拓展丰富了度量的内涵，但并没有改变度量的本质。新的情境需要学生在原有的思维框架与认知背景中，将已有的经验整合、融通，获得新的生长。

这两个大任务都紧贴着学科原理，连接了学生的生活，立足用知识解决现实生活中的问题，很好地体现了大任务的三大属性。

（二）大任务的评估

我们的评估分为三类：形成性评估、元认知（反思性）评估和总结性评估。

1. 形成性评估

在小学阶段，形成性评估无时不在发生，教师的任务是收集学习证据，以了解学生的理解程度，掌握学习发展进程。本单元主要从以下几个方面开展形成性评估。

● 预评估（前测），它发生在学习展开之前，用以了解学生学习的起点。KWL表，既可用于前测，也可用于反思。KWL表在整个阶段至少要被用到3次，教师根据表格了解学情，更有效地调整自己的教学。

● 学习开始时，我们与学生一起制订学习计划以及成功标准，并在学习的过程中持续保持更新。标准更新的过程，就是学生理解发展的过程。

• 学习期间我们在教室里设置了问题墙,让学生在这个区域里张贴并交流他们发现的问题,回应其他同学的问题。随着学习的展开,学生不断撤去问题墙上已解决的问题并提出新的问题,形成"产生问题—解决问题—产生新问题"的探究过程。这些学生的问题会作为学习目标补充在教案里,驱动学习进程,体现学生的能动性。(见图4-4)

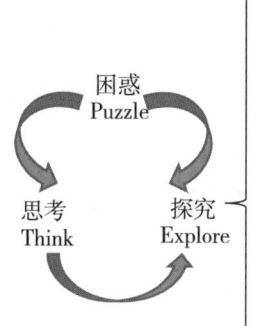

[大任务1:为学校连廊设计铺砖方案]
基本问题:一切事物都是可以量化的吗?
子任务1:测量连廊的面积
激发困惑1:能用自选单位估计和测量图形的面积吗?
子任务2:网上调查完善地砖相关信息
激发困惑2:有哪些解决问题的不同方法?
子任务3:设计连廊地面的不同铺砖方案并优选方案
激发困惑3:用什么方法可以求出图形的面积?
子任务4:向全校师生推荐方案
激发困惑4:为什么要学习面积?
[大任务2:探寻"万物的尺度",举办"度量的作用"主题展]
子任务5:查阅资料,自主学习寻找"万物的尺度"
激发困惑5:一切事物都是可以量化的吗?
子任务6:梳理探究成果,举办"度量的作用"主题展
激发困惑6:学习度量有什么作用?

图4-4 问题驱动探究

• 探究线索和超学科概念一起,界定了本单元的探究范围,注意收集学生的问题,对教学计划进行动态调整。(见图4-5)

超学科概念—探究线索	催生老师的问题(引导题)	激发学生的问题
线索1:面积的含义(形式) 线索2:面积的度量方法(关系) 线索3:面积的作用(功能)	线索1: 什么是面积? 线索2: 1. 你能用自选单位估计和测量图形的面积吗? 2. 直接度量和间接度量有什么关系? 线索3: 面积有什么用?	线索1: 1.面是一个整体吗? 2.面积用什么工具测量? 线索2: 面积能用长和宽计算吗? 线索3: 学习面积有什么用?

图4-5 探究问题产生的路径

●记录表：带领学生走出教室，亲自测量所需要的连廊数据，记录在表格里，进一步增加关于探究问题的第一手资料（第一手资料比二手资料更能激发学生的探究欲）。

●调查表：在社区调研中，鼓励学生用各种方式记录他们的发现。如学生上网查找关于地砖的信息，通过这个活动，他们锻炼了收集信息的能力，也了解了生活中地砖的常用尺寸以及不同地砖的功能。

●开放式的学习空间：我们在教学互动软件（Padlet）上建立了分享和展示的平台，允许家长等校外人士访问并留言反馈。

●鼓励学生随时提出疑问，这些问题本身也体现了他们的理解程度，可以为教师开展下一步教学提供支持。

●通过反思展示持续的思考。提供各种反思工具帮助学生评估自己的学习，比如在认识面积后让学生通过CSI表来展现自己对面积的理解。在学习了面积单位后，用"3-2-1"反思工具来记录学生的理解。

2. 元认知（反思性）评估

元认知（反思性）评估贯穿单元学习始末。借助TPE表和KWL表不断收集学情：关于面积的知识，你之前的看法是什么？通过学习，你现在的看法是什么？你是怎么更新你的看法的？下一步你打算怎么探究？

3. 总结性评估

与形成性评估不同的是，总结性评估更正式，并且有清晰的评估标准。总结性评估是对大任务和重要的子任务的评估，我们立足任务情境，关注学生在解决问题的过程中多大程度体现了对知识和概念的理解、多大程度运用知识解决了问题，在成果的展示中多大程度运用数学语言进行专业的交流，以及数学建模意识的培养，故而我们以此为评估维度，把2022年版数学课程标准中的学业质量描述作为细则融入，生成大观念课程数学学科评估标准（见表4-8），并结合本单元的表现性任务生成评估量规。

表 4-8 数学评估标准

标准 A： 知识技能与理解	标准 B： 数学建模	标准 C： 表达与交流	标准 D： 应用于生活情境
●面对真实情境中的问题能够选择恰当的数学知识和技能 ●能成功地应用所选择的数学知识和技能 ●正确地解决问题	●认出模型 ●构建模型 ●验证模型	●能用恰当的数学语言表征理解 ●能选择合适的数学表示法来介绍相关的信息 ●能用数学语言准确、有条理地交流相关问题的推导过程 ●能用有逻辑的方式组织信息	●能在生活中识别与数学问题相关的量 ●能用数学的眼光发现生活中的相关问题，并选择适当的数学策略来解决 ●能对自己在解决问题过程中用到的知识和技能进行反思和改进

表 4-8 中的四项标准，体现了对 SOLO 关联结构和拓展抽象结构的关注，呼应了数学"三会"核心素养，落实了数学学业质量的三大要求，以此指导教学，避免了把大任务"活动化"的危险倾向，可以作为维度和细则来制订各个单元的评估量规。

根据本单元学习目标，我们着重测评四项标准中的 A、C、D 三项，在此基础上生成具体任务的评估量规。（见表 4-9、表 4-10）

表 4-9 单元大任务 1 评估量规

评估标准	水平细则	任务细则	成绩水平
标准 A： 知识技能与理解	学生能够： 1. 面对真实情境中的问题选择恰当的数学知识和技能 2. 应用所选择的数学知识和技能 3. 基本解决问题	学生能够： 1. 用数学知识和语言阐述面积的含义 2. 掌握长方形和正方形面积的计算方法 3. 建立面积单位表象，掌握面积单位间的进率，用面积单位帮助解决简单的面积相关问题	发展中

续表

评估标准	水平细则	任务细则	成绩水平
标准A：知识技能与理解	学生能够： 1. 在熟悉的情境中解决比较复杂的问题时，选择适当的数学知识和技能 2. 解决这些问题时，成功地应用所选择的数学知识和技能 3. 在各种各样的情境中，通常正确地解决这些问题	学生能够： 1. 用数学知识和语言阐述面积的含义 2. 掌握长方形和正方形面积的计算方法 3. 建立面积单位表象，掌握面积单位间的进率，用面积单位帮助解决比较复杂的面积相关问题	熟练
	学生能够： 1. 在熟悉和不熟悉的情境中解决具有挑战性的问题时，选择适当的数学知识和技能 2. 解决这些问题时，成功地应用所选择的数学知识和技能 3. 在各种各样的情境中，正确地解决这些问题	学生能够： 1. 用数学知识和语言阐述面积的含义 2. 掌握长方形和正方形面积的计算方法 3. 建立面积单位表象，掌握面积单位间的进率，用面积单位帮助解决比较有挑战性的面积相关问题	优异
标准C：表达与交流	学生能够： 1. 运用一些数学语言来解释问题 2. 运用图、表等来介绍问题的相关信息 3. 用完整的语言描述解决问题的过程 4. 用有逻辑的方式适当地组织信息	学生能够： 1. 运用一些数学语言来解释铺设地砖任务中的面积问题 2. 运用一些数学表示法来介绍地砖铺设方案的相关信息 3. 用完整的语言描述地砖铺设方案 4. 用有逻辑的方式适当地组织信息，形成地砖铺设方案	发展中

续表

评估标准	水平细则	任务细则	成绩水平
标准C： 表达与交流	学生能够： 1. 经常运用适当的数学语言来解释问题 2. 运用各种数学表示法来介绍问题的相关信息 3. 用完整、连贯的语言描述解决问题的过程 4. 用清晰、有逻辑的方式适当地组织信息	学生能够： 1. 经常运用适当的数学语言来解释铺设地砖任务中的面积问题 2. 运用各种数学表示法来介绍地砖铺设方案的相关信息 3. 用完整、连贯、简洁的语言交流地砖铺设方案 4. 用清晰、有逻辑的方式适当地组织信息，形成地砖铺设方案	熟练
	学生能够： 1. 始终运用适当的数学语言来解释问题 2. 运用各种数学表示法正确地介绍问题的相关信息 3. 通过完整、连贯、简明的推理过程进行交流 4. 用清晰、简单、有逻辑的方式适当地组织信息	学生能够： 1. 始终运用适当的数学语言来解释铺设地砖任务中的面积问题 2. 运用各种数学表示法正确地介绍地砖铺设方案的相关信息 3. 通过完整、连贯、简明的推理过程交流地砖铺设方案 4. 用清晰、简单、有逻辑的方式适当地组织信息，形成地砖铺设方案	优异
标准D： 应用于生活情境	学生能够： 1. 识别生活中与数学问题相关的量 2. 运用所学的数学知识或技能解决部分问题 3. 讨论这种解决问题的方法的有效性与准确性	学生能够： 1. 识别地砖铺设问题中与面积相关的量 2. 运用长方形面积的相关知识或技能解决部分问题 3. 讨论这种解决问题的方法的有效性与准确性	发展中

续表

评估标准	水平细则	任务细则	成绩水平
标准D：应用于生活情境	学生能够： 1. 识别生活中与数学问题相关的量 2. 运用所学的数学知识或技能有效地解决问题 3. 反思并说明这种解决问题的方法的有效性与准确性	学生能够： 1. 识别地砖铺设问题中与面积相关的量 2. 运用长方形面积的相关知识或技能有效地解决问题 3. 反思并说明这种解决问题的方法的有效性与准确性	熟练
	学生能够： 1. 识别生活中与数学问题相关的量 2. 运用所学的数学知识或技能有效且正确地解决问题 3. 反思并证明这种解决问题的方法的有效性与准确性	学生能够： 1. 识别地砖铺设问题中与面积相关的量 2. 运用长方形面积的相关知识或技能有效且正确地解决问题 3. 反思并证明这种解决问题的方法的有效性与准确性	优异

表4-10 单元大任务2评估量规

评估标准	水平细则	任务细则	成绩水平
标准D：应用于生活情境	学生能够： 1. 识别生活中与数学问题相关的量 2. 运用所学的数学知识或技能解决部分问题 3. 讨论这种解决问题的方法的有效性与准确性	学生能够： 1. 识别生活中与面积相关的量 2. 运用面积单元的相关知识或技能解决部分问题 3. 讨论这种解决问题的方法的有效性与准确性	发展中
	学生能够： 1. 识别生活中与数学问题相关的量 2. 运用所学的数学知识或技能有效地解决问题 3. 反思并说明这种解决问题的方法的有效性与准确性	学生能够： 1. 识别生活中与面积相关的量 2. 运用面积单元的相关知识或技能有效地解决问题 3. 反思并说明这种解决问题的方法的有效性与准确性	熟练

续表

评估标准	水平细则	任务细则	成绩水平
标准 D：应用于生活情境	学生能够： 1. 识别生活中与数学问题相关的量 2. 运用所学的数学知识或技能有效且正确地解决问题 3. 反思并证明这种解决问题的方法的有效性与准确性	学生能够： 1. 识别生活中与面积相关的量 2. 运用面积单元的相关知识或技能有效且正确地解决问题 3. 反思并证明这种解决问题的方法的有效性与准确性	优异

评估量规中包含了知识（K）和概念性理解（U），也明确了可见的学习证据（D），育人目标也清晰可见，示例见表4-11。

表4-11 评估内容

知识（K）和概念性理解（U） （Learn about）	学习证据（D） （Learn to do）	育人目标 （Learn to be）
K——面积和面积单位的含义，长、正方形面积的计算方法 U——单位和度量的转换让我们更好地了解这个世界	借助可视化思维工具提出问题，根据问题形成探究计划，从实际测量中收集、整理信息，解决问题，展示成果	乐学善思 勇于探究 喜欢交流

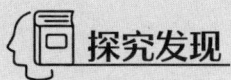 探究发现

请使用下面的思维工具表达你对评估的看法。

关于评估

过去我认为……　　　　　现在我认为……

四、大观念的实施

我们以默多克的探究六循环作为大观念实施的依据，本单元的学习活动安排见表4-12。

表4-12 本单元学习活动安排

探究循环	学习过程
进入探究 （1课时）	发布大任务—TPE表前测—问题梳理—制订学习计划
探究发现 （6课时）	1. 学习面积单元，用学生的问题（什么面积？）引出学习需求，形成引导性问题，驱动探究，在探究过程中学生达成"面积是对现实生活中物体大小这一属性的刻画"的概念性理解 2. 通过实践操作、语言表征、合作交流，利用CSQ思维工具呈现可视化理解，然后走出课堂到生活中进行人与人、人与物、人与网络的信息交流，最后形成概念性理解：度量就是计算所要度量的对象包含多少个度量单位 （面积认识1课时，面积单位1课时，长方形、正方形面积1课时，面积单位进率1课时，解决问题1课时，设计连廊铺砖方案并优选方案1课时）
梳理建模 （2课时）	1. 利用树状图对信息进行梳理，总结出度量板块的探究学习路径 2. 利用"归纳—发现—迁移"探究表，发现面积度量的本质，生成概念性理解：物体的一些属性可以借助单位量进行量化 3. 举办"为学校连廊设计铺砖方案"推荐会，向老师和同学们宣讲方案，师生对方案和宣讲进行评估 4. 使用TPE反思表补充新观点，循环上升生成个人理解 （整理复习1课时，方案推荐会1课时）
深入探究 （1课时）	1. 利用STW表、重新分组、画廊漫步等思维工具和活动，梳理并探究感兴趣但未解决的问题，制作"我的进一步探究航线图" 2. 学生解决生活中与面积相关的实际问题，并分享解决过程和方案 3. 深入探究：单位和度量的转换让我们更好地了解这个世界
建构理解 知行合一 （2课时）	1. 感受单位的重要性，通过度量来认识世界，感受万物的尺度，感悟并理解"单位和度量的转换让我们更好地了解这个世界" 2. 围绕"本单元的学习我们有哪些收获"这个问题，使用TPE反思表等工具回顾整理整个大单元，完善概念性理解并进行元认知反思 （探究万物的尺度1课时，回顾反思1课时）

第四章　数学：在探究中经历知识的诞生
——从面积度量到万物的尺度

○ 本章附录：单元计划 ○

单元主题：面积		
教学内容：人教版数学三年级下册"面积"单元	**创作团队**：重庆市巴蜀常春藤学校博物馆式小学数学课程中心	**教学时长**：12课时
阶段一：目标与评估		

基本问题：一切事物都是可以量化的吗？

超学科主题：世界如何运作	**超学科概念**：形式、关系、功能	**学科概念**：面积、度量、单位

大观念：单位和度量的转换让我们更好地了解这个世界

学生将知道的知识（K）：	学生将理解的概念（U）：	学生将成为（　）的人：
1. 面积的含义 2. 面积单位平方厘米、平方分米、平方米的含义和实际大小 3. 长方形、正方形的面积公式 4. 相邻两个面积单位之间的进率 5. 解决问题的一般步骤 6. 可以用不同的方法解决问题	1. 面积是对现实生活中物体大小这一属性的刻画（形式—线索1） 2. 物体的一些属性可以借助单位量进行量化（关系—线索2） 3. 度量就是计算所要度量的对象包含多少个度量单位（关系—线索2） 4. 单位和度量的转换让我们更好地了解这个世界（功能—线索3）	乐学善思 勇于探究 喜欢交流

学生将具备的能力（D）：
批判性和创造性思考能力

1. 能用自选单位估计和测量图形的面积，体会引入统一的面积单位的必要性，认识并建立面积单位的表象，会进行简单的单位换算

2. 能借助可视化思维工具CSQ形成"提出猜想，进行验证，得出结论"的思维过程

3. 会用面积知识解决简单的实际问题，形成方案，思考何种方案最合理，并迁移运用知识和技能解决新情境中的问题

续表

单元主题：面积	
交流、协作和资讯科技能力 1. 能提出问题，制订计划，收集、记录和整理资料，综合分析、解读数据，对信息进行梳理和分类 2. 能通过图表、探案单等可视化呈现方式整理信息，记录和表达自己的理解 3. 能从数据之间的关系中得出结论，进行评价和交流，展示探究成果 4. 能用适当的数学语言对面积问题进行口头和书面解释 5. 能用适当形式的数学表示法来介绍与面积问题相关的信息 6. 能用数学语言完整、连贯、简明地表达面积相关公式的推导过程 7. 能用简单、清晰、有逻辑性的方式组织信息 8. 在与同伴交流的过程中，能认真倾听别人的观点，清晰解读信息和表达自己的观点	（内容同上）

探究线索：

线索1：面积的含义（形式）

线索2：面积的度量方法（关系）

线索3：度量的作用（功能）

引导性问题（老师的问题）：	学生的问题（学习过程中收集整理）：
基于线索1（形式）提出的问题 1. 什么是面积？ 2. 如何确定度量标准度量物体面积的大小？	**基于线索1（形式）提出的问题** 什么是面积？怎么求面积？面积用什么工具测量？
基于线索2（关系）提出的问题 1. 用什么方法可以求出图形的面积？ 2. 长方形和正方形的面积公式是什么？ 3. 长度乘长度为什么可以求出面积？ 4. 直接度量和间接度量有什么关系？	**基于线索2（关系）提出的问题** 1. 面积单位是如何规定的？常用的面积单位有哪些？各有多大？ 2. 怎么很快求出图形的面积？
基于线索3（功能）提出的问题 1. 如何度量不规则物体的大小？ 2. 除了度量面积，生活中还有哪些度量对象，怎么对它们进行度量？ 3. 度量中的标准（单位）是如何帮助我们了解世界的？	**基于线索3（功能）提出的问题** 1. 学习面积有什么用？ 2. 怎么求不规则图形的面积？还有没有像面积这样的度量概念？ 3. 体积怎么求？体积单位间的进率是多少？

续表

单元主题：面积	
评估标准： **标准 A：知识技能与理解** 1. 面对真实情境中的问题能够选择恰当的数学知识和技能 2. 能成功地运用所选择的数学知识和技能 3. 正确地解决问题 **标准 B：数学建模** 1. 认出模型 2. 构建模型 3. 验证模型 **标准 C：表达与交流** 1. 能用恰当的数学语言表征理解 2. 能选择合适的数学表示法来介绍相关的信息 3. 能用数学语言准确、有条理地交流相关问题的推导过程 4. 能用有逻辑的方式组织信息 **标准 D：应用于生活情境** 1. 能在生活中识别与数学问题相关的量 2. 能用数学的眼光发现生活中的相关问题，并选择适当的数学策略来解决 3. 能对自己在解决问题过程中用到的知识和技能进行反思和改进	**总结性评估：** 大任务1：为学校连廊设计铺砖方案 大任务2：探寻"万物的尺度"，举办"度量的作用"主题展 **形成性评估：** 子任务1：测量连廊的面积 子任务2：网上调查完善地砖相关信息 子任务3：设计连廊地面的不同铺砖方案并优选方案 子任务4：向全校师生推荐方案 子任务5：查阅资料，自主学习寻找"万物的尺度" 子任务6：梳理探究成果，举办"度量的作用"主题展 **元认知（反思性）评估：** TPE表、KWL表、"红绿灯"反思、"3-2-1桥"反思 **其他评估证据：** 1. 探究航线图 2. 推荐方案评价表 3. 学习者档案 4. 学生照片 5. 学生视频 **总结性评估与大观念的关系：** 贯穿整个单元的大任务真实、有趣且富有挑战性，激发了学生完成任务的积极性和内驱力；在真实情境任务的驱动下，学生经历了一个完整的解决问题的过程，学习了知识，掌握了技能，达成了概念性理解，在解决真实问题的过程中逐步理解了"单位和度量的转换让我们更好地了解这个世界"这个大观念

续表

单元主题：面积			
阶段二：学习体验			
	学习目标		
	1. 在教师和同伴的帮助下能制订学习目标，生成单元探究计划 2. 能提出合理的问题 3. 能与小组同伴合作，整理小组合作清单		
	学习活动		评估证据
进入探究	**发布大任务1**：为学校连廊设计铺砖方案 **学情前测**： 1. 利用TPE表进行第一次前测，了解学生的学习起点和经验 2. 学生写出要完成这个任务的困难和疑惑，需要支持的知识技能 3. 收集并梳理全班学生的问题，用探究线索对问题进行分类和整理，形成全班的问题清单 **制订计划**： 1. 根据学生的问题清单，小组讨论，全班分享，提炼生成探究子任务，师生共同制订学习目标 2. 全班一起讨论生成单元学习探究计划		TPE表 小组问题清单 问题墙 探究计划单
	学习目标		
探究发现	**概念性理解**： U1：面积是对现实生活中物体大小这一属性的刻画（形式） U2：物体的一些属性可以借助单位量进行量化（关系） U3：度量就是计算所要度量的对象包含多少个度量单位（关系） **探究能力**： 批判性和创造性思考能力 交流、协作和资讯科技能力		

续表

单元主题：面积		
	学习活动	评估证据
探究发现	**引导性问题：** 1. 面积度量的是物体哪方面的属性？ 2. 如何确定度量标准度量物体面积的大小？ **学生的问题：** 什么是面积？怎么求面积？面积用什么工具测量？ **线索1**：面积的含义 **子任务1**：测量连廊的面积 **学习活动1**：认识面积并比较面积大小 1. 探究面积的含义，认识对象的属性 （1）基于前测单正确建构、丰富对面积的理解 （2）借助前测单，学生合作、探究、建构面的概念 （3）摸一摸、说一说、比一比，感知面的大小 （4）指一指、摸一摸自己设计的图案，解释这就是我所设计图案的面积 （5）完成CSI表，通过引导性问题1形成归纳，达成对U1的理解 【教学策略】结合前测单基于学生经验进行讨论，通过动手操作和语言表达等多种方式建立面积概念 2. 创设比较地砖大小的真实情境 （1）探索比较地砖大小的方法——提供给每组若干相同的三角形、圆形、正方形，比较长方形地砖与正方形地砖的大小，学生经历选择不同的图形单位对地砖模型进行测量的过程，发现需要统一面积单位 （2）寻找表示面积的单位，用统一的面积单位测量图形的面积，感悟用正方形做面积单位的合理性，思考并记录，全班分享和比较方法，通过引导性问题2，学生初步获得对U2的理解 【教学策略】自主探究，实践操作，选择合适的图形进行度量	"认识面积"前测单 面的建构单 CSI表 比较地砖模型大小的探究单

107

续表

	单元主题：面积	
	学习活动	评估证据
探究发现	**引导性问题**：用什么方法可以求出图形的面积？ **学生的问题**：面积单位是如何规定的？常用的面积单位有哪些？各有多大？ **线索2**：面积的度量方法 **学习活动2**：认识不同的面积单位 1. 学生完成面积单位的前测，通过自主学习梳理面积单位的相关知识 2. 建立面积单位的表象，课堂上合作交流：面积单位是如何规定的？结合实物去观察面积大约是1平方厘米、1平方分米、1平方米的物体有哪些？它们分别适用于测量哪些物体的面积？ 3. 小小创造家的活动，通过画一画、剪一剪、比一比来制作面积单位，建立不同面积单位的表象 4. 自选单位测量面积，完成实践测量单，记录下测量的物体名称、测量所用的单位、估计的测量数值和实际的测量数值，通过操作让学生进一步建立对U2的理解 【教学策略】借助实物操作感知、建立面积单位表象，估测和实际测量 **引导性问题**： 1. 长方形、正方形的面积公式是什么？ 2. 长度乘长度为什么可以求出面积？ **学生的问题**：怎么能很快求出图形的面积？	面积单位导学单 小组自主学习卡 实践测量单

续表

单元主题：面积		
	学习活动	评估证据
探究发现	**学习活动 3**：实地测量，探究长方形面积计算方法，计算连廊的面积 1. 实地测量连廊的面积，学生利用米尺、卷尺等测量长度的工具以及自己制作的面积单位模型分小组测量连廊的面积 2. 教师提供探究资源包（地砖模型、1 平方分米正方形、米尺等学习材料），学生分小组探究地砖模型的面积，完成 CSQ 学习单 3. 在画廊漫步中开展合作探究学习，再全班交流，发现度量长方形面积的不同方法，得出计算公式，为解决真实任务奠定基础 4. 学生分小组利用探究长方形面积计算 CSQ 学习单，在探究过程中通过对比、归纳发现：不论是直接度量还是间接度量，都是在计算所要度量的对象包含多少个度量单位，进而达成对 U2 的理解 【教学策略】经历"猜想—验证—证明"的思维过程，发现不同面积计算方法之间的关系，理解面积计算的本质	CSQ 学习单
	学习活动 4：探究面积单位间的进率 1. 使用 KWL 表关联长度单位的学习经验，为学生迁移学习面积单位做准备 2. 学生通过 CSQ 学习单，猜想相邻面积单位平方分米与平方厘米间的进率，再利用多样化的直观材料求证平方分米与平方厘米间的进率，经历自主探究两个面积单位间的进率的过程 3. 进一步提出新的问题，平方米与平方分米间的进率是多少，迁移探究方法，掌握面积单位间的进率 4. 类比推理、探究平方米和平方分米的关系，平方米和平方厘米的关系 【教学策略】类比迁移，利用 CSQ 学习单呈现可视化理解，引导学生大胆猜想，小心求证，得出结论	KWL 表 CSQ 学习单

续表

	单元主题：面积	
	学习活动	评估证据
探究发现	**子任务2**：网上调查完善地砖相关信息 **学习活动**：设计个人铺砖方案 学生在掌握计算方法后，课下根据探究计划通过网络、实地调研等方式调查地砖信息，并完善表格 【教学策略】通过不同途径调查地砖信息并进行整理，突破了学习时间与空间的边界 **子任务3**：设计连廊地面的不同铺砖方案并优选方案 **学习活动**： 1. 利用长方形、正方形面积公式，结合收集到的连廊的数据以及地砖调查表格和实际经验，解决以下问题：用你所选的地砖，铺设连廊需要多少钱？怎样计算？小组讨论，全班分享生成计算思路；自选两种地砖计算总价后，确定自己认为合适的地砖，完成个人铺设连廊地砖的方案 2. 小组分享碰撞方案，确定小组最终所选瓷砖规格及铺设方案，画出草图，优选方案 3. 小组合作成立虚拟公司，制作地砖铺设方案计划书，每个小组完成一个系统、完整的铺砖方案计划书，内容包括但不限于：铺砖示意图、设计方案、计算过程、价格清单、地砖花纹、品牌选择、质量要求、美观度等 4. 学生在设计不同铺砖方案的过程中，进一步达成了对U3的理解 【教学策略】经历完整地解决问题的过程，综合应用知识，并用不同的方法来解决问题	地砖相关信息调查表 个人铺砖方案 方案总结 小组铺砖方案

续表

	单元主题：面积	
	学习目标	
	概念性理解： U2：物体的一些属性可以借助单位量进行量化（关系） U3：度量就是计算所要度量的对象包含多少个度量单位（关系） **探究能力：** 批判性和创造性思考能力 交流、协作和资讯科技能力	
	学习活动	**评估证据**
梳理建模	**引导性问题：** 1. 不同的解决方法之间有什么联系？ 2. 面对新的度量属性，你会如何探究？ **子任务 4：**向全校师生推荐方案 **学习活动：** 1. 完成知识树状图 2. 总结度量板块的探究学习路径，即认识度量的对象—建立度量的标准单位—掌握度量的方法—实际应用 3. 利用"归纳—发现—迁移"表梳理度量单位及其相互关系，发现面积度量的本质，形成对 U3 的理解 4. 介绍铺砖方案并根据全校师生的投票选出最受欢迎的铺设方案 5. 行动后学生反思 【教学策略】自主探究，类比分析，分享讨论，小组合作，让学生经历分配任务、协作的学习过程	知识树状图 "归纳—发现—迁移"表 各小组地砖铺设方案海报 TPE 反思表 方案推介评估表
	学习目标	
深入探究	**概念性理解：** U4：单位和度量的转换让我们更好地了解这个世界 **探究能力：** 批判性和创造性思考能力 交流、协作和资讯科技能力	

续表

	单元主题：面积	
	学习活动	**评估证据**
深入探究	**引导性问题**： 1. 如何度量不规则物体的大小？ 2. 生活中还有哪些度量对象？对它们都是怎么进行度量的？ **学生的问题**： 怎么求不规则图形的面积？怎么求立体图形的面积？谁最先提出了"面积"这个概念？他怎么发现面积的？还有没有像面积这样的度量概念？生活中还有什么单位？ **线索3**：度量的作用 **大任务2**：探寻"万物的尺度"，举办"度量的作用"主题展 **子任务5**：查阅资料，自主学习寻找"万物的尺度" **学习活动**：分组探究生活中与"面积"相关的问题 1. 汇总学生感兴趣但未解决的问题并进行分类，如面积的由来、不规则图形面积的计算、生活中的度量单位 2. 自由探究，经历"确定主题—自由结组—制订探究计划—交流分享"的过程 3. 制作"我的进一步探究航线图"，在探究航线图上用思维导图等可视化工具展示自己小组对问题的探究成果并展示汇报，初步建立对U4的理解 【教学策略】STW表、重新分组、画廊漫步	"面积"单元问题收集单探究航线图
	学习目标	
建构理解 知行合一	**概念性理解**： U4：单位和度量的转换让我们更好地了解这个世界 **探究能力**： 批判性和创造性思考能力 交流、协作和资讯科技能力	
	学习活动	**评估证据**
	引导性问题： 度量中的标准（单位）是如何帮助我们了解世界的？ **线索3**：度量的作用	（无）

续表

单元主题：面积		
	学习活动	评估证据
建构理解 知行合一	**子任务 6**：梳理探究成果，举办"度量的作用"主题展 **学习活动**： 1. 自发寻找生活中与度量有关的问题并尝试解决 （1）选择行动任务，发现与度量相关的问题并尝试解决这些问题 （2）引导学生留心生活，结合单元探究流程，迁移应用，利用图片、视频等记录整个过程 （3）学生经历"观察—计划—行动—分享"的过程 （4）进一步回顾引导性问题，达成对 U4 的理解 （5）资源支持：绘本、视频、学习单 2. 举办"度量的作用"主题展 （1）单位探险队——寻找 1 瓦特、1 分贝、1 光年、1 字节等度量单位，梳理探究成果 （2）开展"度量的作用"主题展，让学生"看见"各种"单位"，感受万物的尺度，用单位度量世界，通过度量世界的方式更好地了解世界 3. 从知识技能、概念、元认知等方面进行单元整体反思 在 TPE 反思表上更新概念信息，得出新的结论（在单元开始时发布的 TPE 反思表中继续填写），进而达成对单元大观念的理解 【教学策略】STW 表、重新分组、画廊漫步、TPE 反思表	学生录制的视频 单位探险队作品 绘本《万物的尺度》 关于"单位"的海报 TPE 反思表

阶段三：教学反思

教前反思

1. 基于教学目标的反思

本单元是在学生已经掌握了长度和长度单位、长方形和正方形的特征及其周长计算方法的基础上进行的。学生从学习长度到学习面积，是从一维空间向二维空间转化的开始，是"由线到面"的一次飞跃，是空间形式认识发展上的一次飞跃。学生在二年级就学了长度单位，所以此时学生并非第一次接触单位。学生在学习长度单位时已经积累了很多的学习经验，而长度单位与面积单位存在着密切的关系，学生积累了那么多的学习经验，应该让这些知识迁移生长，让原有的学习经验得到有效迁移。

根据学生的前期学习经验，本单元注重从以下几个方面来达成教学目标。

一是对面积的学习，学生围绕具有挑战性的真实任务——"为学校连廊设计铺砖方案"展

单元主题：面积

开。这是一个能够驱动学生形成概念性理解的表现性任务。在这个过程中，教师创设各种数学情境，激发学生的探究兴趣，引导其去挑战，击破"理解"障碍，让知识在不同的学习情境中自由迁移。

二是采用探究式学习的方式实现从教到学的转变，为学生提供视自己为"数学家"的机会，培养学生像数学家一样去思考，让他们在探索和学习数学时乐在其中并充满激情。

三是单元探究中通过前测单、TPE 表分析学情，利用可视化思维工具 TPE、CSQ，让学习者的探究和思考可见。基于学生的认知起点，提出引发学生深度思考的核心问题，引领学生经历探究六循环，用探究六循环推动学生的探究。

2. 基于学情的反思

从学生的学习经验来看，三年级学生的学习态度和学习能力都有较大变化，他们经历了三年的探究为本、概念驱动的教学，在真实情境下建构学习，具备了自主思考、合作探究的能力。在面对感兴趣的核心任务时，学生会更主动地打开他们的认知系统。三年级在小学阶段是过渡年级，是学生跨入中高年级的起始年级，对数学学习有许多新的要求，为此教师更加注重激发学生学习的能动性，引导他们积极探究，旨在培养其批判性和创造性思考能力以及交流、协作和资讯科技能力。三年级是学习态度从可塑性强转向逐渐稳定的重要过渡阶段，此阶段要培养学生负责任的态度和行为。

从学生的生活经验来看，小学生对于面和面积的认识有一定的生活经验，学生在生活中也遇到过很多跟面积相关的问题，但学生的认识是零散的、模糊的、感性的、缺乏全面体验的、抽象的。对于面积的学习，就是要让学生在已有知识和生活经验的基础上，深入理解面积这个抽象的数学概念，形成面积表象，了解度量的本质，达成概念性理解。

中期反思

针对学生的兴趣与疑问，我们如何回应以支持学生的自主探究（差异化教学）？

首先，发布任务后，学生自主提出想研究的问题并进行分类整理，围绕问题展开探究，确定学习目标和探究任务。学生共同感兴趣的问题在调查研究环节一起探究，教师提供学习支架和思维工具。在探究长方形的面积时，教师提供不同的资源包与思维工具，以实现小组探究的个性化以及思维方式的多样化，启发学生像专家一样去思考、去探究，提升其数学运用能力。但是在教学过程中，有些学生的探究能力不够，或是参与探究活动的积极性不高，面对学生的差异，如何让每一位学生都有展现自我的机会，使其在数学上得到不同程度的发展，实现差异化教学，发挥好评估量规的作用，这都是需要教师反思和解决的问题。

其次，教学过程中，学生对问题的思考经常超出教师的预设，比如，有学生在推导长方形的面积公式时，认为用每行的小正方形的个数乘行数，有一个小正方形被重复计算了，所以教

续表

单元主题：面积

师需要充分准备，如此才能帮助学生建立正确的理解。

再次，在教学中鼓励学生提出问题和疑惑，根据学生的问题生成和架构学习内容，顺学而教。将大任务分解成一个个子任务，进行逐个突破，让学生在完成任务中习得知识技能，逐渐领悟大观念，每前进一步都有成就感，提升继续探究的兴趣和欲望。

最后，学习的过程中会产生很多新的问题，比如，学生在探究长方形面积的过程中，对怎么求不规则图形的面积特别感兴趣，这时可以让学生通过阅读、上网查找资料、实际调研等多种方式探究自己的问题。

教后反思

1. 我们的教学策略多大程度上帮助了学生的理解？

一是利用真实情境任务驱动学生探究。真实任务激起了学生为学校、社区解决问题的责任感，同时也激发了求知欲，师生共同生成探究计划，拟定学习目标，制订成功标准。

二是为学生提供绘本等多种学习资源的支持，让学生用已建立的数学思维模型来认识身边的世界，达成对中心思想的理解：数学帮助我们了解世界。但是因为学生的问题比较多，如何更好地实现长程学习，如何更好地优化和整合课时是值得反思的问题。

三是每节课都是任务驱动、评估先行、问题导航、学习目标引领，采用探究式学习方法，围绕真实问题，在完成任务的过程中，达成学习目标，实现概念性理解。

四是提供学习探究的思维路径，帮助学生形成数学思维。提供思维可视化工具：TPE 表、CSQ 表等，让理解可见。

五是合作学习。小组合作、师生合作，在小组探究中促进师生、生生互动，促成意义共享。有效的分组策略有助于学生形成概念性理解。但是部分学生的合作交流能力有待提高，如何有针对性地给予学生更多帮助和指导，更好地利用评价促进学生的提高，还需要进一步思考。

2. 哪些主要证据证明学生发展了对 KUD 的理解？

本单元我们为学生创设了真实情境任务，以此驱动学生探究，并在实践和探究中帮助学生实现了对单元大观念的理解，证据如下。

一是表现性任务的完成过程，学生的提问和讨论，以及成果记录。尤其是自主探究阶段，学生对自己身边的数学的发现，证明学生在形成理解。但是每个学生的学习起点不同，应该多给学生一些思考的时间、自主活动的空间、表现自己的机会，帮助他们实现概念性理解。

二是运用形成性评估、元认知（反思性）评估、总结性评估及其他评估方法来评估学生对知识技能的掌握情况和概念性理解程度。评估标准也是证据，它是师生讨论后共同制订的，教师在此基础上做了更清晰、更全面的界定。

三是课堂反馈、CSQ 表、探究单等互动方式和思维工具的运用也能对学生的学习情况进行监测和反映。

第五章
英语：从"学习英语"到"用英语学习"
—— 饮食背后的多元文化理解力

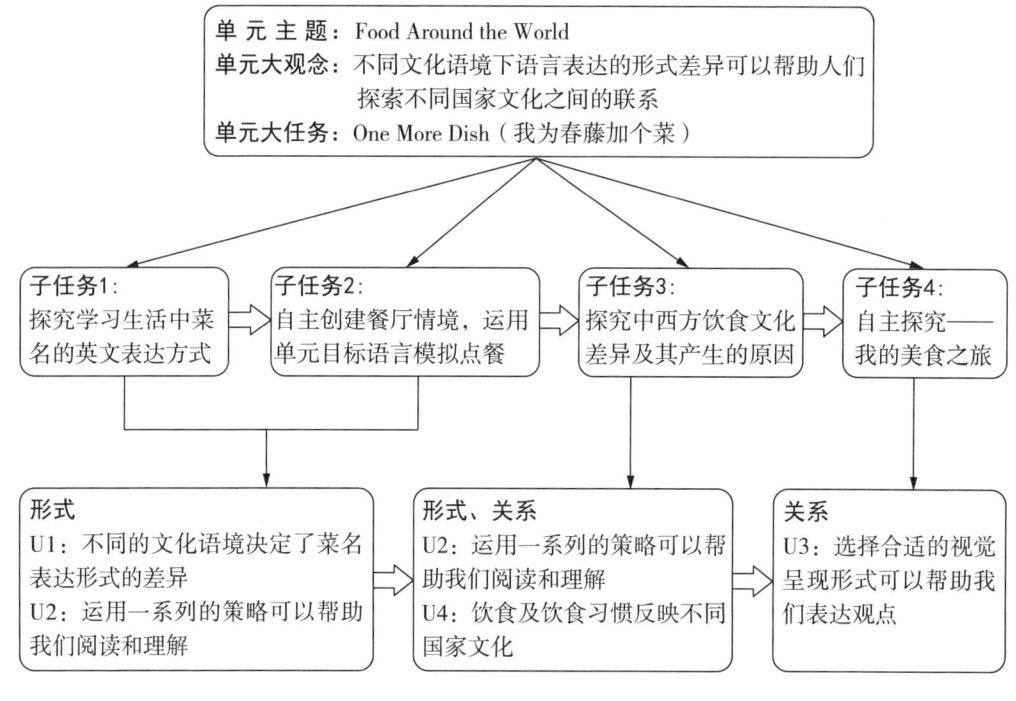

单元探究图谱

第五章　英语：从"学习英语"到"用英语学习"
　　　　　——饮食背后的多元文化理解力

单元主题	Food Around the World
单元内容	人教版英语四年级上册第五单元 Dinner's Ready
单元大观念	不同文化语境下语言表达的形式差异可以帮助人们探索不同国家文化之间的联系
单元大任务	One More Dish（我为春藤加个菜）
设计者	甘翠竹　唐经纬　徐　画　唐晓雨　谭文静　张　杭　郑淑文　屈　杨　宋翌栋　宋　利　赵雯青

一、单元概览

（一）单元设计说明

为什么学习这个单元？它对学生有怎样的重要意义？

《义务教育英语课程标准（2022 年版）》中明确提出义务教育英语课程要体现工具性和人文性，具有基础性、实践性和综合性特征。学习和运用英语有助于了解不同文化，比较文化异同，汲取文化精华，逐步形成跨文化沟通与交流的意识和能力。英语课程要培养的学科核心素养包括语言能力、文化意识、思维品质和学习能力等方面。语言能力是核心素养的基础要素，文化意识体现核心素养的价值取向，思维品质反映核心素养的心智特征，学习能力是核心素养发展的关键要素。

本单元是人教版英语四年级上册第五单元 Dinner's Ready。分析单元内容发现，本单元围绕餐桌饮食这一主题语境展开，餐桌饮食这一主题语境隶属于英语学科三大主题语境中的"人与自我"板块，餐桌饮食也与学生的生活紧密相关。通过本单元的学习，学生将完成从探究者到创作者的转化——从在阅读过程中学习关于食物的表达运用，到在真实情境活动"One More Dish（我为春藤加个菜）"中创作自己喜欢的菜肴，让学生对第二语言的学习不浮于语言知识表面，而是更深入地通过阅

119

读以及查找相关饮食文化资料来探究语言背后的文化,将知识能力的学习与大观念关联起来,让学习更有广度和深度。

本单元教学内容在英语学科要培养的核心素养中如何定位?所属的学科大观念是什么?

本单元教学内容在英语学科要培养的核心素养中的定位如下。

语言能力:在"人与自我"这一主题语境下探究与餐桌饮食相关的英文表达是整个单元教学的知识和能力目标,在探究过程中发展语言能力。

文化意识:谈论餐桌饮食并非仅仅学习相关的英文表达,还应该了解典型饮食背后的文化。通过观察、感知不同国家或文化背景下人们的饮食文化,识别和比较不同文化的内涵,理解和尊重多元文化,在中外文化对比中坚定文化自信,树立国际视野,形成健康向上的正确价值观。

思维品质:在餐桌饮食的探究过程中,培养学生从跨文化视角来认识世界、多角度看待事物、解决真实问题的能力。以"学生自主提问—梳理、整理问题—形成探究问题—借助思维工具深入探究—解决问题—总结反思"为路径,逐步深入,对整个单元进行探究学习,引导学生有条理地表达观点,培养其独立思考的能力以及逻辑思维和批判性思维。

学习能力:四年级的学生对学习英语感兴趣,有积极性,借助学生这一乐学善学的优势,引导学生根据自我学习的情况制订简单的英语学习计划,尝试使用不同的学习方法提高英语学习效率,逐步摸索和形成自我学习策略;同时引导学生借助网络资源来提升自主学习力。在探究学习中,小组成员互帮互助,共同完成学习任务,培养学生与他人合作的能力。

为使核心素养培育落地,本单元将围绕"语境、文化、表达"这三个英语学科概念来展开学习设计,在解决真实情境问题的过程中培养学生的语言能力、文化意识、思维品质以及学习能力。为此,我们提炼的单元大观念为:不同文化语境下语言表达的形式差异可以帮助人们探索不同国家文化之间的联系。

大观念延伸出的大任务和核心教学策略是什么?

基于大观念设计大任务。在超学科主题"我们身处什么时空"的指引下,学生

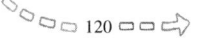

将围绕大观念对本单元展开探究学习。围绕大观念，教师设置了"One More Dish（我为春藤加个菜）"的大任务，让学生在真实生活中解决真实问题。此任务有意思、有挑战，大大激发了学生的探究欲望。

依据大任务选择教学策略。通过对本单元大观念的探究，学生能够理解"形式、关系"这两大超学科重要概念以及"语境、文化、表达"这三个英语学科概念。在学习各种美食及其相关的英文表达方式，分析和了解美食背后的文化之后，学生能够在尊重和理解多元文化的基础上进一步认同自我文化。整个单元学习以大观念为纽带，通过整合学习资源、可视化思维工具和有效的阅读策略，推动学生在相互关联、层层递进的学习体验活动中发展英语课程核心素养。这一路径遵循"学习语言，学习有关语言的知识，通过语言开展学习"这一语言学习规律。

结合学科探究计划，本单元与前后单元的勾连关系如何？

人教版小学英语（三年级起点）的教材在三年级设计了食物相关的主题，学生已基本掌握了常见食物以及饮食的英文表达方式，如："egg, milk, juice, bread, fish, rice, cake, watermelon…Can I have some…? Have some…Do you like…? Yes, I do. /No, I don't."。本单元话题较前面四个单元相对独立，因此本单元的教学设计没有融合本册教材其他单元的内容。作为本册教材的第五单元，对其进行探究需要调用学生前期的知识储备，如此才能让学生的学习呈现螺旋上升的状态。本单元围绕"Food Around the World"这一主题，引导学生探究与食物相关的语言表达和食物背后的文化，开展以概念性理解为目的的探究学习，从学习的深度和广度上发展学生核心素养。

（二）学习过程扫描

俗话说："民以食为天。"美食不仅带来味蕾的刺激，更映射着一个国家、一个民族的传统文化。美食这个话题也总能激起学生表达和探究的欲望。世界各地都有哪些特色美食呢？这些美食用英文怎么表达呢？你最想吃哪里的美食呢？可以在学校食堂吃到吗？基于学生提出的各类问题，师生一起确定了本单元的大观念——不同文化语境下语言表达的形式差异可以帮助人们探索不同国家文化之间的联系，并在其指引下设计了"One More Dish（我为春藤加个菜）"的单元大任务。整个单元探究中,学生可以投票选出想要研究的国家,并对该国特色美食进行探究,以海报的形式展示菜肴并推荐给春藤食堂,以此丰富学校食堂的菜品。对于这样的单元大任务,学生表现出极大的热情。借助问题星、5W1H①(六何分析法)等可视化思维工具,教师引导学生提出疑惑,收集和整理问题,形成单元问题墙,并以问题驱动学习,通过完成任务展开对本单元的探究。

子任务1:探究学习生活中菜名的英文表达方式

活动1:探究春藤食堂菜谱,学习目标语言

基于教材内容,以学校餐厅菜单为探究切口,选择某一天的菜单为样本,引导学生通过阅读文本分析春藤校园一周菜单(教师自编文本),发现并总结菜名的基本表达方式(原材料+烹饪方式),并结合其他学习材料,在小组学习中开展自主探究,从而了解更多英文菜名的表达方式。

活动2:调查最受欢迎的菜肴,在情境中练习目标语言

一方面,学生根据教师提供的原材料和烹饪方式,创设一道自己喜欢的菜,说明这道菜所需的原材料和烹饪方式,使用调查的方式,在情境中练习目标语言:

-What would you like?

-I'd like…

-Would you like some…?

-Yes, please./No, thank you.

另一方面,运用思维工具滚雪球(Pushing the Snowball),让学生在全班范围内开展调查,评选出最受欢迎的10道菜。通过以上活动,学生能围绕大观念"不同文化语境下语言表达的形式差异可以帮助人们探索不同国家文化之间的联系",在交流中探索、研究和思考。

子任务2:自主创建餐厅情境,运用单元目标语言模拟点餐

如何将以上表达方式运用到真实生活中呢?基于学生自己创造的菜名,教师引

---

① 5W1H,即Why(何因)、What(何事)、Where(何地)、When(何时)、Who(何人)、How(何法)。

导学生将菜肴进行分类,引出餐厅风格的概念。

首先,教师以融合餐厅"乡村基"为例创设真实情境,带领学生学习餐具以及真实点餐过程的相关语言表达。其次,学生以小组形式,合作创立自己的餐厅,确定风格并设计菜单(包括特色菜、定价等),分配角色(如老板、服务员和各类客人),然后进行角色扮演。最后,各组之间体验点餐过程,在情境中灵活运用语言。

子任务3:探究中西方饮食文化差异及其产生的原因

活动1:在比较阅读中了解中西方饮食文化差异

为什么中西方人们的饮食习惯是有差异的呢?学生分组阅读教师提供的不同文本(涉及中西方的节日文化、农作物和生活方式等),用思维导图把自己探究的内容呈现出来并在小组间分享。

活动2:在烹饪中感受中西方饮食文化差异

中西方人们的烹饪方式是相同的吗?在教师引导下,学生自主选择观看视频或阅读文字材料,发现"使用相同的原材料可以制作出不同的菜肴"。随后教师为学生提供食材,学生自主选择原材料、调料和烹饪方式制作菜肴,并将这一过程记录下来,以视频博客(Vlog)的形式呈现。

活动3:在进一步阅读中理解中西方饮食文化差异

中西方人们的餐桌文化是否有差异呢?教师引导学生利用5W1H思维工具,分组阅读不同材料,从各个角度探究,最后通过彩虹环游(Rainbow Walk)活动来分享所得,从而进一步理解中西方饮食文化差异。

子任务4:自主探究——我的美食之旅

根据前期学习中投票选出的最受欢迎的8个国家,将学生分为8组,让有相同选择的学生在一起探究美食,学生借助思维工具5W1H对所选国家的美食进行深入探究;过程中对食物本身及其文化背景进行提问;运用文本阅读、视频观看、网络查阅和小组讨论等探究方法获取并整理相关信息,比较异同,解决问题。

总结性评估任务：One More Dish（我为春藤加个菜）

总结整理小组的探究成果，制作《我推荐的美食》海报，展示对大观念的理解（选择合适的视觉呈现形式展示自己的成果）。

通过阅读上面的单元概览，与传统教案相比，你发现这份教案有哪些不同点？请列出你的发现。

比较点	传统教案	本教案

二、大观念的生成

（一）超学科主题指向学习的意义

素养本位的学习，决定了学习的目的不再止步于知识，而是强调知识的本质意义：实践与创新，学习者的文化意识和认同感，以及面向未来的能力。

在教授人教版英语四年级上册第五单元 Dinner's Ready 时，传统教学往往止步于简单的"替换练习"和"情境对话"，但是追求大观念的教学需要我们进一步追问：情境对话的意义是什么？情境背后所蕴含的文化是什么？

博伊尔的六大超学科主题中"我们身处什么时空",可以帮助教师明确定位学习目的。

我们身处什么时空

这是对时空意识的探究。每个人都身处一定的时空并都有感知时空的能力。因而,个体(群体组织)的过去与未来、各种人类文明、旅游与迁徙,<u>从个人、当地和全球的观点探讨个体与文明之间的相互关系</u>等人类现象,构成这一主题领域的重要探究内容。

上文是六大超学科主题之一"我们身处什么时空"的全部探究内容,画线部分是本单元聚焦的细则:"从个人、当地和全球的观点探讨个体与文明之间的相互关系",学生要达成概念性理解,那就是:我们透过英语语言的学习去了解母语文化与世界文化的关系,从而提升国际理解力。这个学习目标的定位把纯粹的语言学习提升到了一个有意义的层面,回答了"我们为什么要学习"这个根本问题。

同时,这个超学科主题还为"时空意识"的探究提供了更广阔的迁移平台,学生将从不同的学科视角展开研习,实现超越学科的理解。

(二)概念视角统整知识与技能

超学科主题仍然是一个宽泛的研究范畴,我们需要用概念进一步聚焦。

首先,梳理教材,对标《义务教育英语课程标准(2022年版)》。(见表5-1)

表5-1 对标文件分析

对《义务教育英语课程标准(2022年版)》的分析
1. 综合看英语学科核心素养的体现和要求
● 能读懂语言简单、主题相关的简短语篇,获取具体信息,理解主要内容
● 能围绕相关主题,运用所学语言,进行简单的交流
● 观察、感知不同国家或文化背景下人们的生活、饮食和重大节日等,有主动了解中外文化的愿望
● 在学习活动中尝试与他人合作,共同完成学习任务
2. 学业质量标准第一学段要求
● 1—4 能通过简单的动画、配图故事等语篇材料了解世界主要国家的风土人情

续表

对《义务教育英语课程标准（2022年版）》的分析
• 1—5 对英语有好奇心，在阅读配图故事、对话等简单语篇材料时，能积极思考，尝试就不懂之处提出疑问 • 1—8 能通过读、看等方式，认读或说出典型的中外文化标志物 • 1—11 乐于观察生活中的语言和文化现象，尝试从不同角度看待事物 **3. 学业质量标准第二学段要求** • 2—4 能通过简短语篇了解世界主要国家的生活习俗、饮食习惯、文化传统等，初步比较文化异同 • 2—9 能用简单的句子描述与中外文化有关的具体现象和事物，语句基本通顺 • 2—13 能用简单的语句描述图片内容，意义连贯，句子形式基本正确 • 2—15 对英语学习有兴趣，主动参与课堂活动，与同伴一起围绕相关主题进行讨论，合作完成学习任务
重点单词 简单的食物词汇和餐具词汇 **重点句型** What would you like? I'd like some vegetables, please. Would you like some beef? Yes, please, and pass me the knife and fork please. **文化理解** 中外饮食习惯中使用餐具的异同

其次，整理出本单元需要学习的知识，并提炼出学科概念。（见表5-2）

表5-2 学科概念提炼

学生将知道的知识（K）	学科概念
1. 与食物相关的词汇和生活中菜名的基本表达方式 2. 本单元的重点词汇、句型，在情境中进行简短对话 3. 与饮食文化相关的语篇特征及异同	语境、文化、表达

我们提炼出"语境、文化、表达"三个学科概念，但学科概念仍然是孤立存在的，我们需要通过八大超学科概念来进一步统整。我们选择超学科概念"形式、关系"来统整学科概念，形成探究线索：

线索1：我们身边的饮食以及真实生活中的英语表达方式（形式）
线索2：饮食及饮食习惯反映不同国家文化（关系）

探究线索有助于我们生成以下概念性理解：

①不同的文化语境决定了菜名表达形式的差异。（形式）
②运用一系列的策略可以帮助我们阅读和理解。（关系）
③选择合适的视觉呈现形式可以帮助我们表达观点。（形式）
④饮食及饮食习惯反映不同国家文化。（关系）

这样，整合超学科主题、超学科概念与学科概念，整个单元的大观念就产生了——"不同文化语境下语言表达的形式差异可以帮助人们探索不同国家文化之间的联系"。（见图5-1）

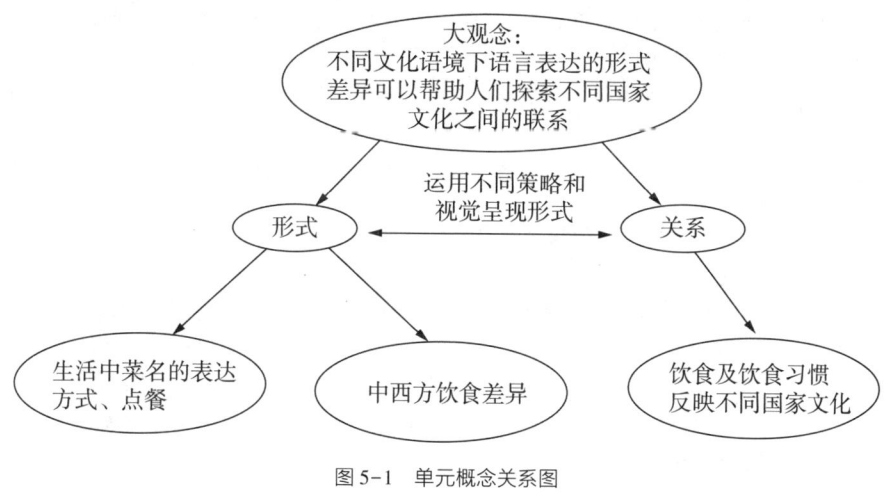

图5-1 单元概念关系图

在传统教学中，我们往往止步于最底层的事实性知识学习。学习者知道了饮食和点餐在真实生活中的英语表达方式，但是缺乏学习策略帮助其理解饮食和饮食习惯与文化的关系。大观念教学在学习者掌握基本词汇和表达方式的基础上，为他们提供多元的体验，并在体验中运用一系列的策略和工具来理解饮食文化异同，最终帮助学习者在形式和关系之间建立联系。

（三）概念思维即学科思维

概念思维即学科思维，或专家思维。培养学生的学科思维习惯，把专业的探究方法和程序运用于新的情境，是概念教学的重要目标之一。

在对课程标准、教材的梳理过程中，我们列出了本单元要求学生做的事，这些"事"显得杂而无序。当我们借助"三大探究能力"这一工具，从培养学生的批判性和创造性思考能力、社交和情感能力以及交流、协作和资讯科技能力的角度来梳理这些"事"时，教学就具有了思维培养的属性。（见表5-3）

表5-3 学科思维的培养

学生将能做（D）	学科思维
1. 听：在真实情境中积极倾听他人想法 2. 说：用相关的英语和手势等肢体语言表达自己的观点 3. 读：阅读与本主题相关的图片、文本、视频材料等，提取信息，归纳总结	**批判性和创造性思考能力** 批判性思考： 1. 借助可视化思维工具提出问题并整理、分析和解决问题，建构单元学习路径 2. 通过对图片、具体现象和事物的观察、比较获取信息，总结归纳特点 创造性思考： 1. 多角度观察、了解事物，在熟悉和不熟悉的情境中开展探究活动，获取体验和观点 2. 在教师的引导和同伴的影响下，尝试使用不同的学习方法提高英语学习效率 **交流、协作和资讯科技能力** 信息素养： 1. 从单元表现性评估入手，采用提出问题、分析问题、深入探究、反思总结的方式解决真实问题，从而逐步形成以问题解决为导向的研究能力 2. 能借助多种工具、线上线下资源、多媒体、学习APP等开展探究学习 3. 运用图片、简单文字、图表、视频等视觉呈现方式来记录和表达自己的理解 信息交流能力： 1. 在探究体验活动中积极倾听别人的观点和想法 2. 在探究体验活动中借助视觉、听觉以及口头语言交流、识别和做出各种手势动作表达观点和想法 媒体素养： 借助各种技术和媒体进行交流

续表

学生将能做（D）	学科思维
（内容同上）	**社交和情感能力** **关系管理：** 在探究体验活动中，对英语学习感兴趣、有积极性，喜欢和他人交流想法，敢于表达，不怕出错 **自我管理：** 在教师的指导下，以问题驱动学习，制订简单的英语单元学习计划，预习和复习所学内容

同概念的梳理一样，学习能力的梳理也不是一蹴而就的，需要在大任务设计的过程中，在教学活动的设计中，根据需要逐步完善。

我们侧重对具体的学习行为进行描述，以便收集学生理解的证据。通过对行为的描述，我们对学生品格的培养也逐渐清晰起来，示例见表5-4。

表5-4 在"做"中培养品格

学习内容 （Learn about）	学习能力 （Learn to do）	品格养成 （Learn to be）
例1：探寻食材和菜名之间的关系，解读信息，发现模式 例2：选择合适的视觉呈现形式表达观点 例3：在比较阅读中理解中西方饮食文化差异，在烹饪中感受中西方饮食文化差异	交流、协作和资讯科技能力——信息素养 批判性和创造性思考能力——批判性思考、创造性思考	乐学善思 国际视野 善于协作

（四）八大培养目标细化育人目的

品格培养通过"做事"来实现。随着对任务的确定，对探究能力的定位，我们在描述学习者具体的学习行为时根据八大培养目标形成了本单元对学习者品格、价值观的培养方向：乐学善思、国际视野、善于协作。本单元要收集的学习证据如下：

乐学善思

学生乐于探索社会现实与自我成长的问题，喜欢学习，善于思考，能用批判性思维对复杂问题进行分析并采取负责任的行动。学生能够积极主动地做出理由充分、合乎伦理的决定。在本单元的学习中，学生能够在自主探究饮食及其文化的相关英语表达的过程中提出问题，解读信息，发现信息内部之间的关系，并找到解决问题的一般方法。

国际视野

2016年9月发布的《中国学生发展核心素养》指出，"国际理解"是指具有全球意识和开放的心态，了解人类文明进程和世界发展动态；能尊重世界多元文化的多样性和差异性，积极参与跨文化交流；关注人类面临的全球性挑战，理解人类命运共同体的内涵与价值等。国际理解教育强调的是国际视野，但其前提是民族情怀。只有尊重和认同本民族文化，才能尊重和理解不同民族、地域、国家的文化。

本单元的学习不止停留在饮食及与饮食相关的英语表达上，还关注饮食背后的文化差异，通过提供大量的语篇、视频材料，让学生在阅读中观察、感知、比较、分析世界主要国家的饮食习惯差异，在探究学习中强化文化自信，尊重世界多元文化。

善于协作

英语学习需要鼓励学生在相对比较真实的情境中用多样化的方式交流信息、表达自我，培养学生相互学习、团队合作等交往协作的能力。

本单元的学习通过调查最受学生欢迎的菜肴，让学生在真实情境中练习单元目标语言，让语言知识的学习不仅仅停留在书本上，而是运用到日常生活中。

通过"One More Dish（我为春藤加个菜）"的总结性评估任务，让学生向同学、教师、食堂员工表达自己的想法。面对不同的受众群体，学生需要选择不同的表达方式，他们在表达中习得语言，在社交中学会合作。

我们用图 5-2 来呈现大观念生成的路径。

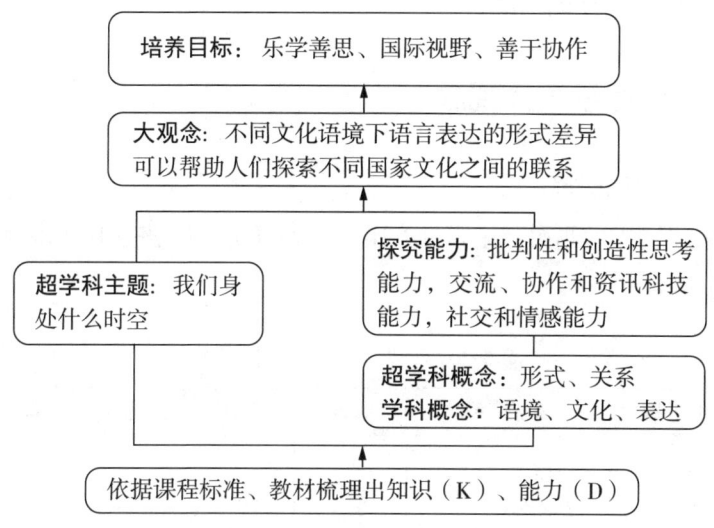

图 5-2　大观念生成的路径

需要再次强调的是，在实际的备课活动中，我们的思维不是线性的，而是在事实与概念、任务之间反复斟酌、调整、打磨、完善。

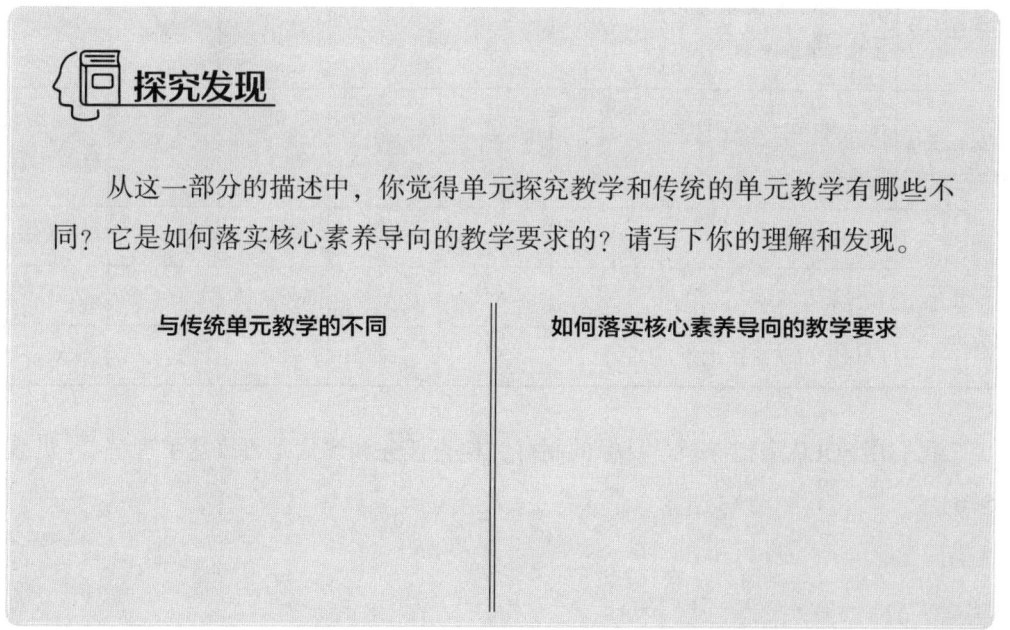

从这一部分的描述中，你觉得单元探究教学和传统的单元教学有哪些不同？它是如何落实核心素养导向的教学要求的？请写下你的理解和发现。

与传统单元教学的不同	如何落实核心素养导向的教学要求

三、大观念的评估

(一) 大任务承载大观念

1. 大任务要表现理解

我们借用理解"六侧面"来帮助产生表现性任务,并核查其在多大程度上表现了理解。(见表5-5)

表5-5 理解"六侧面"核查表

	评估证据	解释	阐明	应用	洞察	移情	自知
子任务1	探究学习生活中菜名的英文表达方式	√	√	√			
子任务2	自主创建餐厅情境,运用单元目标语言模拟点餐		√	√			
子任务3	探究中西方饮食文化差异及其产生的原因	√			√	√	√
子任务4	自主探究——我的美食之旅		√	√	√	√	√
其他	5W1H思维工具	√	√				
	自创菜肴名称	√	√	√			
	I Am A Chef烹饪视频		√	√			√

我们用SOLO来指导教学目标的制订,检查任务和评估是否表达了理解。(见表5-6)

表 5-6　SOLO 检查表

SOLO 层次		主要表现	本单元学习中的案例
	前结构水平	完全没有理解，答非所问	
浅表性了解水平	单点结构	理解概念或主题的某一方面	与食物相关的词汇和生活中菜名的基本表达方式
	多点结构	理解概念或主题的某几方面，但是知识没有被结构化，处于离散状态，不能指向概念性理解	某些国家、地域的就餐方式、餐具和烹饪方式、就餐同伴、餐桌礼仪
概念性理解水平	关联结构	能够把多方面的知识、概念结构化，找到相互之间的关系	在多元体验中运用不同策略和工具分析、对比中西方饮食文化，看到联系
	拓展抽象结构	形成了概念性理解，能够迁移，用于解决新情况下的问题	把理解带到日常生活中，多元、包容地理解不同文化习俗

SOLO 可以帮助我们在制订教学目标、任务与评估时，时刻注意知识目标与概念性理解的平衡。多点结构的知识是形成概念性理解的基础，形成概念性理解的关键是帮助学生发现知识与知识之间的关系，并且通过迁移来使理解可见。

2. 大任务的设计原则

大任务是大观念的载体，抽象的概念性理解是在实践中建立的。比如：

● （学生在探究各国美食及其背后的饮食文化的过程中，才能学会）运用一系列的策略可以帮助我们阅读和理解。

● （学生在探究不同国家有不同的饮食、烹饪方式和用餐方式时，能深刻理解）饮食及饮食习惯反映不同国家文化。

● （学生在完成大任务的过程中，才能知道）选择合适的视觉呈现形式可以帮助我们表达观点。

这个具备通识性的文化主题，要和学生当下的生活经验关联，如此才能促进个人的理解。这决定了我们大任务设计的核心思路——立足学生的日常所需，创设真实情境。我们与学校食堂携手，设计了大任务——"One More Dish（我为春藤加个菜）"。此项任务有趣、好玩，大大激发了学生学习的内驱力，激发了学生的口语表达欲望。大任务贯穿整个单元，在真实任务的驱动下，让学生在真实情境中经历学习理解、应用实践和迁移创新这一探究学习的全过程。对此项任务的完成程度和完成质量也是检测学生对大观念是否真正理解的有力证据。

（二）大任务的评估

我们的评估分为三类：形成性评估、元认知（反思性）评估和总结性评估。

1. 形成性评估

在英语教学中，形成性评估随时在发生，其主要是帮助教师收集学习证据，促使学生对自我学习状况有清醒的认识。本单元主要从以下几个方面开展形成性评估。

- 提供 KWL 表、"I used to think…, but now I think…"（过去我认为……，现在我认为……）等可视化思维工具，引导学生持续记录理解、及时反思。
- 保留学生前测样本，让学生看到自己的进步。
- 用问题星思维工具收集学生问题，让教学的每一个环节都从学生的问题出发，让学生成为学习的主体。
- 设置问题墙，展示学生提出的问题，形成交流氛围，让学生互相回应，随着探究的展开，让学生自主更新问题墙。
- 用 5W1H 思维工具激发学生的问题，用探究线索梳理加工成为引导问题，以此驱动每一环节的探究。（见图 5-3）

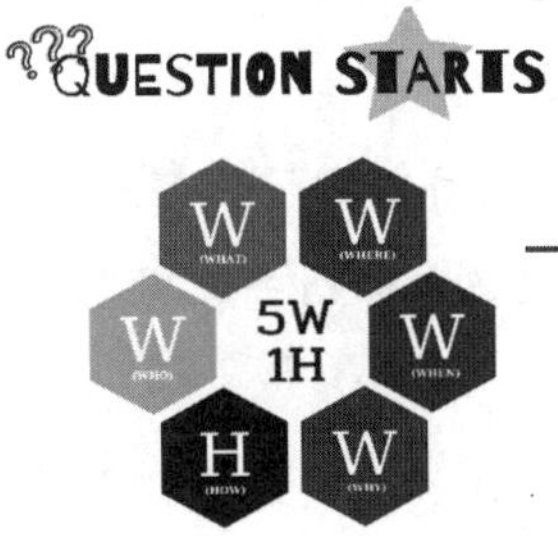

第五章 英语：从"学习英语"到"用英语学习"
——饮食背后的多元文化理解力

大任务： "One More Dish（我为春藤加个菜）"
基本问题： 饮食及饮食习惯如何反映不同国家文化？

子任务1： 探究学习生活中菜名的英文表达方式
引导性问题： What are the English names of the dishes we eat every day?

子任务2： 自主创建餐厅情境，运用单元目标语言模拟点餐
引导性问题： How can we order food at a restaurant?

子任务3： 探究中西方饮食文化差异及其产生的原因
引导性问题：
1. Why do Chinese and Western people eat different food?
2. Do we cook in the same way?
3. Do we eat the same way at the table?

子任务4： 自主探究——我的美食之旅
引导性问题： How can we explore the food we like?

图 5-3 问题驱动探究

- 探究线索和超学科概念一起，界定了本单元的探究范围，注意收集学生问题，对教学计划进行动态调整。（见图5-4）

超学科概念—探究线索
线索1：
我们身边的饮食以及真实生活中的英语表达方式（形式）
线索2：
饮食及饮食习惯反映不同国家文化（关系）

催生老师的问题（引导题）
线索1：
1. What do we usually eat at BI Canteen?
2. Would you like some...?
3. What would you like?
线索2：
4. What is 5W1H?（Line 1, Line 2）
5. Why do Chinese and Western people eat different food?
6. Do we cook in the same way?
7. Do we eat in the same way at the table?
8. How can we explore the food we like?

激发学生的问题
线索1：
1. What are the English names of the dishes we eat every day?
2. What traditional Chinese cuisines do we have in China?
3. How can we order food at a restaurant?
线索2：
4. Why do we eat with chopsticks?
5. What tasty food do American and British people eat?
6. What do Western people eat at Mid-autumn Festival?
7. How can we eat the food that we add to our school menu?
8. How do we find out more about Western food?
9. Can we cook the food we created by ourselves?
10. Why do Western people like fast food?
11. What is the first step if we want to find these answers?

图 5-4 探究问题产生的路径

- 通过"建模"为学生提供样本之后,再让学生通过模仿、分析来独立完成任务,并允许学生建立自己的标准。
- 根据收集的学生问题,协助学生寻找资源,并与学习社区的其他部门(如食堂、家校社区)联动,为学生提供不仅限于教室内的学习资源。
- 采用拍照、录像等方式记录学生的言行,据此了解学生目前学习的起点。
- 鼓励学生参与讨论,激活已有经验;鼓励学生分享理解,倾听并记录其提出的新问题。
- 在活动过程中,既允许学生独立工作,也鼓励他们合作,以重新分组等方式为学生提供和不同伙伴交流的机会。
- 记录探究过程,反映学生对大观念理解的进程。
- 建立开放式学习空间,给学生充分的探究自由和心理安全感。
- 使用问题墙、停车场、出门条等思维工具引导学生进行反思,反思贯穿整个探究过程。

小贴士1:老师的增加与减少

◇ 减少说的部分,多听、多观察、多记录;

◇ 减少全班性的集体回答,增加学生独立思考的时间,并鼓励学生记录分享的要点;

◇ 增加同伴及小组分享,人人有机会展示理解;

◇ 采用可视化思维工具,增强学习的可控性和有效性;

◇ 增加对目标学生的密切观察。

小贴士2:学生的分组与重组

◇ 学习活动开始前,按照班级座位进行分组;

◇ 学习活动进行中,按照学习水平、兴趣爱好、幸运数字、颜色等重新分组;

◇ 学习活动完成后,学生回到原来的组或组成新组,分享自己在活动中获得的新知。

> 小贴士3：可视化思维工具
> ◇ 5W1H（六何分析法）
> ◇ Wonder Wall（问题墙）
> ◇ Give One, Get One（分享与得到）
> ◇ Rainbow Walk（彩虹环游）
> ◇ Question Starts（问题星）
> ◇ Survey Table（调查表）
> ◇ Venn Diagram（韦恩图）/T-chart（T表）/Bubble Map（气泡图）
> ◇ 3-2-1 Reflection（3-2-1反思）
> ◇ I used to think…, but now I think…（过去我认为……，现在我认为……）

2. 元认知（反思性）评估

在进行元认知（反思性）评估时，教师应注意以下事项：

- 从"裁判者"的位置下来，成为观察者、协助者；
- 引导学生尝试自己制订学习计划、主导学习方向，并尽力完成；
- 帮助学生建立"诚实"的态度和成长型思维，评估已有的进步和发展空间；
- 教会学生自评，寻找可以证明自己进步的证据；
- 教会学生互评，学会看到他人的闪光点和不足，提高辩证思维能力；
- 引导学生对比单元前测和学习反思，让学生在对比中更新认知；
- 提供脚手架，引导学生了解学习目标和成功标准，让学生明白自己在小组合作中担任的角色；
- 避免使用控制性语言，多使用引导性问题询问学生。

3. 总结性评估

结合《义务教育英语课程标准（2022年版）》以及"三大探究能力"生成英语学科评估标准（见表5-7），并结合单元大任务"One More Dish（我为春藤加个菜）"生成评估量规（见表5-8）。示例如下：

表 5-7　英语评估标准

标准 A：听/读	标准 B：说	标准 C：写	标准 D：探究能力
1. 识别/提取语篇中直接的和间接的信息 2—4 通过语篇了解世界主要国家的生活习俗、饮食习惯、文化传统等，初步比较文化异同（文化意识） 2. 分析不同类型语篇的惯用手法 3. 比较概括语篇之内或语篇之间的基本特征，比较基本异同	1. 使用常见的词汇 2. 使用基础的语法结构；会有一些错误，但错误不影响意义的传达 3. 语音和语调清晰 1—6 在跟读简短的音视频材料时，能模仿说话者的语音、语调 4. 较清楚和有效地传达基本的信息 2—9 能用简单的句子描述中外文化有关的具体现象和事物，语句基本通顺 2—15 对英语学习有兴趣，主动参与课堂活动，与同伴一起围绕相关主题进行讨论，合作完成学习任务	1. 学会英语书写和常见单词拼写 2. 使用基本语法结构 1—10 能参照范例，仿写简单句 3. 使用基本衔接手法有序地组织信息 4. 传达各种类型的信息，具备基本的受众、目的和语境意识 2—13 能用简单的语句描述图片内容，意义连贯，句子形式基本准确	1. 思考能力 创造性：通过借助不同的经验和资源，我可以产生新想法，开启新探究 批判性：我可以进行归纳，得出结论 2. 研究能力 信息素养：我知道我想/需要发现什么，我可以提出问题来推动这一探究；我可以选择适当的工具/资源来帮助我进行探究

表 5-8　单元评估量规

评估标准	水平细则	任务细则	成绩水平
标准 A：听/读 1. 识别/提取语篇中直接的和间接的信息 2—4 通过语篇了解世界主要国家的生活习俗、饮食习惯、文化传统等，初步比较文化异同（文化意识）	基本能通过语篇了解世界主要国家的生活习俗、饮食习惯、文化传统等，初步比较文化异同（文化意识）	基本能通过语篇了解小组所选国家饮食及饮食习惯的文化现象	发展中
	能通过语篇了解世界主要国家的生活习俗、饮食习惯、文化传统等，初步比较文化异同（文化意识）	能通过语篇了解小组所选国家饮食及饮食习惯的文化现象	熟练
	能快速通过语篇了解世界主要国家的生活习俗、饮食习惯、文化传统等，初步比较文化异同（文化意识）	能快速通过语篇了解小组所选国家饮食及饮食习惯的文化现象	优异

续表

评估标准	水平细则	任务细则	成绩水平
标准B：说 3. 语音和语调清晰 1—6 在跟读简短的音视频材料时，能模仿说话者的语音、语调 4. 较清楚和有效地传达基本的信息 2—9 能用简单的句子描述中外文化有关的具体现象和事物，语句基本通顺 2—15 对英语学习有兴趣，主动参与课堂活动，与同伴一起围绕相关主题进行讨论，合作完成学习任务	• 在跟读简短的音视频材料时，基本能模仿说话者的语音、语调 • 基本能用简单的句子描述有关中外文化的具体现象和事物，语句很不通顺 • 对英语学习缺乏兴趣，被动参与课堂活动，被动与同伴一起围绕相关主题进行讨论，不愿意合作完成学习任务	• 在跟读老师提供的与饮食文化相关的音视频、文本材料时，基本能模仿说话者语音、语调，但还须加强 • 基本能用简单的句子、句型结构描述饮食、饮食背后的文化、饮食的烹饪方式等信息，语句很不通顺 • 对英语学习缺乏兴趣，被动参与探究活动，被动与小组同伴一起围绕饮食主题进行讨论，不愿合作完成学习任务	发展中
	• 在跟读简短的音视频材料时，能模仿说话者的语音、语调 • 能用简单的句子描述有关中外文化的具体现象和事物，语句基本通顺 • 对英语学习有兴趣，主动参与课堂活动，与同伴一起围绕相关主题进行讨论，合作完成学习任务	• 在跟读老师提供的与饮食文化相关的音视频、文本材料时，能模仿说话者语音、语调 • 能用简单的句子、句型结构描述饮食、饮食背后的文化、饮食的烹饪方式等信息，语句基本通顺 • 对英语学习有兴趣，主动参与探究活动，与小组同伴一起围绕饮食主题进行讨论，合作完成学习任务	熟练

续表

评估标准	水平细则	任务细则	成绩水平
（内容同上）	• 在跟读简短的音视频材料时，能模仿说话者的语音、语调，发音纯正，语调自然 • 能用简单的句子描述有关中外文化的具体现象和事物，语句非常通顺 • 对英语学习有兴趣，主动参与探究活动，与同伴一起围绕相关主题进行深入讨论，高效、合作完成学习任务	• 在跟读老师提供的与饮食文化相关的音视频、文本材料时，能模仿说话者语音、语调，发音纯正，语调自然 • 能用简单的句子、句型结构描述饮食、饮食背后的文化、饮食的烹饪方式等信息，语句非常通顺 • 对英语学习有兴趣，主动参与探究活动，与小组同伴一起围绕饮食主题进行深入讨论，高效、合作完成学习任务	优异
标准C：写 4. 传达各种类型的信息，具备基本的受众、目的和语境意识 2—13 能用简单的语句描述图片内容，意义连贯，句子形式基本准确	基本能用简单的语句描述图片内容，意义欠连贯，句子形式基本不准确	• 基本能用简单的语句描述饮食及饮食文化合作探究结果，意义欠连贯，句子语法混乱	发展中
	能用简单的语句描述图片内容，意义连贯，句子形式基本准确	• 能用简单的语句描述饮食及饮食文化合作探究结果，意义连贯，句子形式基本准确	熟练
	能用简单的语句描述图片内容，意义连贯，句子形式大多准确	• 能用简单的语句描述饮食及饮食文化合作探究结果，意义连贯，句子很少出现语法问题	优异

续表

评估标准	水平细则	任务细则	成绩水平
标准D： 探究能力 1. 思考能力 创造性：通过借助不同的经验和资源，我可以产生新想法，开启新探究 批判性：我可以进行归纳，得出结论 2. 研究能力 信息素养：我知道我想/需要发现什么，我可以提出问题来推动这一探究；我可以选择适当的工具/资源来帮助我进行探究 1—5 对英语有好奇心，在阅读配图故事、对话等简单语篇材料时，能积极思考，尝试不懂之处提出疑问	●通过借助不同的经验和资源，基本可以产生新想法，开启新探究 ●对英语有好奇心，在阅读配图故事、对话等简单语篇材料时，很难积极思考，提出疑问 ●很难进行归纳、得出结论 ●基本可以选择适当的工具/资源进行探究	●在自主探究过程中，借助自己的经验和各种资源，基本可以对饮食文化相关的探究产生新想法 ●对英语学习有畏难情绪，在阅读饮食文化相关的简单语篇材料时，很难借助5W1H工具提出疑问 ●很难结合各种饮食文化相关的资料进行归纳，并获得自己所需的信息	发展中
	●通过借助不同的经验和资源，可以产生新想法，开启新探究 ●对英语有好奇心，在阅读配图故事、对话等简单语篇材料时，能积极思考，尝试对不懂之处提出疑问 ●能进行归纳、得出结论 ●可以选择适当的工具/资源进行探究	●在自主探究过程中，借助自己的经验和各种资源，可以对饮食文化相关的探究产生新想法 ●对英语有好奇心，在阅读与饮食文化相关的简单语篇材料时，能借助5W1H工具提出疑问，并推动整个自主探究 ●结合各种饮食文化相关的资料，根据提示进行归纳，获得自己所需的信息	熟练

续表

评估标准	水平细则	任务细则	成绩水平
（内容同上）	• 通过借助不同的经验和资源，可以产生独特的新想法，开启新探究 • 对英语有强烈的好奇心，在阅读配图故事、对话等简单语篇材料时，能积极思考，尝试对不懂之处提出有价值的疑问，并能在自主探究中寻找答案 • 能进行自主分类归纳，获得并利用所需信息解决问题	• 在自主探究过程中，借助自己的经验和各种资源，对饮食文化相关的探究产生独特想法 • 对英语有强烈的好奇心，在阅读与饮食文化相关的简单语篇材料时，能积极思考，善于借助5W1H工具提出有价值的问题，并开展比较深入的自主探究 • 结合各种饮食文化相关的资料，自主分类归纳，获得并利用所需信息解决问题	优异

评估量规中包含了知识（K）和概念性理解（U），也明确了可见的学习证据（D），育人目标也清晰可见，示例见表5-9。

表5-9 评估内容

知识（K）和概念性理解（U） （Learn about）	学习证据（D） （Learn to do）	育人目标 （Learn to be）
K——与食物相关的词汇和生活中菜名的基本表达方式 U——饮食及饮食习惯反映不同国家文化	借助可视化思维工具提出问题并整理、分析、解决问题，建构单元学习路径	乐学善思 国际视野

第五章 英语：从"学习英语"到"用英语学习"
——饮食背后的多元文化理解力

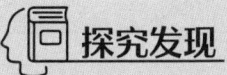 探究发现

请使用下面的思维工具表达你对评估的看法。

关于评估

过去我认为……　　　　　　　　　现在我认为……

四、大观念的实施

我们以默多克的探究六循环作为大观念实施的依据，本单元的学习活动安排见表 5-10。

表 5-10　本单元学习活动安排

探究循环	学习活动
进入探究 （1课时）	**引出话题**：借助世界各国美食图片、美食相关视频，激发学生对本单元主题的学习兴趣 **感知话题**：在世界地图上将不同国家与其美食进行配对，让学生通过自主发现、资料查找等方式了解世界各国主要美食；投票选出最想探究的 8 个国家的美食，为后续的个性化探究学习做铺垫 **发布任务**：以视频的方式发布单元大任务——"One More Dish（我为春藤加个菜）" **任务前测**：借助思维工具问题星和 5W1H，讨论、提出疑惑并收集和整理问题，形成单元问题墙

续表

探究循环	学习活动
探究发现 （2课时）	**模块任务**：完成子任务1和子任务2，对目标语言进行学习并在真实情境中运用目标语言 **学习活动**： 1. 探究春藤食堂菜谱，学习目标语言 2. 调查最受欢迎的菜肴，在情境中练习目标语言
梳理建模 （3课时）	**模块任务**：通过语篇阅读，完成子任务3，探究饮食与文化的关系，建构对大观念的理解 **学习活动**： 1. 在比较阅读中了解中西方饮食文化差异 2. 在烹饪中感受中西方饮食文化差异 3. 在进一步阅读中理解中西方饮食文化差异
深入探究 （1课时）	**模块任务**：用可视化的思维工具5W1H完成子任务4，对饮食文化进行深入探究 **学习活动**：我的美食之旅 1. 根据前期学习中投票选出的8个国家，将学生分成8个小组，让有相同选择的学生在一起探究美食；学生借助思维工具5W1H对所选国家的美食进行深入探究；过程中对食物本身及其文化背景进行提问；运用文本阅读、视频观看、网络查阅和小组讨论等探究方法获取并整理相关信息，比较异同，解决问题
建构理解 知行合一 （1课时）	**模块任务**：完成总结性评估任务——One More Dish（我为春藤加个菜） **学习活动**： 总结整理小组的探究结果，制作《我推荐的美食》海报，展示对大观念的理解（选择合适的视觉呈现形式展示探究成果）

本章附录：单元计划

单元主题：Food Around the World		
教学内容：人教版英语四年级上册第五单元 Dinner's Ready	**创作团队**：重庆市巴蜀常春藤学校博物馆式小学英语学科组	**教学时长**：8课时
阶段一：目标与评估		
基本问题：饮食及饮食习惯如何反映不同国家文化？		
超学科主题：我们身处什么时空	**超学科概念**：形式、关系	**学科概念**：语境、文化、表达
大观念：不同文化语境下语言表达的形式差异可以帮助人们探索不同国家文化之间的联系		
学生将知道的知识（K）： 1. 与食物相关的词汇和生活中菜名的基本表达方式 2. 本单元的重点词语、句型，在情境中进行简短对话 3. 与饮食文化相关的语篇特征及异同	**学生将理解的概念（U）**： 1. 不同的文化语境决定了菜名表达形式的差异（形式—线索1） 2. 运用一系列的策略可以帮助我们阅读和理解（关系—线索1） 3. 选择合适的视觉呈现形式可以帮助我们表达观点（形式—线索2） 4. 饮食及饮食习惯反映不同国家文化（关系—线索2）	**学生将成为（　　）的人**： 乐学善思 国际视野 善于协作
学生将具备的能力（D）： **批判性和创造性思考能力** 1. 批判性思考 ● 借助可视化思维工具提出问题并整理、分析、解决问题，建构单元学习路径 ● 通过对图片、具体现象和事物的观察、比较获取信息，总结归纳特点 2. 创造性思考 ● 多角度观察、了解事物，在情境中开展探究活动，获取体验和观点		

单元主题：Food Around the World	
●在教师的引导和同伴的影响下，尝试使用不同的学习方法提高英语学习效率 **交流、协作和资讯科技能力** 1. 信息素养 ●从单元表现性评估入手，采用提出问题、分析问题、深入探究、反思总结的方式解决真实问题，从而逐步形成以问题解决为导向的研究能力 ●能借助多种工具、线上线下资源、多媒体、学习 APP 等开展探究学习 ●运用图片、简单文字、图表、视频等视觉呈现方式来记录和表达自己的理解 2. 信息交流能力 ●在探究体验活动中积极倾听别人的观点和想法 ●在探究体验活动中借助视觉、听觉以及口头语言交流、识别和做出各种手势动作表达观点和想法 3. 媒体素养 借助各种技术和媒体进行交流 **社交和情感能力** 1. 关系管理 在探究体验活动中，对英语学习感兴趣、有积极性，喜欢和他人交流想法，敢于表达，不怕出错 2. 自我管理 在教师的指导下，以问题驱动学习，制订简单的英语单元学习计划，预习和复习所学内容	(内容同上)

续表

单元主题：Food Around the World		
探究线索： 线索1：我们身边的饮食以及真实生活中的英语表达方式（形式） 线索2：饮食及饮食习惯反映不同国家文化（关系）	**引导性问题（老师的问题）：** 基于线索1生成的问题 1. What do we usually eat at BI Canteen? 2. Would you like some…? 3. What would you like? 4. 在不同的文化语境下菜名的表达形式有差异吗？为什么？ 5. 我们运用了哪些阅读策略来快速、准确地完成阅读(或完成信息的收集)？ 6.（我）运用了哪些视觉呈现方式帮助表达观点？为什么？ **基于线索2生成的问题** 7. What is 5W1H?（Line 1, Line 2） 8. Why do Chinese and Western people eat different food? 9. Do we cook in the same way? 10. Do we eat in the same way at the table? 11. How can we explore the food we like? 12. 中西方饮食习惯、烹饪方式和餐桌文化有哪些差异？为什么？	**学生的问题（学习过程中收集整理）：** 学生用中文提出问题，教师用探究线索帮助梳理；师生问题成为课堂学习目标 **基于线索1生成的问题** 1. What are the English names of the dishes we eat every day? 2. What traditional Chinese cuisines do we have in China? 3. How can we order food at a restaurant? **基于线索2生成的问题** 4. Why do we eat with chopsticks? 5. What tasty food do American and British people eat? 6. What do Western people eat at Mid-autumn Festival? 7. How can we eat the food that we add to our school menu? 8. How do we find out more about Western food? 9. Can we cook the food we created by ourselves? 10. Why do Western people like fast food? 11. What is the first step if we want to find these answers?

续表

单元主题：Food Around the World	
评估标准： **标准A：听/读** 1. 识别/提取语篇中直接的和间接的信息 2—4 通过语篇了解世界主要国家的生活习俗、饮食习惯、文化传统等，初步比较文化异同（文化意识） **标准B：说** 3. 语音和语调清晰 1—6 在跟读简短的音视频材料时，能模仿说话者的语音、语调 4. 较清楚和有效地传达基本的信息 2—9 能用简单的句子描述中外文化有关的具体现象和事物，语句基本通顺 2—15 对英语学习有兴趣，主动参与课堂活动，与同伴一起围绕相关主题进行讨论，合作完成学习任务 **标准C：写** 4. 传达各种类型的信息，具备基本的受众、目的和语境意识 2—13 能用简单的语句描述图片内容，意义连贯，句子形式基本准确 **标准D：探究能力** 1. 思考能力 创造性：通过借助不同的经验和资源，我可以产生新想法，开启新探究 批判性：我可以进行归纳，得出结论 2. 研究能力 信息素养：我知道我想/需要发现什么，我可以提出问题来推动这一探究；我可以选择适当的工具/资源来帮助我进行探究 1—5 对英语有好奇心，在阅读配图故事、对话等简单语篇材料时，能积极思考，尝试不懂之处提出疑问	**总结性评估：** One More Dish（我为春藤加个菜） **形成性评估：** 子任务1：探究学习生活中菜名的英文表达方式 子任务2：自主创建餐厅情境，运用单元目标语言模拟点餐 子任务3：探究中西方饮食差异及其产生的原因 子任务4：自主探究——我的美食之旅 **元认知（反思性）评估：** 5W1H等可视化思维工具的使用 **总结性评估与大观念的关系：** 本单元我们确立了"不同文化语境下语言表达的形式差异可以帮助人们探索不同国家文化之间的联系"这一大观念，为了让学生能更好地理解这一大观念，我们设置了"One More Dish（我为春藤加个菜）"这一总结性评估任务。我们与学校食堂携手，为学生的学习创设了一个真实的情境。此项任务有趣、好玩，激发了学生学习的内驱力，激发学生的口语表达欲望。该任务贯穿整个单元。在真实任务的驱动下，学生在真实情境中经历学习理解、应用实践和迁移创新这一探究学习的全过程。对此项任务的完成程度和完成质量是检测学生对大观念是否真正理解的有力证据

续表

单元主题：Food Around the World			
阶段二：学习体验			
	学习目标		
	发现单元探究主题与个人生活的联系，激发探究兴趣		
	学习活动		评估证据
进入探究	**引出话题**：借助世界各国美食图片、美食相关视频，激发学生对本单元主题的学习兴趣		
	感知话题：在世界地图上将不同国家与其美食进行配对，让学生通过自主发现、资料查找等方式了解世界各国主要美食；投票选出最想探究的8个国家的美食，为后续的个性化探究学习做铺垫		8个国家的美食
	发布任务：以视频的方式发布单元大任务——One More Dish（我为春藤加个菜）		
	任务前测：借助思维工具问题星和5W1H，讨论、提出疑惑并收集和整理问题，形成单元问题墙		单元问题墙
探究发现	学习目标		
	概念性理解： U1：不同的文化语境决定了菜名表达形式的差异 U2：运用一系列的策略可以帮助我们阅读和理解 **探究能力**： 批判性和创造性思考能力 交流、协作和资讯科技能力		
	学习活动		评估证据
	引导性问题： 1. 在不同的文化语境下菜名的表达形式有差异吗？为什么？ 2. 我们运用了哪些阅读策略来快速、准确地完成阅读（或完成信息的收集）？ **学生的问题**：What are the English names of the dishes we eat every day? **线索1（形式）**：我们身边的饮食以及真实生活中的英语表达方式 **子任务1**：探究学习生活中菜名的英文表达方式		（无）

续表

单元主题：Food Around the World		
	学习活动	评估证据
探究发现	**学习活动1**：探究春藤食堂菜谱，学习目标语言 基于教材内容，以学校餐厅菜单为探究切口，选择某一天的菜单为样本，引导学生通过阅读文本分析春藤校园一周菜单（教师自编文本），发现并总结菜名的基本表达方式（原材料+烹饪方式），并结合其他学习材料，在小组学习中开展自主探究，从而了解更多英文菜名的表达方式 **学习活动2**：调查最受欢迎的菜肴，在情境中练习目标语言 一方面，学生根据教师提供的原材料和烹饪方式，创设一道自己喜欢的菜，说明这道菜所需的原材料和烹饪方式，使用调查的方式，在情境中练习目标语言；另一方面，运用思维工具"滚雪球"让学生在全班范围内开展调查，评选出最受欢迎的10道菜 【教学策略】问题星、做调查、自主设计、"滚雪球" **学生的问题**：How can we order food at a restaurant? **线索1（形式）**：我们身边的饮食以及真实生活中的英语表达方式 **子任务2**：自主创建餐厅情境，运用单元目标语言模拟点餐 **学习活动**： 首先，教师以融合餐厅"乡村基"为例创设真实情境，带领学生学习餐具以及真实点餐过程的相关语言表达；其次，学生以小组形式，合作创立自己的餐厅，确定风格并设计菜单（包括特色菜、定价等），分配角色（如老板、服务员和各类客人），然后进行角色扮演；再次，各组之间体验点餐过程，在情境中灵活运用语言；最后，教师用引导性问题引导学生反思所学，学生回应问题，形成对U1和U2的理解 【教学策略】问题星、分类、自主设计、角色扮演	根据春藤一周菜单总结菜名表达方式 创造一道菜调查最受全班同学欢迎的10道自创菜 合作创立主题餐厅，并在餐厅模拟点餐

续表

	单元主题：Food Around the World	
	学习目标	
	概念性理解： U2：运用一系列的策略可以帮助我们阅读和理解 U4：饮食及饮食习惯反映不同国家文化 **探究能力：** 批判性和创造性思考能力 交流、协作和资讯科技能力	
	学习活动	**评估证据**
梳理建模	**引导性问题：** 中西方饮食习惯、烹饪方式和餐桌文化有哪些差异？为什么？ **学生的问题：** 1. Why do we eat with chopsticks?（线索2） 2. What tasty food do American and British people eat?（线索2） 3. What do Western people eat at Mid-autumn Festival?（线索2） 4. Can we cook the food we created by ourselves?（线索2） 5. Why do Western people like fast food?（线索2） **老师的问题：**（根据学生的问题整理出以下几个引导性问题，帮助学生梳理归纳） 1. Why do Chinese and Western people eat different food?（线索2） 2. Do we cook in the same way?（线索2） 3. Do we eat in the same way at the table?（线索2） **线索2：**饮食及饮食习惯反映不同国家文化（关系） **子任务3：**探究中西方饮食文化差异及其产生的原因 **学习活动1：**在比较阅读中了解中西方饮食文化差异及其产生的原因 为什么中西方人们的饮食习惯是有差异的呢？学生分组阅读教师提供的不同文本（涉及中西方的节日文化、农作物和生活方式等），用思维导图把自己探究的内容呈现出来并在小组间分享 **【教学策略】**比较阅读、分组阅读、详读、可视化工具的使用	中西方饮食差异探究任务单（工作单）

续表

	单元主题：Food Around the World	
	学习活动	评估证据
梳理建模	**学习活动 2**：在烹饪中感受中西方饮食文化差异 中西方人们的烹饪方式是相同的吗？在教师引导下，学生自主选择观看视频或阅读文字材料，发现"使用相同的原材料可以制作出不同的菜肴"。随后教师为学生提供食材，学生自主选择原材料、调料和烹饪方式制作菜肴，并将这一过程记录下来，以视频博客（Vlog）的形式呈现 【教学策略】真实情境教学、提取信息 **学习活动 3**：在进一步阅读中理解中西方饮食文化差异 中西方人们的餐桌文化是否有差异呢？教师引导学生利用 5W1H 思维工具，分组阅读不同材料，从各个角度探究，最后通过彩虹环游活动来分享所得，从而进一步理解中西方饮食文化差异，学生通过引导性问题梳理三个活动的发现，形成对 U4 的理解 【教学策略】比较阅读、分组阅读、详读、可视化工具的使用	总结沙拉、番茄炒蛋食谱 阅读，发现差异，借助工具整理信息（工作单）
	学习目标	
	概念性理解： U3：选择合适的视觉呈现形式可以帮助我们表达观点 **探究能力**： 批判性和创造性思考能力 交流、协作和资讯科技能力	
	学习活动	评估证据
深入探究	**引导性问题**： （我）运用了哪些视觉呈现方式帮助表达观点？为什么？ **学生的问题**： 1. How can we eat the food that we add to our school menu?（线索 2） 2. How do we find out more about Western food?（线索 2） 3. What is the first step if we want to find these answers?（线索 2） **老师的问题**： How can we to explore the food we like?（线索 2） **线索 2（关系）**：饮食及饮食习惯反映不同国家文化	（无）

续表

	单元主题：Food Around the World	
	学习活动	评估证据
深入探究	**子任务4**：自主探究——我的美食之旅 **学习活动**：我的美食之旅 根据前期学习中投票选出的最受欢迎的8个国家，将学生分成8个小组，让有相同选择的学生在一起探究美食；学生借助思维工具5W1H对所选国家的美食进行深入探究；过程中对食物本身及其文化背景进行提问；运用文本阅读、视频观看、网络查阅和小组讨论等探究方法，获取并整理相关信息，比较异同，解决问题；教师运用引导性问题引导学生反思所学，学生回应问题，完成归纳，达成对U3的理解 **教学策略**：问题星、5W1H、重新分组	5W1H探究单
	学习活动	评估证据
建构理解 知行合一	**总结性评估任务**：One More Dish（我为春藤加个菜） **学习活动**：总结整理小组的探究成果，制作《我推荐的美食》海报展示对大观念的理解（选择合适的视觉呈现形式展示自己的成果） 主要行动步骤： 一是以小组为单位向食堂叔叔阿姨、学校教师介绍其美食方案，并将海报贴于食堂供全校所有师生了解和投票； 二是英语教师在过程中进行语言检测； 三是行动后学生反思本单元学习情况	制作并分享《我推荐的美食》海报
	阶段三：教学反思	

教前反思

1. 基于教学目标的反思

当前大部分英语教师比较关注单课时"三维"目标（知识与技能、过程与方法、情感态度与价值观），而忽略单元总目标。在大观念教学中，我们更强调从大单元的角度设定单元目标，从而落实学科核心素养。在梳理单元目标的过程中，我们首先分析与本单元主题相关的教材内容，结合学生的真实学情，对标《义务教育英语课程标准（2022年版）》，凝练和总结出本单元大观念。要深度理解单元大观念，仅靠让学生记住一些事实性知识和机械性技能是永远无法

续表

单元主题：Food Around the World

做到的，因此在大观念教学中我们建构"新三维"目标，即学生将知道的知识（K）、学生将理解的概念（U）、学生将具备的能力（D）。那么，如何评估学生是否达成KUD"新三维"目标，从而深入理解了单元大观念呢？我们借助单元表现性评估，让学生在真实情境中解决问题，在解决问题的过程中，关注学生能力的展示，重视过程中对学习证据的收集，并借助评估标准和量规来评估学生对大观念的理解程度，这是在落实新课程方案里强调的"教—学—评"一体化，同时也是大观念教学的核心。在本单元的教学中，为了让学生理解"不同文化语境下语言表达的形式差异可以帮助人们探索不同国家文化之间的联系"这一大观念，我们设立了KUD"新三维"目标，在"One More Dish（我为春藤加个菜）"大任务中开展单元表现性评估，让学生在真实情境中习得语言，在文化探究中使用语言解决问题，从而形成正确的态度和价值观，逐渐形成英语课程核心素养。

2. 基于学情的反思

四年级的学生已经有一定的生活经历和理解能力，能通过多种途径了解我国以及英语国家的一些与文化相关的知识。同时他们也具有了一定的英语学习能力，掌握了部分学习策略。学生能借助图片熟练运用自然拼读规律，进行简单的短文阅读。但是，本学段的学生注意力不够稳定，难以长时间地专注于同一件事情，容易为一些新奇刺激的事情分散注意力。因此，在整个单元的设计中，我们以逆向思维的方式，用真实的情境任务来开启学习，激发学生的兴趣和任务意识。在单元学习中，我们避开了过多的机械操练，设计了一系列不同形式的自主学习和小组学习活动，借助各种丰富的线上线下资源，鼓励学生进行自主探究。

中期反思

针对学生的兴趣与疑问，我们如何回应以支持学生的自主探究（差异化教学）？

一方面，饮食这一话题本身就极具魅力，当教师给出本单元总结性评估任务"One More Dish（我为春藤加个菜）"时，学生对本单元的学习充满了期待。在前测问题墙上，教师关注到学生围绕自己的生活提出了很多真实的问题（受语言书写能力的限制，学生可以选择中文来书写问题），如"我们每天吃的菜用英文怎么说？"。紧扣课本知识的学习并不能满足学生学习的需求。教师如何将课本上简单的语言知识与学生的真实生活连接起来，支持学生的学习？基于学生提出的问题，教师开始着手自编学习材料。在菜谱的学习中，并非让学生机械记忆语篇中的英文菜名，而是通过阅读、比较、总结的方式让学生进行自主探究，发现英文菜谱的命名规律。然后鼓励学生根据个人喜好，选择原材料自创特色菜，自建特色餐厅，在餐厅这一真实情境中使用语言解决真实问题。在整个过程中，教师扮演的是资源的整理者和提供者、探究的引导者和支持者，从学生的兴趣和疑问出发，全方位支持学生开展自主探究。

续表

单元主题：Food Around the World

另一方面，在"梳理建模"部分，教师引导学生阅读材料，发现中西方饮食差异的原因。虽然分析文化差异比较复杂，但学生也特别感兴趣。课前教师找了很多资料，根据学情自编出三份适合他们的英文阅读材料，分别从中西方的节日文化、农作物和生活方式三个方面去探究中西方饮食差异，学生根据自己的兴趣开展探究。当然，产生差异的原因不止这三个，我们只是给学生指出了进一步探究的方向。有部分学生探究到了其他造成中西方饮食差异的原因，比如气候原因、政治原因和地理原因。我们惊喜地发现，当学生的探究内驱力被点燃时，学习就真实发生了。

教后反思

1. 我们的教学策略多大程度上帮助了学生的理解？

第一，基于单元真实情境任务，落实英语学习活动观。英语学习活动观强调，语言学习活动的主体是学生，语言学习的过程是学习者发现、获取、概括和探究意义的过程，也是学生主动参与、获取和学习新知的过程。本单元的学习从真实情境任务开启，以学生熟悉的春藤食堂为背景，开展"One More Dish（我为春藤加个菜）"活动。单元开始前，教师和学生一起根据任务提出疑问、梳理问题，师生共同形成单元学习计划。探究过程遵循探究六循环。每一个循环都是围绕学生的真实问题展开的，探究过程中学生真正拥有了发言权、选择权和主导权，极大激发了学生学习的内驱力。知识在真实世界中有意义的使用，会激发学生的真实学习，从而践行英语学习活动观，推动语言、文化、思维协同发展，落实素养本位的学习。

第二，可视化思维工具促进学生开展深度学习。教师用到了很多可视化的思维工具，帮助学生从理解走向深入探究。单元开始时的问题星工具，让学生以提出问题作为学习的起点，并借助5W1H思维工具来整理问题，以形成具有可行性的问题解决思路。5W1H这一可视化思维工具贯穿整个单元学习，从单元开始的提问，到过程中对饮食相关语言、背景文化的探究，再到学生自主探究完成单元真实情境任务，都用到了这一工具。因此，5W1H思维工具承载了整个单元的探究学习，真正让工具服务于学生的学习。除此之外，本单元还用到了各种阅读教学可视化工具，如彩虹环游、思维导图等，帮助学生深入理解。

第三，用合作学习的方式发展学生的交往协作能力。在单元学习中，我们采取小组合作学习、同伴互助学习的方式，通过随机分组、根据学生的兴趣爱好分组等多种分组方式，让学生在与多人交流中习得语言、运用语言解决问题，发展交往协作能力。

2. 哪些主要证据证明学生发展了对KUD的理解？

一是课堂上对学生的观察。整个探究过程的投入程度，过程中的反思表，子任务的形成性评估，都非常好地证明了学生对KUD的理解程度。

二是在本单元的学习中，从"深入探究"开始，学生选择自己感兴趣的国家的美食，借助可视化思维工具5W1H提出问题、自主查找和整理资源，提炼出自己需要的信息。过程中，学生不断遇到新问题，解决新问题，和同伴互助学习，发展了交往协作能力。学生的单元探究成果展示证明了他们对KUD的理解。

第六章
科学：真实情境催生社会责任意识
——从长江禁渔令说起

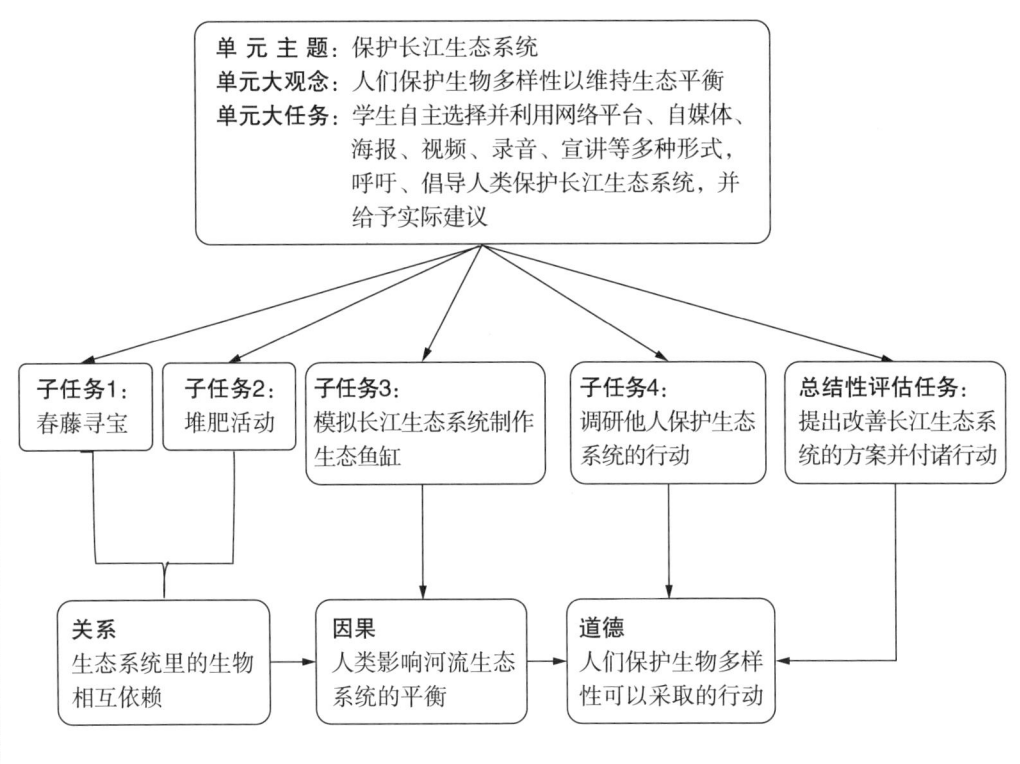

单元探究图谱

单元主题	保护长江生态系统
单元内容	三年级"保护自然"单元
单元大观念	人们保护生物多样性以维持生态平衡
单元大任务	学生自主选择并利用网络平台、自媒体、海报、视频、录音、宣讲等多种形式，呼吁、倡导人类保护长江生态系统，并给予实际建议
设 计 者	潘诗雨　唐　静　杨明忠　陈　洁

一、单元概览

（一）单元设计说明

为什么学习这个单元？它对学生有怎样的重要意义？

长江是我们的母亲河，保护长江生态系统是巴蜀人世世代代的责任。

三年级的学生对长江生态有一些浅表的了解，通过对本单元"生物多样性""生态系统"和"生态平衡"等概念的学习，可以更全面地认识长江面临的严重生态问题，从而真正理解保护长江生态系统的一系列措施的重要性。

真正的理解不是简单地喊口号，而是建立在调研、实验的基础上，用科学知识来解释现象。长江问题与我们息息相关，这个真实任务很容易激发学生的探究热情，引导学生在理解"生物多样性、生态系统、生态平衡"等概念的同时，培养学生热爱自然、热爱母亲河的情感。

本单元教学内容在科学学科要培养的核心素养中如何定位？所属的学科大观念是什么？

本单元的大观念是"人们保护生物多样性以维持生态平衡"。本单元通过探究实践发展学生的科学观念，使其建立科学思维，培养其社会责任感。本单元教学内容对标的是课程标准当中"人类的生活和生产活动可能会对环境造成破坏，愿意保护身边的动植物和环境"这一核心素养。学习内容从属于"生物与环境的相互关系"这一科学核心概念。学生将通过"关系、因果、道德"等超学科概念多维度理解"生物多样性、生态系统、生态平衡"等学科概念。

大观念延伸出的大任务和核心教学策略是什么？

在本单元的探究学习中，我们把问题的提出建立在广泛调研的基础上，让学生直击自己身边长江生态系统的真实状况。学生在对真实情境中的真实问题进行探究后，基于经验事实从科学的视角提出可能改善长江生态系统的方案，并尝试将自己有价值的观点和解决问题的方法进行社会层面的传播。为此，我们结合学生的实际生活设置了本单元的大任务：学生自主选择并利用网络平台、自媒体、海报、视频、录音、宣讲等多种形式，呼吁、倡导人类保护长江生态系统，并给予实际建议。在完成大任务时，学生把实际建议和问题解决方案建立在实验的基础上，对长江面临的问题进行科学描述、分析和解释，最后得出结论。这个探究过程很好地体现了科学思维、探究实践和态度责任这三大核心素养。

在探究单元大任务的过程中，学生将在真实情境的驱动下，以小组合作的方式展开不同层次的科学调查，通过模拟实验、动手操作等一系列学习策略进行深入探究，并借助思维导图等可视化工具引导探究过程、呈现探究结果。同时，学生阅读和观看了丰富的学习资料，并与同伴、教师分享、交流，以此理解生物和自然环境之间的相互影响和相互作用。

结合学科探究计划，本单元与前后单元的勾连关系如何？

在生命科学的大板块中，我们遵循从简单到复杂、从现象到本质的探究规律。学生在一年级和二年级分别探究了"生物的活动与地球的自然循环息息相关""生物为了生存而适应周围的环境"两个科学主题。在这两个主题单元的学习中，学生探究和了解了生物的基本生存条件，理解了生物适应性等从生物本身出发的一些相对基础的概念，初步了解了生物和人类自己的生存环境。这些探究为理解本单元中的生物多样性、生物与环境的相互关系奠定了基础。

在接下来的学习中，我们还将探究"生物通过繁衍延续物种"主题，讨论在生命周期里繁衍的意义以及基因和遗传在其中的作用，进一步深化学生对生物个体以及物种的认识，并进一步完善学生对生命、生命繁衍以及繁衍对生态系统的意义等概念的理解。这几个与生物相关的单元有着不同的切入点，内容根据学生心智的发展不断深化，呈现出螺旋式上升的特点，有助于学生形成系统化的理解。

（二）学习过程扫描

探究最大的驱动力来自探究对象与学生个体之间有联系。长江是我们的母亲河，她和每一个学生都有割不断的关系。如何让学生切身感受到这种关系？我们从近期长江禁渔令的颁布入手，利用电台热线，让学生直击真实问题。接着我们展开家庭调研——我们与长江的故事，了解长江与我们祖祖辈辈的密切关系，了解长江的变化，了解长江面临的严重生态问题，激发学生的探究欲和保护欲。科学精神需要在科学实践中培育。

子任务1：春藤寻宝

在探究食物链的过程中，学生在春藤菜园进行"春藤寻宝"，发现身边的生物，结合生物的生存环境分析它们吃什么以及它们被什么吃，在发现和分析的过程中形成对食物链的初步理解。之后通过"Eat or Be Eaten（吃或被吃）"食物链卡片游戏，让学生了解更多生物的食物和特点，并运用他们对食物链的理解构建"最长食物链"。

子任务2：堆肥活动

在了解生态系统中生产者、消费者、分解者之间的关系时，学生首先通过视频材料认识分解者的功能，然后动手收集校园里掉落的树叶、家庭或班级产生的食物残渣进行堆肥，供春藤菜园春天种菜使用。在此过程中，学生对堆肥的材料进行长时间的观察，了解分解者的功能。通过资料了解生产者和消费者之后，学生和老师一起讨论三者之间的关系，绘制出三者在生态系统中相互作用并保持生态平衡的模型。根据三者的相互作用，学生分小组模拟放进生态鱼缸的生物，并讨论这些生物如何相互作用以保持鱼缸里的生态平衡。

子任务3：模拟长江生态系统制作生态鱼缸

学生以小组为单位自带材料制作生态鱼缸，并记录科学观察日志或每日随感。

在制作生态鱼缸的过程中,学生产生了很多问题:小鱼会被虾吃掉吗?里面的水会变浑浊还是清澈呢?水草会长得很茂盛吗?带着这些问题,老师和学生一起预估了生态鱼缸在未来可能会出现的情况并讨论了如何处理这些情况让生态鱼缸保持生态平衡,并根据引导性问题帮助学生梳理所学,形成对生态系统的概念性理解。

子任务4:调研他人保护生态系统的行动

学生迁移运用生态鱼缸的原理,讨论长江面临的生态问题。我们聚焦在人与长江生态系统的关系上,分析了人类行为和长江目前出现的问题之间的因果关系,根据得出的结论提出恢复长江流域生物多样性的措施。之后利用专家讲座视频,了解专家对长江生态系统出现问题的分析,验证并丰富自己的结论。

总结性评估任务:提出改善长江生态系统的方案并付诸行动

联系到自己,对于长江生态系统的保护,自己做得怎么样呢?可以做些什么呢?此时学生从自己出发反思可以采取的行动。这些行动有可能是已经在实施的,那效果怎么样呢?学生再次展开调研以了解他人都做了些什么,自己从中可以吸取哪些经验,最后学生自主选择并利用多种形式,呼吁、倡导人类保护长江生态系统,并付诸自己的行动。

探究发现

通过阅读上面的单元概览,与传统教案相比,你发现这份教案有哪些不同点?请列出你的发现。

比较点	传统教案	本教案

二、大观念的生成

（一）超学科主题指向学习的意义

素养本位的学习，决定了学习的目的不再止步于知识，而是强调知识的本质意义：实践与创新，学习者的情怀和社会责任感，以及面向未来的能力。

如果单从知识学习的维度看，这个单元仅仅要求学生对生态平衡和生物多样性等知识进行学习，但是追求大观念的教学需要我们进一步追问：我们为什么要学习这些知识？

博伊尔的六大超学科主题中的"保护自然"主题，可以帮助我们明确定位学习目的。

保护自然

这是"为了自然"的自然探究。关照自然探究的伦理原则，既要对自然研究的目的、手段以及过程给予伦理观照，也要致力于<u>化解人与自然的冲突</u>，<u>明确人类与自然的权利与责任</u>，<u>保护、善待自然并笃行践履</u>，<u>提高保护自然的实践能力</u>。

上文是六大超学科主题之一"保护自然"的全部探究内容，画线部分是本单元聚焦的细则：化解人与自然的冲突，明确人类与自然的权利和责任，最终生成保护自然的意识，并落实到行为上。学生将理解人类与自然的权利和责任，生成保护自然的意识，这个学习目标的定位把纯粹的对知识的学习提升到了一个有意义的层面，回答了"我为什么要学习"这个大问题。

同时，"保护自然"这个超学科主题还可以从不同的学科角度展开研习，学生将探讨文学、艺术与自然的关系，如何倡导自然保护，人类如何在科学急速发展的情况下克制欲望，与生物共享地球；学生将发现自然中的数学，自然的旋律美与形态美……。

（二）概念视角统整知识与技能

超学科主题仍然是一个宽泛的研究范畴，我们需要用概念进一步聚焦。

首先，我们梳理了《义务教育科学课程标准（2022年版）》对本阶段的学习

要求。(见表6-1)

表6-1 对标文件分析

2022年版义务教育科学课程标准	
学习内容	内容要求
5.6 生态系统由生物与非生物环境共同组成	• 举例说出水、阳光、空气、温度的变化对生物生存的影响 • 举例说出常见的栖息地为生物提供阳光、空气、水、适宜的温度和食物等基本条件 • 说出常见动物和植物之间吃与被吃的链状关系
6.2 人和动物通过获取其他生物的养分来维持生存	• 知道动物以其他生物为食,动物维持生命需要消耗这些食物而获得能量
7.2 生物与环境相互作用、相互协调,实现生态平衡	• 说明生态系统中物质和能量是沿着食物链与食物网流动的;说出生态平衡的现象和意义 • 举例说明生物多样性及其意义;说出我国生物资源保护与生态环境保护的意义和措施,养成保护生物多样性的自觉性;举例说明生态安全的重要性
11.3 人类活动对环境的影响	• 关注野生动物和濒危植物的保护;拒绝濒危动植物及其产品贸易,认识到保护生物多样性的重要性

其次,整理出本单元需要学习的知识,并提炼出学科概念。(见表6-2)

表6-2 学科概念提炼

学生将知道的知识(K)	学科概念
• 生态系统 • 栖息地 • 食物链及其中各生物之间的关系 • 人类生产、建筑等活动对动植物生存产生的影响 • 保护生物多样性的原因 • 影响生态平衡的因素	生物多样性、生态系统、生态平衡

从教学内容上,我们梳理出"生物多样性、生态系统、生态平衡"等学科概念来统整学科知识。但这三个学科概念仍然是零散的,我们选择八大超学科概念中的

"关系、因果、道德"来进一步统整并架构可以跨学科迁移的理解。

超学科概念衍生出用来界定探究范围的三条探究线索,它们分别是:

①生态系统里的生物相互依赖(关系)
②人类影响河流生态系统的平衡(因果)
③人们保护生物多样性可以采取的行动(道德)

探究线索有助于我们生成概念性理解:

①长江与我们的生活息息相关。(关系—线索1)
②生态系统里的生物相互依赖。(关系—线索1)
③人类影响河流生态系统的平衡。(因果—线索2)
④人类活动会对环境产生正面和负面的影响,我们可以采取行动保护环境。(道德—线索3)

这三大超学科概念可以引发学生跨越学科的高阶思考:万事万物都存在复杂的关系,人类需要对自己的行为产生的因果关系具有深刻认识,从而产生社会责任感。这样整合超学科主题、超学科概念与学科概念,整个单元的大观念就产生了——人们保护生物多样性以维持生态平衡。(见图6-1)

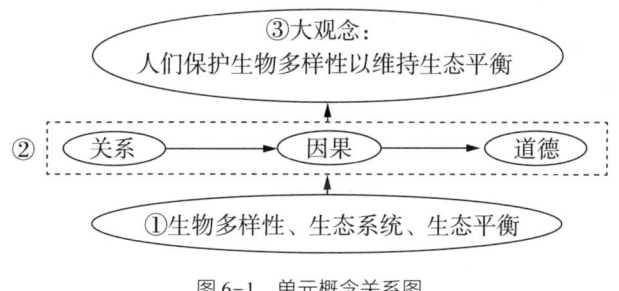

图6-1 单元概念关系图

在传统教学中,我们往往止步于对图6-1中①的学习,学生知道了生物多样性、生态系统、生态平衡等知识,但是缺少应用情境使这些知识产生联系,知识呈散点的状态。超学科主题提供了真实的探究情境，而超学科概念统整学科概念生成探究线索并以此追问现象背后的原因，使知识结构化（见图6-1中的②），同时通过概念把对人的责任、品格的培养和知识技能整合起来，指向对大观念的理解，这就是大观念教学的魅力。

（三）概念思维即学科思维

概念思维即学科思维，或专家思维。培养学生的学科思维习惯，使其把专业的探究方法和程序运用于新的情境。

在对课程标准、教材的梳理过程中，我们列出了本单元要求学生做的事，这些"事"显得杂而无序。当我们借助"三大探究能力"这一工具，从培养学生的批判性和创造性思考能力以及交流、协作和资讯科技能力的角度来梳理这些"事"时，教学就具有了思维培养的属性。（见表6-3）

表6-3 学科思维的培养

维度	具体内容
学生将能做（D）	• 观察身边的生物，分析食物链 • 了解分解者的作用，进行堆肥行动 • 观察生态鱼缸的变化，记录科学日志 • 调查了解长江现状 • 提出恢复长江流域生物多样性的措施 • 向受众宣讲呼吁
学科思维	**批判性和创造性思考能力** **批判性思考：** • 基于真实情境思考并提出待研究的问题 • 科学实验，仔细观察，收集数据，解释并评估数据，得出结论 • 观察身边的生物，分析食物链 • 理解分解者的作用，开展堆肥活动 • 分析生态鱼缸能够保持生态平衡的原因，从数据的关系和模型中得出结论 • 预估并验证生态鱼缸的变化

续表

维度	具体内容
学科思维	**交流、协作和资讯科技能力** **信息素养：** • 观察生态鱼缸的变化，注意细节，通过绘图、做笔记、制作图表、撰写说明、注释图像来记录科学日志 • 从多个渠道收集信息，选择可信的信息来源，形成预测并检验 • 梳理生态鱼缸原理，基于图表通过讨论产生新的想法并进行探究；练习"可视思考"的策略和技巧 • 看到各种关系，组织与长江生物多样性相关的信息，提出恢复长江流域生物多样性的措施 • 与专家措施进行对比，检验并修正结论 • 建立科学模型并且运用 • 分析人类行为与长江问题的因果关系 • 提出并评估各种解决方案 • 反思自己可以采取的行动，在行动之前开展调研 **媒体素养：** • 了解各种媒体呈现方式的影响，利用媒体有效地传达信息和想法 • 选择多种形式宣传并倡导保护长江生态系统 **信息交流能力：** • 提供和接受有意义的信息反馈 • 利用数字环境和媒体与同学、专家及学习社区成员进行交流，根据受众选择最有效的沟通方式

　　同概念的梳理一样，学习能力的梳理也不是一蹴而就的，需要在大任务设计的过程中，在教学活动的设计中，根据需要逐步完善。

　　我们侧重对具体的学习行为进行描述，以便收集学生理解的证据。通过对学习行为的描述，我们对学生品格的培养也逐渐清晰起来，示例见表6-4。

表 6-4 在"做"中培养品格

学习内容 （Learn about）	学习能力 （Learn to do）	品格养成 （Learn to be）
1. 生态系统 2. 栖息地 3. 食物链及其中各生物之间的关系 4. 人类生产、建筑等活动对动植物生存产生的影响 5. 保护生物多样性的原因 6. 影响生态平衡的因素	批判性和创造性思考能力 ——批判性思考 交流、协作和资讯科技能力——信息素养、信息交流能力、媒体素养	乐学善思 敢于担当

（四）八大培养目标细化育人目的

本单元的教学不局限于知识、能力和概念的学习，在追求理解的过程中，还培养学习者"乐学善思、敢于担当"的品格。培养目标有很多条，但是我们往往在一个单元只聚焦其中的2—3条。具体育人目标如下。

乐学善思

- 围绕长江禁渔政策，收集与长江禁渔相关的信息，用KWHL（已知—想知—怎么做—新知）思维工具提出"W"（想知）的问题，思考并提出"H"（怎么做）的想法。
- 保持好奇心，去春藤菜园发现身边的生物，在发现的过程中思考它们吃什么以及被什么吃，带着求知欲分析它们之间的食物链关系。
- 制作生态鱼缸时，预估生态鱼缸可能会出现的问题并思考解决方法。
- 通过堆肥活动理解分解者的作用，思考生产者、消费者与分解者在生态系统中的相互作用。

敢于担当

- 关注社会热点"长江禁渔"，充分发挥"我们需要保护长江"的能动性。

- 借助生产者、消费者与分解者三者之间的关系，运用所学让生态鱼缸里的生物一直保持健康。
- 从自身出发思考在保护长江生态系统方面自己做得怎么样，还可以怎么做。

我们用图6-2来呈现大观念生成的路径。

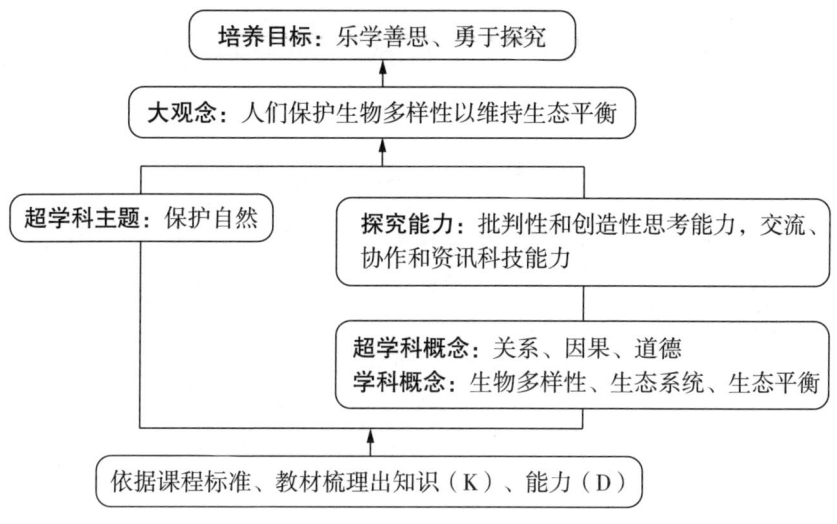

图6-2 大观念生成的路径

需要再次强调的是，在实际的备课活动中，我们的思维不是线性的，而是在事实与概念、任务之间反复斟酌、调整、打磨、完善。

探究发现

从这一部分的描述中，你觉得单元探究教学和传统的单元教学有哪些不同？它是如何落实核心素养导向的教学要求的？请写下你的理解和发现。

与传统单元教学的不同	如何落实核心素养导向的教学要求

三、大任务——大观念的评估

（一）大任务承载大观念

1. 大任务要表现理解

我们借用理解"六侧面"来帮助产生表现性任务，并核查其在多大程度上表现了理解。（见表6-5）

表6-5 理解"六侧面"核查表

评估证据		解释	阐明	应用	洞察	移情	自知
子任务1：春藤寻宝		√			√		
子任务2：堆肥活动		√			√		
子任务3：模拟长江生态系统制作生态鱼缸		√	√	√		√	√
子任务4：调研他人保护生态系统的行动		√	√	√		√	√
其他	长江现状小采访		√			√	
	因果表格梳理			√	√	√	

我们用SOLO来指导教学目标的制订，检查任务和评估是否表达了理解。（见表6-6）

表6-6 SOLO检查表

SOLO 层次		主要表现	本单元学习中的案例
前结构水平		完全没有理解，答非所问	
浅表性了解水平	单点结构	理解概念或主题的某一方面	对食物链有一些了解
	多点结构	理解概念或主题的某几个方面，但是知识没有被结构化，处于离散状态，不能指向概念性理解	了解食物链，能分析身边的食物链关系；了解生产者、消费者、分解者，能分析他们之间的关系，但是不能建立以上概念之间的联系

续表

SOLO 层次		主要表现	本单元学习中的案例
概念性理解水平	关联结构	能够把多方面的知识、概念结构化，找到相互之间的关系	在了解食物链和生产者、消费者、分解者之间关系的基础上，理解生态系统、生态平衡的概念
	拓展抽象结构	形成了概念性理解，能够迁移，用于解决新情况下的问题	迁移生态鱼缸的原理，运用生态平衡的知识理解长江面临的问题，并提出解决措施

2. 大任务的设计原则

要让学生理解"保护自然"这个宏观问题，必须使问题与学生此时此地的生活经验联系起来，如此才能让学生产生最直接的学习驱动力。

这是我们设计大任务的核心思路。本单元的大任务是呼吁身边的人行动起来，保护长江生态系统，保护长江就是保护我们的家园。单元的子任务也时时指向真实世界，如在春藤菜园开展发现食物链活动，为菜园堆肥等。通过具体任务让学生明白知识从哪里来，又将往哪里去，最后通过反思人类行为，自发地建立保护长江的意识。

综上可见，一个好的大任务需要具备三大属性：重要性——保护自然，爱护家园；学科性——围绕科学概念展开探究；相关性——与学生的生活经验链接。

立足人类面临的共同问题来解决当下学生生活的真实问题，在培养学生社会责任感的过程中帮助学生树立家国情怀、形成全球视野，这是大观念教学的核心理念。

（二）大任务的评估

我们的评估分为三类：形成性评估、元认知（反思性）评估和总结性评估。

1. 形成性评估

在小学阶段，形成性评估无时不在发生，教师的任务是收集学习证据，以了解学生的理解程度，掌握学习发展进程。本单元从以下几个方面开展形成性评估。

- 让学生参与制订学习计划以及成功标准，并在学习过程中持续更新。标准更新的过程就是学生理解发展的过程。
- 在学习展开之前进行预评估（前测），用以了解学生的起点，让学生看到自己的进步。教室里准备一张大大的单元学习的TPE反思记录单，学生的疑问都贴在上面，方便其相互查看并随时解答。随着学习的展开，学生不断撤去已解决的问题并提出新的问题，形成"产生问题—解决问题—产生新问题"的探究循环。这些学生的问题会作为学习目标补充在教案里，驱动学习进程，体现学生的能动性。（见图6-3）

大任务：学生自主选择并利用网络平台、自媒体、海报、视频、录音、宣讲等多种形式，呼吁、倡导人类保护长江生态系统，并给予实际建议
基本问题：人类如何保护生物多样性以维持生态平衡？

子任务1：春藤寻宝
激发困惑1：食物链如何帮助我们保持生物多样性？（关系—线索1）

子任务2：堆肥活动
激发困惑2：分解者、消费者和生产者之间是什么关系？
（关系—线索1）

子任务3：模拟长江生态系统制作生态鱼缸
激发困惑3：怎样让生态鱼缸保持生态平衡？（关系—线索1）
哪些情况会影响生态鱼缸的生态平衡？为什么？
（因果—线索2）

子任务4：调研他人保护生态系统的行为
激发困惑4：怎样改善长江的生态系统，维持生态平衡？
（道德—线索3）

图6-3 问题驱动探究

- 探究线索和超学科概念一起，界定了本单元的探究范围，注意收集学生的问题，对教学计划进行动态调整。（见图6-4）

超学科概念—探究线索	催生老师的问题（引导题）	激发学生的问题
线索1：生态系统里的生物相互依赖（关系） 线索2：人类影响河流生态系统的平衡（因果） 线索3：人们保护生物多样性可以采取的行动（道德）	长江中已经灭绝的动物，灭绝的原因是什么？（线索1、2） 生态系统是什么？生态系统里有哪些角色？（线索1） 食物链如何帮助我们保持生物多样性？（线索1） 人们如何影响长江的生态系统？（线索2） 我们可以采取哪些行动来维持生态平衡？（线索3）	生态鱼缸里的生物怎么才可以健康地生活？（线索1） 生态鱼缸和长江生态系统有什么关系？（线索1） 为什么人类会影响长江的生态系统？（线索2） 我们应该怎么解决长江生态系统出现的问题？（线索3）

图 6-4 探究问题产生的路径

小贴士1：学生探究问题的方法

◇ 用在线学习平台呈现和记录学生的发现，学生之间可以互相观看和评论，这些发现和互动成为学生课前或课后拓展学习的资源。

◇ 以科学家的思维进行小实验，比如制作生态鱼缸，在此过程中要求学生了解与生态平衡相关的知识。

◇ 制作生态鱼缸后定期观察并书写科学观察日记，记录生态鱼缸里发生的变化，并根据变化对鱼缸里的生态系统进行适当的调整。

◇ 用因果工作纸梳理人类影响生态平衡的原因。

◇ 学生分小组在教学互动软件里同时输入自己小组的观点和结论，教师和其他小组可以实时查看并发表评论。

● 带领学生走出教室，通过"春藤寻宝"活动让学生真实地探究生活中的食物链，生动真切地接触食物链，了解食物链的运作。

● 在探究过程中用拍照、摄像、记笔记等方式记录学生的发言、探究等表现，据此评估学生目前对知识及概念的理解情况。

● 通过堆肥活动，引导学生理解分解者的功能及其在生态系统中的作用。

● 通过制作生态鱼缸并记录观察日志，帮助学生理解食物链以及保护生物多样性对维持生态平衡的重要性，使其逐步将所学知识和能力迁移应用到长江生态系统的保护中来。

● 通过"甜甜圈""专家小组"以及笔谈等活动鼓励学生参与讨论，激活他们的经验，引导他们分享理解并提出新的问题。

小贴士 2：可视化思维工具

◇ TPE（思考—困惑—探究）

◇ I used to think…，but now I think…（过去我认为……，现在我认为……）

◇ Chalk Talk（笔谈）

◇ 访谈问题清单

◇ Parking Lot（停车场）

◇ Give One，Get One（分享与得到）

◇ Throwing a Snowball（扔雪球）

◇ Brainstorming（头脑风暴）

---

2. 元认知（反思性）评估

元认知（反思性）评估工具"I used to think…，but now I think…"（过去我认为……，现在我认为……）在单元学习过程中一用到底，通过前后理解的对比，学生看到了自己每一个阶段的进步。单元学习结束后，我们做了单元反思表，对学习内容、学习过程和学习方法进行了反思。

3. 总结性评估

总结性评估的设计基于学生在学习期间逐渐积累的知识、能力、概念性理解以及态度的改变，目的是在单元学习结束时通过大任务的形式了解学生对单元学习目标的达成情况。本单元的总结性评估是学生根据所学知识，自主选择并利用网络平台、自媒体、海报、视频、录音、宣讲等多种形式，呼吁、倡导人类保护长江生态系统，并给予实际建议。

结合《义务教育科学课程标准（2022 年版）》以及创生课程"三大探究能力"生成科学评估标准（见表 6-7），并结合本单元总结性评估任务生成评估量规（见表 6-8）。

第六章 科学：真实情境催生社会责任意识
——从长江禁渔令说起

表 6-7 科学评估标准

标准 A：知识与概念	标准 B：探究与实践	标准 C：科学思维	标准 D：科学态度
1. 用术语解释科学知识/概念/理论/原理 2. 应用科学知识分析和解释生活中的一些与科学相关的现象及问题 3. 分析信息以做出有科学依据的判断	1. 陈述一个科学问题或针对实际需要明确问题 2. 提出猜想、假设和解决办法 3. 陈述收集数据、转化数据的方法 4. 制订探究计划或方案	1. 展示数据，基于证据与逻辑，运用分析与综合、比较与分类、归纳与演绎等科学思维方法，分析解读数据 2. 基于研究结果讨论假设的有效性 3. 基于研究结果讨论探究方法的有效性	1. 有好奇心，乐于探究 2. 大胆质疑，勇于创新 3. 尊重他人，善于协作，乐于分享 4. 善于反思方法、过程与结果 5. 珍爱生命，有可持续发展意识 6. 遵守科学伦理 7. 注明参考过的信息来源

表 6-8 本单元评估量规

评估标准	水平细则	任务细则	成绩水平
标准 A：知识与概念	1. 对生态系统有比较局限的认识，基本能用术语解释不同生物在生态系统中的角色 2. 能够基本理解生物多样性的含义并在老师引导下分析生态系统的现状 3. 能够基本理解人类在生态系统中的作用和影响，对人类的一些行为及后果有一定程度的判断	1. 对长江生态系统有比较局限的认识，在老师的帮助下能用有限的术语阐述不同生物在生态系统中的角色以及它们之间的相互依赖关系 2. 在老师的帮助下能够理解维持生物多样性的重要性 3. 能够基本理解人类和其他生物在长江生态系统中所起的作用以及人类可能造成的一些影响	发展中
	1. 能够认识生态系统，理解不同生物在生态系统中的角色以及相互关系 2. 能够理解生物多样性的重要性并提出建议 3. 能够理解人类在生态系统中的作用和影响并针对人类对生态系统的破坏提出解决方案	1. 能够认识长江生态系统，理解不同生物在生态系统中的角色以及它们之间的相互依赖关系 2. 能够理解维持生物多样性的重要性 3. 理解人类和其他生物在长江生态系统中所起的作用以及人类可能造成的一些影响	熟练

续表

评估标准	水平细则	任务细则	成绩水平
标准A：知识与概念	1. 能够全面认识生态系统，理解不同生物在生态系统中的角色以及相互关系 2. 能够充分理解生物多样性的重要性并提出科学、合理的建议 3. 能够深刻理解人类在生态系统中的作用和影响并针对人类对生态系统的破坏提出合理的解决方案	1. 对长江生态系统有非常全面的认识，理解不同生物在生态系统中的角色以及它们之间的相互依赖关系 2. 能够充分理解维持生物多样性的重要性并提出科学、合理的建议 3. 深刻理解人类和其他生物在长江生态系统中所起的作用以及人类可能造成的一些影响并能根据现有的结果提出合理的解决方案	优异
标准B：探究与实践	1. 能在老师引导下明确科学问题 2. 能够根据科学现象提出猜想、假设和解决办法，但合理性还欠缺 3. 能基本陈述自己收集、转化数据的方法，但不够全面 4. 能够根据问题制订计划并开展探究，但计划不够明确	1. 能够基本明确长江生态系统出现的问题，但不够全面 2. 能够根据长江生态系统的现状提出猜想、假设和解决办法，但合理性还欠缺 3. 能基本陈述自己收集、转化数据的方法，但不够全面 4. 能够根据自己的观察和问题制订探究计划，但计划不够完善	发展中
	1. 能够陈述将要探究的科学问题 2. 能够根据科学现象提出猜想、假设和解决办法 3. 能基本陈述自己收集、转化数据的方法 4. 能够根据问题制订计划并开展探究	1. 能够明确长江生态系统出现的问题 2. 能够根据长江生态系统的现状提出猜想、假设和合理的解决办法 3. 能基本陈述自己收集、转化数据的方法 4. 能够根据自己的观察和问题制订探究计划	熟练

续表

评估标准	水平细则	任务细则	成绩水平
标准B：探究与实践	1. 能够非常明确、清晰地陈述科学问题 2. 能够根据科学现象提出自己的猜想、假设和合理的解决办法 3. 能清晰地陈述自己收集、转化数据的方法 4. 能根据问题制订合理、明确的计划并开展探究	1. 能够非常清晰、全面地说出长江生态系统出现的问题 2. 能够根据长江生态系统的现状提出猜想、假设和可实施的、科学的解决办法 3. 能清晰地陈述自己收集、转化数据的方法 4. 能够根据自己的观察和问题制订完善的探究计划	优异
标准C：科学思维	1. 能够搜集跟生态系统相关的资料和证据，进行简单的分析和运用，解读比较有限 2. 能够在老师的引导下讨论自己提出的假设的有效性，但理解比较困难 3. 基本能够基于研究结果讨论探究方法的有效性	1. 能够搜集其他与自己行动方案类似的行动，并对相关信息进行简单的整理，但很难迁移到自己的探究中 2. 能够在老师的引导下讨论自己提出的方案的有效性 3. 基本能够通过生态鱼缸的实验类比长江生态系统并讨论探究方法的有效性	发展中
	1. 能够搜集跟生态系统相关的资料和证据，并进行分析和运用 2. 能够讨论自己提出的假设的有效性，并形成结论 3. 能够基于研究结果讨论探究方法的有效性	1. 能够搜集其他与自己行动方案类似的行动，并对相关信息进行简单的整理和运用 2. 能够讨论自己提出的方案的有效性 3. 能够通过生态鱼缸的实验类比长江生态系统并讨论探究方法的有效性	熟练

续表

评估标准	水平细则	任务细则	成绩水平
标准C：科学思维	1. 能够准确地搜集跟生态系统相关的资料和证据，并运用科学的思维方法分析和解读数据 2. 能够根据实验结果讨论自己提出的假设的有效性，并修正自己的假设形成结论 3. 能够基于研究结果讨论探究方法的有效性，并将有效的方法迁移到新的场景中	1. 能够搜集其他与自己行动方案类似的行动，并对相关信息进行科学的分析和解读，并能将其迁移到自己的探究中 2. 能够合理地讨论自己提出的方案的有效性，并不断优化方案 3. 能够通过生态鱼缸的实验准确地类比分析长江生态系统存在的问题并讨论探究方法的有效性	优异
标准D：科学态度	1. 对生态系统运作过程有一定的兴趣，但不足以驱动其开展探究 2. 在介绍自己的探究方案和开展的行动时，表达有限且难以被人理解 3. 能够对生态系统现状有一定的思考和表达 4. 具备有限的责任感，很难选择合理的交流方式呼吁和倡导人们保护生态	1. 对长江生态系统的探究有一定的兴趣，需要在老师的引导下开展探究 2. 基本能够介绍自己的行动方案，但难以被人理解 3. 基本能在老师的引导下对长江生态系统现状进行自我思考并提出解决办法 4. 对长江生态系统的现状具备有限的责任感，难以选择呼吁大家保护长江生态系统的方式	发展中
	1. 对不同生态系统运作有兴趣并开展探究 2. 能够向他人介绍自己的探究方案和开展的行动 3. 能够对生态系统现状有自己的思考和表达 4. 有责任感，能够选择合理的交流方式呼吁和倡导人们保护生态	1. 对长江生态系统的探究有兴趣，能够独立开展探究 2. 能够与他人分享自己的探究方案和开展的行动 3. 能针对长江生态系统现状进行自我思考并提出解决办法 4. 有责任感，意识到我们应该保护长江生态系统，并呼吁大家保护长江生态系统	熟练

续表

评估标准	水平细则	任务细则	成绩水平
标准D：科学态度	1. 对不同生态系统运作充满兴趣并积极开展探究 2. 能够使用合适的方式向他人清晰地介绍自己的探究方案和开展的行动 3. 能够对生态系统现状有自己的思考并提出合理的解决方案 4. 有强烈的责任感，能够选择恰当的交流方式呼吁和倡导人们保护生态	1. 对长江生态系统的探究充满兴趣，能够独立、积极地开展探究 2. 能清晰地与他人分享自己的探究方案和开展的行动 3. 能针对长江生态系统现状进行自我思考并提出多种合理的解决办法 4. 有强烈的责任感，意识到我们应该保护长江生态系统，能够针对不同的人群选择适当的平台并且以合适的交流方式进行沟通，呼吁人们保护长江生态系统	优异

评估量规中包含了知识（K）和概念性理解（U），也明确了可见的学习证据（D），育人目标也清晰可见，示例见表6-9。

表6-9 评估内容

知识（K）和概念性理解（U） （Learn about）	学习证据（D） （Learn to do）	育人目标 （Learn to be）
长江生态系统的信息	收集并整理信息 解读数据 给出解决问题的建议	乐学善思 敢于担当

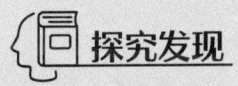

探究发现

请使用下面的思维工具表达你对评估的看法。

关于评估

过去我认为……　｜　现在我认为……

四、大观念的实施

我们以默多克的探究六循环作为大观念实施的依据，本单元的学习活动安排见表 6-10。

表 6-10　本单元学习活动安排

探究循环	学习活动
进入探究 （4 课时）	**科学观念**：基于真实情境思考并提出待研究的问题 创设探究背景—导入真实情境—激发学生的好奇心和问题—明确真实任务—根据真实任务进行长江现状的调研—制订学习计划
探究发现 （12 课时）	**探究实践与科学思维培养**：科学实验，仔细观察，收集数据，解释并评估数据，得出结论 • 模拟长江生态系统制作生态鱼缸 • 学习食物链 • 理解生态系统中生产者、消费者和分解者三者的角色、功能和依存关系 • 学习生态系统碳平衡的概念 • 利用卡片模拟生态鱼缸中的生物，讨论如何达到生态平衡并操作实践 • 每日观察生态鱼缸形成观察日记
梳理建模 （2 课时）	**科学思维**：建立科学模型并迁移至真实世界 • 梳理生态鱼缸实验过程和结果，根据观察日记预测未来生态鱼缸可能会出现的问题 • 迁移运用生态鱼缸保持生态平衡的原理，讨论长江生态系统中生态失衡的可能原因 • 讨论人类在长江生态系统中的角色和影响 • 头脑风暴：恢复长江流域生物多样性，恢复生态平衡，我们可以采取的行动 • 了解政府、社会组织正在实施的行动以及可以产生的影响
深入探究 （4 课时）	**科学思维**：选择可信的信息来源，形成预测并检验 • 观看视频，了解专家对长江生态系统现状做出的分析，验证并丰富我们的探究结论 • 利用因果表格梳理人类行为和长江生态现状的因果关系

续表

探究循环	学习活动
建构理解 （2课时）	探究实践：基于证据提出合理见解，提出有价值的解决问题的方法 ● 反思：对于长江生态系统的保护，我可以怎么做？ ● 调研社会已有的类似行动，梳理出以资借鉴的经验
知行合一 （2课时）	探究实践与科学思维培养：反思学习过程，提出有创意的方案并实施 学生自主选择并利用网络平台、自媒体、海报、视频、录音、宣讲等多种形式，呼吁、倡导人类保护长江生态系统，并给予实际建议

本章附录：单元计划

单元主题：保护长江生态系统		
教学内容： 三年级"保护自然"单元	**创作团队**： 潘诗雨、唐静、杨明忠、陈洁	**教学时长**：26课时
阶段一：目标与评估		
基本问题：人类如何保护生物多样性以维持生态平衡？		
超学科主题：保护自然	**超学科概念**：关系、因果、道德	**学科概念**：生物多样性、生态系统、生态平衡
大观念：人们保护生物多样性以维持生态平衡		
学生将知道的知识（K）： 1. 生态系统 2. 栖息地 3. 食物链及其中各生物之间的关系 4. 人类生产、建筑等活动对动植物生存产生的影响 5. 保护生物多样性的原因 6. 影响生态平衡的因素	**学生将理解的概念（U）**： 1. 长江与我们的生活息息相关（关系） 2. 生态系统里的生物相互依赖（关系） 3. 人类影响河流生态系统的平衡（因果） 4. 人类活动会对环境产生正面和负面的影响，我们可以采取行动保护环境（道德）	**学生将成为（　）的人**： 乐学善思 敢于担当
学生将具备的能力（D）： **批判性和创造性思考能力** 批判性思考 ● 基于真实情境思考并提出待研究的问题 ● 科学实验，仔细观察，收集数据，解释并评估数据，得出结论 ● 观察身边的生物，分析食物链 ● 理解分解者的作用，开展堆肥活动 ● 分析生态鱼缸能够保持生态平衡的原因，从数据的关系和模型中得出结论 ● 预估并验证生态鱼缸的变化 **交流、协作和资讯科技能力** 1. 信息素养 ● 观察生态鱼缸的变化，注意细节，通过绘图、做笔记、制作图表、撰写说明、注释图像来记录科学日志 ● 从多个渠道收集信息，选择可信的信息来源，形成预测并检验		

续表

单元主题：保护长江生态系统	
- 梳理生态鱼缸原理，基于图表通过讨论产生新的想法并进行探究；练习"可视思考"的策略和技巧 - 看到各种关系，组织与长江生物多样性相关的信息，提出恢复长江流域生物多样性的措施 - 与专家措施进行对比，检验并修正结论 - 建立科学模型并且运用 - 分析人类行为与长江问题的因果关系 - 提出并评估各种解决方案 - 反思自己可以采取的行动，在行动之前开展调研 2. 媒体素养 - 了解各种媒体呈现方式的影响，利用各种媒体有效地传达信息和想法 - 选择多种形式宣传并倡导保护长江生态系统 3. 信息交流能力 - 提供和接受有意义的信息反馈 - 利用数字环境和媒体与同学、专家及学习社区成员进行交流，根据受众选择最有效的沟通方式	（内容同上）

探究线索	引导性问题（老师的问题）：	学生的问题（学习过程中收集整理）：
线索1：生态系统里的生物相互依赖（关系） **线索2**：人类影响河流生态系统的平衡（因果） **线索3**：人们保护生物多样性可以采取的行动（道德）	**线索1（关系）** 1. 长江中已经灭绝的动物，灭绝的原因是什么？ 2. 生态系统是什么？生态系统里有哪些角色？ 3. 食物链如何帮助我们保持生物多样性？ **线索2（因果）** 1. 长江中已经灭绝的动物，灭绝的原因是什么？ 2. 我们为什么要保持生物多样性？ 3. 人们如何影响长江的生态系统？ **线索3（道德）** 1. 长江与我们的生活有什么关系？为什么长江对于重庆人民如此重要？ 2. 我们可以采取哪些行动来维持生态平衡？	**线索1（关系）** 1. 什么是禁渔令？为什么要实行禁渔令？ 2. 什么是生态系统？ **线索2（因果）** 1. 长江中有哪些生物灭绝了？ 2. 食物链到底有多重要？ 3. 分解者被什么吃？ 4. 生态鱼缸里面的鱼为什么会死？ 5. 死鱼为什么翻着肚皮浮在水面？ 6. 如何知道鱼缸中的二氧化碳含量？ **线索3（道德）** 1. 我们可以往长江里放鱼吗？ 2. 人类会采取什么行动？ 3. 如果采取了保护措施，长江会有什么变化？

续表

单元主题：保护长江生态系统	
评估标准： **标准 A：知识与概念** 1. 用术语解释科学知识/概念/理论/原理 2. 应用科学知识分析和解释生活中一些与科学相关的现象及问题 3. 分析信息以做出有科学依据的判断 **标准 B：探究与实践** 1. 陈述一个科学问题或针对实际需要明确问题 2. 提出猜想、假设和解决办法 3. 陈述收集数据、转化数据的方法 4. 制订探究计划或方案 **标准 C：科学思维** 1. 展示数据，基于证据与逻辑，运用分析与综合、比较与分类、归纳与演绎等科学思维方法，分析解读数据 2. 基于研究结果讨论假设的有效性 3. 基于研究结果讨论探究方法的有效性 **标准 D：科学态度** 1. 有好奇心，乐于探究 2. 大胆质疑，勇于创新 3. 尊重他人，善于协作，乐于分享 4. 善于反思方法、过程与结果 5. 珍爱生命，有可持续发展意识 6. 遵守科学伦理 7. 注明参考过的信息来源	**总结性评估：** 大任务：学生自主选择并利用网络平台、自媒体、海报、视频、录音、宣讲等多种形式，呼吁、倡导人类保护长江生态系统，并给予实际建议 **形成性评估：** 子任务1：春藤寻宝 子任务2：堆肥活动 子任务3：模拟长江生态系统制作生态鱼缸 子任务4：调研他人保护生态系统的行动 总结性评估任务：提出改善长江生态系统的方案并付诸行动 **元认知（反思性）评估：** "过去我认为……，现在我认为……"单元反思表 **其他评估证据：** 教师观察以及口头记录，详见学习体验部分 **总结性评估与大观念的关系：** 本单元我们确立了"人们保护生物多样性以维持生态平衡"的大观念，我们的总结性评估提供了一个机会让学生根据本单元学习的知识、概念、能力来展开真实的行动，从自己出发来保护身边的长江生态系统

续表

单元主题：保护长江生态系统			
阶段二：学习体验			
探究循环	学习目标	学习活动	评估证据
进入探究	**概念性理解：** 长江与我们的生活息息相关（U1）	**引导性问题：** 长江与我们的生活有什么关系？为什么长江对于重庆人民如此重要？ **学生的问题：** 1. 什么是禁渔令？为什么要实行禁渔令？ 2. 什么是生态系统？ **学习活动：** 1. 创设单元探究背景，引入长江禁渔政策，激发学生的好奇心，利用KWHL表格收集学生此时对本单元内容的初步认知以及他们心中的问题 2. 以引导性问题的方式引导并与学生共同梳理一个访谈问题清单，采访自己身边的人，收集他们与长江的故事，发现目前长江出现的问题，收集问题后在全班以漂流瓶的方式归纳长江面临的问题 3. 回到KWHL表格，学生将自己目前已理解的内容和一个最想探究的新问题写在一张空白纸上，揉成团，扔进我们的雪球池，利用"分享与得到"活动了解其他人的想法和问题；整理学生的问题并以重大概念的类别分类贴在教室的问题停车场里 4. 通过学生的问题，引出本单元相关科学术语——生物多样性、生态系统、生态平衡等，与学生讨论本单元的基本问题，共同生成单元大任务：自主选择并利用网络平台、自媒体、海报、视频、录音、宣讲等多种形式，呼吁、倡导人类保护长江生态系统，并给予实际建议 5. 与学生一起制订总结性评估成功标准，将学生的想法纳入教师拟定的成功标准 6. 再次回到KWHL表格，根据学生的问题，收集学生的做法，引导学生以科学家思维思考我们可以怎么开启对本单元的探究，引出生态鱼缸制作任务	**教师观察及口头证据：** 1. 教师注意听学生的回应，把好奇点聚焦在生态问题上 2. 指导学生拟出合适的访谈问题 3. 记录学生的问题 **工作纸/任务单：** 线上平台记录

续表

		单元主题：保护长江生态系统	
探究循环	学习目标	学习活动	评估证据
进入探究	（内容同上）	【教学策略】 1. 利用真实情境来激发探究欲 2. 利用 KWHL 思维工具，帮助学生梳理和呈现自己的思维过程 3. 笔谈，快速收集不同人的意见并浏览别人的意见 4. 漂流瓶，达到全班交流效果	（无）
探究发现	**概念性理解：** 生态系统里的生物相互依赖（U2） **探究能力：** **批判性和创造性思考能力** 批判性思考 ● 能够根据视频、材料或自己观察到的信息进行评价并做出相关的决定；能够组织相关的观点并且对它们进行分析 **交流、协作和资讯科技能力** 1. 信息素养 ● 能够循环或设计可以研究并且自己感兴趣的相关问题 2. 媒体素养 ● 能够从视频中找到、组织、分析、评价并综合信息	**引导性问题：** 1. 生态系统是什么？生态系统里有哪些角色？ 2. 食物链如何帮助我们保持生物多样性？ **学生的问题：** 1. 食物链到底有多重要？ 2. 为什么有些动物灭绝了，但是食物链还是可以接起来，世界也没有灭亡？ 3. 如果没有分解者，世界会变成什么样？ 4. 为什么生产者都是植物？ **子任务 1：**春藤寻宝 **学习活动：** 1. 去春藤菜园观察我们身边的生物，拍摄、收集这些生物生存的环境，分析它们吃什么以及它们被什么吃，理解食物链 2. 运用"Eat or Be Eaten（吃或是被吃）"食物链卡片游戏理解食物链，构建"最长的食物链" **子任务 2：** 堆肥活动 **学习活动：** 1. 通过视频材料学习分解者的功能，动手收集校园掉落的树叶、班级一天产生的食物残渣，用透明塑料箱在春藤菜园堆肥供春藤菜园春天种菜使用 2. 绘制生态系统中生物相互作用的模型——在一张纸上写下植物、分解者和动物，然后绘制箭头并添加标签以显示生物之间的关系	教师观察及口头证据： 1. 教师仔细查看学生在 TPE 表中提出的问题 2. 观察学生在春藤菜园进行活动时的记录和合作情况 3. 观察学生堆肥时的小组合作，猜想他们可能提出的问题 4. 教师仔细倾听并收集学生在理解分解者的角色和功能的过程中提出的问题和他们的理解 5. 教师仔细倾听学生对于生态鱼缸如何才算成功的分享

续表

		单元主题：保护长江生态系统	
探究发现	3. 信息交流能力 ● 能够在小组活动中清晰表达自己的观点并且积极与他人合作；能够清楚地写下自己的观察日记，记录清楚自己的观察	**子任务3**：模拟长江生态系统制作生态鱼缸 **学习活动**： 1. 与学生一起拟定生态鱼缸成功的标准 2. 小组模拟放进生态鱼缸的生物，分享它们为什么可以保持鱼缸的生态平衡 3. 完成班级生态鱼缸的制作，每日记录科学观察日志，同时运用语文观察日记的方法记录每日随感 【教学策略】 1. 利用多种学生可以动手操作的活动，如寻宝藤寻宝、堆肥活动、制作生态鱼缸等，帮助学生在身体力行中理解比较难的概念 2. 课堂游戏教学，利用卡片呈现教学内容，通过游戏帮助学生实现概念性理解，将抽象的知识具象化	工作纸/任务单： 1. 食物链工作纸 2. 大鱼工作单 3. 观察日记
梳理建模	**概念性理解**： 人类影响河流生态系统的平衡（U3） **探究能力**： **批判性和创造性思考能力** 创造性思考 ● 在不同的情境中运用所学，利用生态鱼缸的学习分析长江的生态系统 **交流、协作和资讯科技能力** 信息素养 ● 通过观看视频、收集数据、阅读资料，对信息进行综合和解读，并利用可视化思维工具呈现自己的理解	**引导性问题**： 1. 我们为什么要保持生物多样性？ 2. 人们如何影响长江的生态系统？ **学生的问题**： 1. 长江中哪些动物已经灭绝了？ 2. 为什么这些动物会灭绝？ **子任务4**：调研他人保护生态系统的行动 **学习活动**： 1. 梳理实验过程和结果，一起预测未来生态鱼缸在放置的过程中可能会出现的状况，以及我们做些什么可以让鱼缸里的生物一直保持健康 2. 迁移生态鱼缸的原理，讨论人在长江河流生态系统中的位置和角色；调研人类如何影响生态平衡，利用因果表格梳理人类行为和长江目前出现的问题之间的关系 3. 采用全班头脑风暴和"专家小组"的方式，一起讨论恢复长江流域生物多样性的措施 【教学策略】 1. 建模，迁移科学原理至新的场景 2. 利用因果表格分析关系 3. 头脑风暴	教师观察及口头证据： 教师认真倾听学生的讨论，观察学生对生态鱼缸原理的理解 工作纸/任务单： 因果表格

续表

		单元主题：保护长江生态系统	
深入探究	**概念性理解：** 人类活动会对环境产生正面和负面的影响，我们可以采取行动保护环境（U4） **探究能力：** **批判性和创造性思考能力** 批判性思考 ● 结合所学获取信息并形成结论；基于新的信息修正理解，将背后原理迁移到新的情境 **交流、协作和资讯科技能力** 1. 信息素养 ● 对获取的信息进行梳理，使其清晰、有条理，以不同的方式呈现信息 2. 信息交流能力 ● 在小组学习中清晰并有条理地表达自己的想法，对其他小组的信息进行反馈，利用数字平台与同学进行交流	**引导性问题：** 我们可以采取哪些行动来维持生态平衡？ **学生的问题：** 我们应该怎么解决长江生态系统出现的问题？ **子任务**4：调研他人保护生态系统的行动 **学习活动：** 1. 利用拼图方式观看专家讲座视频，了解专家对长江生态系统出现问题的分析；利用笔谈的方式互相梳理，验证并丰富我们探究的结论（有条件可以邀请专家入校，与学生对话） 2. 用观点图思维工具，以长江生态系统研究者的身份梳理自己的观点、想法以及目前存在的问题，并以小组形式记录到Padlet软件页面上 3. 根据不同学生的情况（想法、行动、反思、问题等），支持学生的个体探究 **【教学策略】** 1. 利用拼图方式分组观看视频并进行讨论，从10人大组到3人小组，交流想法和观点 2. 给予学生独立思考的时间，用笔谈的方式先记录下自己的观点，再进行小组讨论，使小组讨论更加有效率 3. 信息技术的应用：小组用Padlet软件记录和分享讨论结果，同时可以即时看到和评论其他小组的想法，各小组间思维碰撞，以此修改和完善自己小组的成果	**教师观察及口头证据：** 1. 教师在小组讨论时认真倾听学生对人类影响生态系统原因的讨论，关注学生是否能够用本单元所学的食物链、分解者、消费者、生产者、生态平衡等知识进行综合应用和分析，并进行引导 2. 教师观察学生在电脑上呈现的讨论结果，依据量规看观点是否清晰，表达是否有条理，是否应用了所学知识等，对学生的成果进行总结 **工作纸/任务单：** 1. 在电脑上记录小组观点 2. 保护长江生态系统的行动计划

续表

		单元主题：保护长江生态系统	
建构理解	**概念性理解**： 人类活动会对环境产生正面和负面的影响，我们可以采取行动保护环境（U4） **探究能力**： 批判性和创造性思考能力 基于证据提出合理见解，提出有价值的解决问题的方法	**引导性问题（学生的问题）**： 对于长江生态系统的保护，我做得怎么样？我可以怎么做？ **总结性评估任务**：提出改善长江生态系统的方案并付诸行动 **学习活动**： 1. 学生对小组整理的长江生态系统出现的问题进行反思，结合自己的反思，思考自己可以采取的行动，并以反思单的形式进行记录 2. 根据自己想要采取的行动，调研社会上已经开展的类似行动，评估他人行动的有效性，修改、借鉴并获得启发 【教学策略】 反思单——利用元认知的反思工具，将思维可视化	工作纸/任务单： 学生自己的反思单以及调研任务单
知行合一	**概念性理解**： 人类活动会对环境产生正面和负面的影响，我们可以采取行动保护环境（U4） **探究能力**： 批判性和创造性思考能力 反思学习过程，提出有创意的方案并实施	**学习活动（大任务）**： 学生自主选择并利用网络平台、自媒体、海报、视频、录音、宣讲等多种形式，呼吁、倡导人类保护长江生态系统，并给予实际建议	不同形式的学生作品
		阶段三：教学反思	

教前反思

　　基于教学目标和学情的反思

　　学生在一年级和二年级分别探究了"生物的活动与地球的自然循环息息相关""生物为了生存而适应周围的环境"两个科学主题单元。在对这两个单元的探究中，学生了解了生物的基本生存条件，理解了生物适应性等相关科学内容，为本单元探究生态系统里的生物生存现状、发现生态系统中存在的问题、探究问题背后的原因等做了概念性和知识性的铺垫。

　　经过两年的学习，学生已经具备了探究的经验和基础能力，往往喜欢贴近自己生活的探究主题，这样更能激发其探究欲望。利用城市地理位置的特点，位于长江边，因此教师从"长江禁渔令"这一问题出发，激发学生的探究兴趣，为接下来的学习提供支持。

续表

单元主题：保护长江生态系统

中期反思

针对学生的兴趣与疑问，我们如何回应以支持学生的自主探究（差异化教学）？

我们探究了生态系统中的生产者、消费者和分解者，在探究这三者关系的过程中学生产生了一个问题："分解者被谁吃？"我们让学生自己查找资料并结合老师的引导，消除了"这三者是吃与被吃的关系"的误解，真正认识到这是一种能量传输和转换的关系，明白了这三者共存才能维持生态平衡。

在制作生态鱼缸时，学生立刻提出鱼缸里必须要有生产者、消费者、分解者，这样才能维持鱼缸的生态平衡。学生分组制作了生态鱼缸，在观察生态鱼缸时，学生又提出了很多问题，比如：为什么鱼缸里面的鱼死掉了？鱼死了为什么是翻着肚皮浮在水面上？鱼死后尸体没有变化，珊瑚石到底是怎么分解的？如何检测鱼缸里的二氧化碳？我们根据学生的问题来分组，让学生进行自主探究，而我们则进入各个组，帮助学生制订探究计划，给予过程指导。

俗话说"兴趣是最好的老师"。学生们在学习探究的过程中提出问题是好事，可以促进探究的深度和广度，作为教师应该把握住学生在学习过程中生成的问题，给予学习方法或者学习资料的支持，去支持到学生的学习！可以根据学生的兴趣或者提出的问题来分类，让学生组成新的学习小组，彼此促进学习，在合作中进步！

教后反思

我们的教学策略多大程度上帮助了学生的理解？哪些主要证据证明学生发展了对KUD的理解？

在学习食物链时，我们去了学校菜园，从生活中发现食物链。学生立刻产生了问题：植物基本都是被吃的，那植物吃什么呢？用学生自己提出来的问题，我们开始对生态系统中的分解者进行探究，进而促进学生达成概念性理解：生态系统里的生物相互依赖。

在了解了生态系统中生产者、消费者、分解者的关系之后，在制作生态鱼缸模拟长江生态系统时，学生提出鱼缸里要有这三者，以此来维持生态平衡。在做堆肥实验的时候，学生放完果皮、食物残渣后主动提出来要在容器里放些泥土，因为泥土里面有分解者，这样才能分解食物残渣，将其转化为肥料。学生在理解了理论之后，能否结合所学来指导自己的行为，这是考查学生是否达成了概念性理解最直观的证据。

学生组成"专家小组"，梳理本单元的重要知识和关键概念，明白其实人也是长江生态系统中的一环，人类的行为会对长江生态系统产生非常大的影响，进而产生采取行动保护长江生态的想法。而在教学过程中，我们调整加入了向学生介绍政府组织目前开展的保护长江的一些行动，给予学生一定的正能量，告诉他们政府组织在行动了，然后再落到我们自己身上，我们可以如何行动，这样让学生参与的积极性变得更高了，从而达成概念性理解：人类活动会对环境产生正面和负面的影响，我们可以采取行动保护环境。

第七章
体育:用"运动思维"实现自我探索
——从技能走向理解

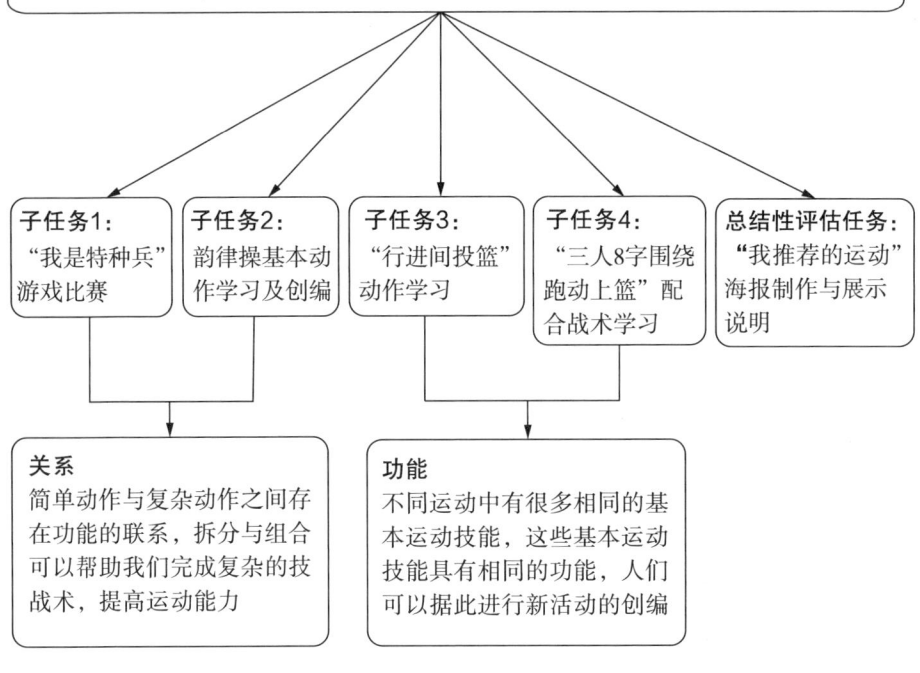

单元探究图谱

第七章　体育：用"运动思维"实现自我探索
——从技能走向理解

单元主题	拆分与组合
单元内容	人教版体育与健康教材（水平二）韵律活动、小篮球及综合游戏
单元大观念	体育运动中基本运动技能是相通的，简单动作与复杂动作之间存在着功能的联系
单元大任务	"我推荐的运动"——设计运动项目（球类、综合游戏任选）中多人配合的动作，分析动作的功能与关系，并通过海报展示说明
设计者	李璞　张俸彬　马文凯　范永强　薛文涛

一、单元概览

（一）单元设计说明

为什么学习这个单元？它对学生有怎样的重要意义？

体育运动项目种类繁多，体育课堂的教学无法覆盖所有的运动项目，所以课堂教学不应该是简单地站在教授技术和机械重复练习的角度去制订学习目标，而应该是引发学生思考：我为什么要学习这个技术？它对我的生活有什么作用？体育学习与生活的关系是什么？同时，引导学生不断探索自己的身体，掌握可以用于学习其他项目的能力，从而为培养学生的"运动能力、健康行为、体育品德"体育与健康核心素养打下良好的基础。

学生通过对本单元多个项目的学习，探索存在于项目之间的"拆分与组合"的规律，知道拆分可以将复杂动作简单化，这有助我们练习以提高运动表现水平，同时也明白基本运动技能学习在运动中的功能，并能根据功能的不同在运动过程中做出正确的判断与选择——这就是运动员思维。

本单元教学内容在体育与健康学科要培养的核心素养中如何定位？所属的学科大观念是什么？

体育学科要培养的核心素养是终身体育锻炼所需的、全面发展必备的体育情感与品格、运动能力与习惯、健康知识与行为，简单来说就是"自我健身"。学习者离开校园以后是否能够继续运用理解的知识与概念去进行身体的锻炼和探索，同时将这样的观念迁移到生活中去，是衡量体育教学成功与否的标准。本单元打破了传统体育教学以单个项目作为单元划分标准的设计模式，力求通过多个项目的整合学习，引导学生进行运动规律的探究，从而达成对运动规律的概念性理解。

通过对多个项目规律的探究，学习者可以理解的学科大观念是：体育运动中基本运动技能是相通的，简单动作与复杂动作之间存在着功能的联系。

大观念延伸出的大任务和核心教学策略是什么？

大观念决定大任务，本单元的大任务设置为："我推荐的运动"——设计运动项目（球类、综合游戏任选）中多人配合的动作，分析动作的功能与关系，并通过海报展示说明。

大任务决定核心教学策略，本单元的核心教学策略采用的是教师指导下的固定项目探究与学生自主选择感兴趣的项目进行独立探究相结合的教学方式。探究中循序渐进，实现从单一技术动作到复杂技术动作、个人运动技能到复杂战术配合的学习，最终将所习得的能力迁移到其他运动项目的动作功能与关系的探究中。

（二）学习过程扫描

体育是美的，美在力量、美在速度、美在技巧、美在精神与品质……，精彩的运动视频往往能激发学生对体育之美的神往。我们在教室里播放一些高难度的、精彩的体育运动视频，引发学生挑战的热情和探究的欲望。

子任务1："我是特种兵"游戏比赛

游戏比赛是学生最为喜欢的课堂教学形式，教师在课堂中创设"我是特种兵"

的比赛情境，激发学生去完成挑战。游戏中各种过障碍的动作在之前的课堂教学中曾经学习过，"特种兵"是如何把这些基础动作的功能最大化并加以组合进而完成复杂的具有挑战性的任务呢？教师用问题引发学生对动作的功能及动作之间的关系进行思考。

子任务2："韵律操基本动作学习及创编

"特种兵"的魅力在于挑战，而韵律操的魅力则是技巧之美。二者有没有相似之处呢？我们也可以创编一段优美的韵律操吗？通过比较，学生发现将自己所学习的基本韵律动作根据功能需要进行不同的组合就能够创编出不同的韵律操。通过拆分与组合，我们发现，不同的动作有不同的功能，不同功能的动作之间可以建立联系，这就是我们期待学生产生的概念性理解。

子任务3："行进间投篮"动作学习

在前面学习的基础上，我们运用拆分与组合的方法进行单人"行进间投篮"技术动作的学习，引导学生探究如何根据单个动作的功能有效地进行复杂动作的拆分以及如何根据自身的需求进行必要的动作拆分。

子任务4："三人8字围绕跑动上篮"配合战术学习

在多堂课持续探究的基础上，学生将挑战相对较难的多人配合战术，除了考察对"拆分与组合"动作学习方法的理解之外，学生还将面临面对多人协作的复杂局面时如何做正确选择的考验。

总结性评估任务："我推荐的运动"海报制作与展示说明

这一阶段是学生自主探究的开始。每个学生都有自己心仪的运动或者游戏项目，我们将尊重学生的兴趣差异。学生将自由组成小组，寻找一项小组成员都感兴趣的复杂运动技术或是战术，用海报的形式呈现出来，在课堂上介绍的同时进行小组示范，最后通过各小组互相体验运动项目来进行他评。在小组展示的过程中，我们将看到学生的概念性理解的迁移；在体验并评价他组的活动中，我们将再次听到他们对大观念的理解。

> **探究发现**
>
> 通过阅读上面的单元概览,与传统教案相比,你发现这份教案有哪些不同点?请列出你的发现。

比较点	传统教案	本教案

二、大观念的生成

(一)超学科主题指向学习的意义

素养本位的学习,决定了学习的目的不再止步于知识,而是强调知识的本质意义:实践与创新,学习者的情怀和社会责任感,以及面向未来的能力。

"拆分与组合"单元,传统教学更多的是采用以项目为载体的技术教授,课堂中也是以学、练为主,但是追求大观念的教学需要我们进一步追问:我们为什么要学习这些技术动作?它对我们的运动与健康究竟有什么作用?

博伊尔的六大超学科主题中的"我是谁",可以帮助我们明确学习目的。

我是谁

这是对自我的探究。自我是探究主体,也是探究对象;自我拥有丰富的探究资源,<u>对自我的探究既包括对自我构成如身体、心智、精神追求等的探究,也包括对各种人际关系、权利与责任的探究</u>。

上文是六大超学科主题之一"我是谁"的全部探究内容,画线部分是本单元聚焦的内容:探究自我的身体、心智和人际关系。学生将理解运动是对自我身体、心智的探究,也是对人际关系的探究。

画线部分从总体目标上回答了学习这个单元的目的,同时也和体育学科要培养的核心素养——运动能力、健康行为和体育品德,紧密联系在了一起。

如何让学生在探索身体运动能力的过程中学会探索自我,发现自己的身体特长、运动兴趣?如何与他人协作,寻求更广泛的运动乐趣?如何发现技术动作本身的规律,从而达到举一反三的学习效果,享受掌握更多运动技能的乐趣?

我们的课程设计立足运动的本质来激发学生的思考,在培养学生"自我健身"意识的同时,发展体育核心素养,引导学生探索一个人类永恒的问题"我是谁"。

"我是谁"这个超学科主题将提供一个足够广阔的思维平台,学生将从语言文学、艺术创造、族群文化等角度展开对自我的探究。体育学科致力于对健康、健身与协作的学习,显然提供了一个新的视角来探究自我。

(二)概念视角统整知识与技能

超学科主题仍然是一个宽泛的研究范畴,我们需要用概念进一步聚焦。

首先,我们按照运动的功能以及分类对人教版教材、《义务教育体育与健康课程标准(2022年版)》进行了梳理。(见表 7-1)

表 7-1　对标文件分析

人教版教材（水平二）单元梳理					
单元	内容	理解	过程与表现	练习要求
三	篮球专项学习	一个团队需要团队成员承担不同角色	需要与小组同伴合作交流	通过观察、模仿等方式，在教师的动作示范以及口令提示下进行有根据的练习
四	单双脚竞赛跳跃	人们可以探索自己身体的运动能力		
五	韵律活动	我们在运动时可以根据需要对动作进行拆分与组合		
2022年版体育与健康课程标准				
掌握与运用体能和运动技能，提高运动能力 1. 积极参与多种运动项目游戏，感受运动乐趣 2. 学练体能和多种运动项目的知识与技能，能进行体育展示或比赛 **学会运用健康与安全的知识和技能，形成健康的生活方式** 1. 关注自己的情绪变化 2. 积极与他人沟通和交流，适应自然环境的变化 **积极参与体育活动，养成良好的体育品德** 在有一定难度的体育活动中表现出勇敢顽强、克服困难的意志品质				

其次，整理出本单元需要学习的知识，并提炼出学科概念。（见表7-2）

表 7-2　学科概念提炼

学生将知道的知识（K）	学科概念
1. 各种跑动中过障碍的方法 2. 韵律活动中的动作组合 3. 篮球行进间传球和投篮的方法 4. "三人8字围绕跑动上篮"配合战术 5. 综合训练游戏的方法	动作、互动

此时的学科概念仍然是孤立的，我们需要运用八大超学科概念帮助其建立联系。

经过辨析，我们选择了超学科概念中的"关系"与"功能"，由此生成了两条探究线索并界定了本单元的探究范围：

①基本运动技能和简单动作与复杂技术动作之间的联系（关系）
②在完成复杂技术动作过程中基本运动技能和简单动作的作用（功能）

"关系"与"功能"统整了学科概念及其统领的诸多事实性知识，形成本单元的探究线索，我们基于探究线索进一步生成本单元的引导性问题。（见表7-3）

表7-3 基于探究线索的引导性问题

探究线索	引导性问题
线索1	动作之间有什么联系？ 各类游戏、运动中出现了哪些我们学过的基本运动技能？ 拆分与组合的方法还在哪些体育项目的学习中出现过？
线索2	如何利用组合动作完成任务？ 相同的基本运动技能在不同项目中的功能是否有差异？ 如何基于动作的功能性，用拆分与组合的方法去学习新的技术？

从对概念的统整中我们可以发现，本单元实际上是在研究各种体育运动中动作的功能、动作之间的关系，以及动作与动作、人与人之间的协作、互动，在这个过程中形成对自我身体与人际关系的探究。由此，我们生成本单元的概念性理解：

①简单动作与复杂动作之间存在功能的联系，拆分与组合可以帮助我们完成复杂的技战术，提高运动能力。（关系—线索1）
②不同运动中有很多相同的基本运动技能，这些基本运动技能具有相同的功能，人们可以据此进行新活动的创编。（功能—线索2）

本单元概念之间的关系见图7-1。

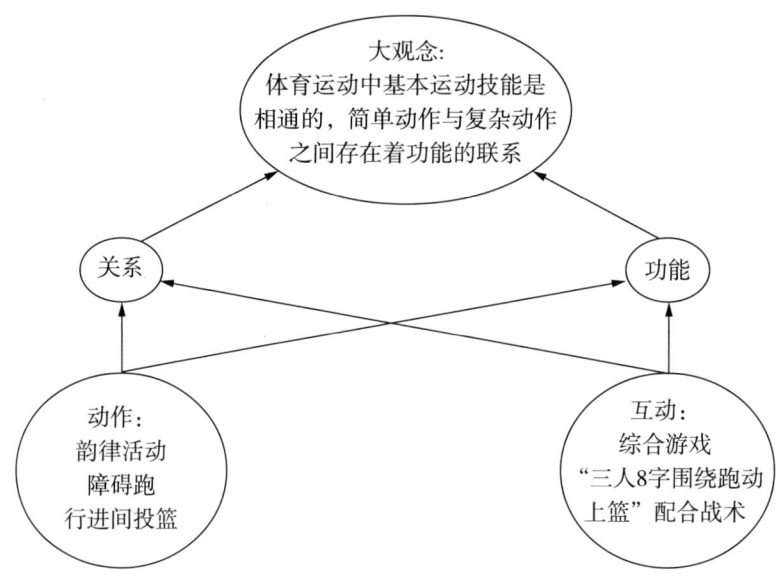

图 7-1 单元概念关系图

（三）概念思维即学科思维

概念思维即学科思维，或专家思维。在学习运动技能的同时培养学生的学科思维习惯，使其把专业的探究方法和程序运用于新的情境，这是有别于传统体育教学重视单一技术学习的重要一点。

体育教学如何从身体的训练走向理解？梳理教材和 2022 年版体育与健康课程标准之后，我们将本单元学生要学习的知识点进行了梳理，这些看似分散的知识点通过"三大探究能力"中的批判性和创造性思考能力以及交流、协作和资讯科技能力的培养，彰显出思维培养的属性。（见表 7-4）

表 7-4　学科思维的培养

学生将能做（D）	学科思维
体能： 1. 与同伴合作完成体能学练，根据身体感受、调整练习节奏并乐在其中 2. 按照规则与要求参与体能游戏和比赛，表现出克服困难、奋勇拼搏、相互尊重、乐于助人等意识和行为 专项运动技能： 1. 在情境中做出所学运动项目的基本动作和组合动作，并在游戏和比赛中予以运用 2. 能与同伴一起参与学练，发扬团队精神，表现出克服困难的精神 3. 在小组和班级内敢于展示所学项目的动作 4. 会观赏和评价体育比赛或表演 健康教育： 掌握一些情绪调控的方法，能积极同他人交流与合作	批判性和创造性思考能力 批判性思考： 1. 能快速提取信息，将复杂技术动作拆分成已学过的单个动作 2. 会根据应用情境，思考动作的功能，确定动作的选择，并在动作之间建立联系 创造性思考： 能够将拆分与组合的方法迁移到其他项目技术的学习中 交流、协作和资讯科技能力 信息素养： 1. 能借助多种工具及线上线下资源开展探究学习 2. 通过图片、文字、图表等视觉呈现方式来记录和表达自己的理解 信息交流能力： 1. 能在小组学习中发表自己的观点并和自己的队友进行良好的沟通 2. 能将自己小组的学习成果很好地分享给其他小组并能组织大家参与体验

学生在这个过程中经历的是一个专业的研究历程，习得的不仅仅是体育技能，还有思维品质，学生的品格在这个过程中逐步被培养起来，示例见表 7-5。

表7-5 在"做"中培养品格

学习内容 （Learn about）	学习能力 （Learn to do）	品格养成 （Learn to be）
例1：通过视频学习技术动作和寻找感兴趣的项目技术 例2：将拆分与组合的方法迁移到其他项目技术的学习中 例3：将自己小组的学习成果很好地分享给其他小组并能组织大家体验	批判性和创造性思考能力——创造性思考 交流、协作和资讯科技能力——信息素养和信息交流能力	乐学善思 勇于探究 善于协作

我们的课程对三大探究能力都有详细的条目描述，教师可以结合具体的教学内容生成具体的学习能力。

（四）八大培养目标细化育人目的

本单元的教学不局限于知识、能力和概念的学习，在追求理解的过程中，还指向对学习者品格、价值观的培养：乐学善思、勇于探究、善于协作。培养目标有很多条，但是我们往往在一个单元聚焦其中的2—3条，具体内容如下。

乐学善思

从基本运动技能到简单动作再到复杂技术，通过对本单元技术动作的探究，着力发展学生的思考能力，通过问题不断激发他们的求知欲与好奇心。

在对知识内容的进阶学习中，学生的学习能力不断得到增强，这就为后续的运动项目学习打下了基础。

勇于探究

韵律操的全新创编，需要探究动作的功能、动作之间的关系以及动作与音乐的关系，协调多种因素来编排。篮球运动中，学生需要探究从个人动作到小组配合的复杂篮球技术。

通过对多个项目及技术的学习，不断思考探究，找到运动的规律，提炼出学习的方法并将其迁移到其他项目的学习中。

善于协作

在本单元的学习中，很多项目需要小组成员经过探讨与练习才能完成。通过观看视频，引入篮球项目，让学生在模仿球星、与同伴反复探讨与练习的过程中体验运动的快乐。

通过"我推荐的运动"的总结性评估，让学生直接体验作为组织者和运动员双重身份的冲击，深刻理解该项目所带来的运动体验，接纳他人有和自己不一样的体验、感觉。

我们用图 7-2 来呈现大观念生成的路径。

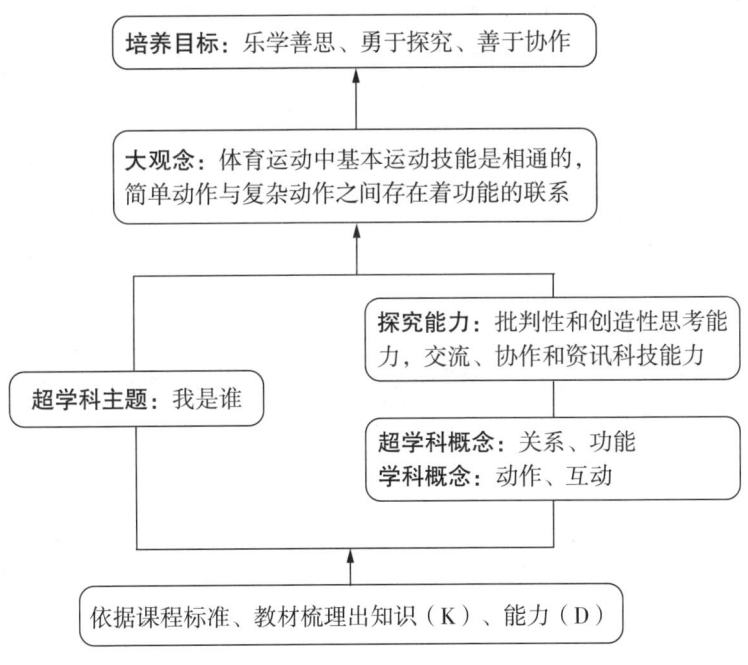

图 7-2 大观念生成的路径

 **探究发现**

从这一部分的描述中,你觉得单元探究教学和传统的单元教学有哪些不同?它是如何落实核心素养导向的教学要求的?请写下你的理解和发现。

| 与传统单元教学的不同 | 如何落实核心素养导向的教学要求 |

三、大任务——大观念的评估

(一)大任务承载大观念

1. 大任务要表现理解

我们借用理解"六侧面"来帮助产生表现性任务,并核查其在多大程度上表现了理解。(见表7-6)

表7-6 理解"六侧面"核查表

评估证据	解释	阐明	应用	洞察	移情	自知
子任务1:"我是特种兵"——跨越障碍物的单个动作	√				√	
子任务2:韵律操基本动作学习及创编——动作的组合	√		√			
子任务3:"行进间投篮"动作学习——复杂动作的拆分	√		√	√		
子任务4:"三人8字围绕跑动上篮"配合战术学习——基于动作组合的集体协作		√	√	√	√	√
总结性评估任务:"我推荐的运动"海报制作与展示说明		√	√	.	√	√

我们用 SOLO 来指导教学目标、任务与评估标准的制订。(见表7-7)

表7-7 SOLO 检查表

SOLO 层次		主要表现	本单元学习中的案例
前结构水平		对某一项运动技术完全处于陌生状态，实践时无从下手，毫无头绪	
浅表性了解水平	单点结构	理解概念或主题的某一方面	学会了三步上篮的单个技术动作
	多点结构	理解概念或主题的某几方面，但是知识没有被结构化，处于离散状态，不能指向概念性理解	学会了一些复杂的技术动作，如路线跑动、传球、上篮等单项技术动作
概念性理解水平	关联结构	能够把多方面的知识、概念结构化，找到相互之间的关系	在与同伴的合作中，理解并运用多个单项技术动作，最终成功完成"三人8字围绕跑动上篮"复杂技术动作
	拓展抽象结构	形成了概念性理解，能够迁移，用于解决新情况下的问题	在各种复杂的比赛情境中成功完成"三人8字围绕跑动上篮"，并且将学习原理创造性地迁移到对其他运动项目的学习中

SOLO 可以帮助我们在制订教学目标、任务与评估标准时，时刻关注知识目标与概念性理解的平衡。多点结构的知识是形成概念性理解的基础，形成概念性理解的关键是帮助学生发现知识与知识之间的关系，从而实现高通路迁移。

2. 大任务的设计原则

重要性、学科性：传统体育教学往往重视学生对运动技能的掌握，评价也仅仅是针对某一技能的考核，教学止步于对单个技术动作的枯燥练习，没有激发学生的探究欲望，从而使学生对体育运动失去兴趣。而本单元的教学设计，旨在摆脱传统教学方式，既着重于身体的锻炼，又着眼于思维的训练、与他人的协作，最终提升学生对体育本质的认识，使其终身享受体育带来的健康与乐趣。所以，当大任务把学科的本质揭示出来的时候，它的重要性也就彰显了。

相关性：给学生"学以致用"的真实情境，促成学生自主探究。通过不断地探究试错，了解运动中拆分与组合的作用与功能后总结出学习方式，并将这一方式迁移到对其他任何一项运动项目的学习上，甚至游戏的创设上，获得运动带来的成就感和愉悦感。迁移带来的看得见的成就感会持续地给探究提供动力。这也诠释了大任务的相关性，即设计让学生感兴趣且富有挑战性的活动。

（二）大任务的评估

我们的评估分为三类：形成性评估、元认知（反思性）评估和总结性评估。

1. 形成性评估

在小学阶段，形成性评估无时不在发生，教师的任务是注意收集学习证据，以观察学生的理解程度，掌握学习的发展进程。课前通过多媒体设备，学生自主有目的地搜索运动项目的相关视频，进行观察、模仿。课堂中播放精选视频，通过探究问题给学生的研究定向。利用平板电脑进行课堂教学，学生在探究过程中可反复试错、反复观察和模仿。在学生展示过程中，教师使用手机等多媒体设备及时记录学生行为，形成过程性学习证据。请学生使用海报、现场演示等形式进行成果展示，体现差异化教学，支持学生进一步探究。

过程性学习证据收集方法如下。

进入探究阶段：

- 收集学习证据，提供 KWL 表、"过去我认为……，现在我认为……"等可视化思维工具，引导学生持续记录、及时反思，以观察学生的理解进程。
- 保留学生的前测信息，让学生看到自己每个阶段的进步，对自我有清晰的认知。
- 给学生高质量的样本示范，学生通过观察分析、尝试模仿，建立自己的成功标准，老师通过录像记录下来。

整个探究过程：

- 设置"问题时间"，鼓励学生参与讨论，激活他们的荣誉感和自信心，分享他们的经验和理解，激发他们提出新的问题。
- 让学生随机分组进行练习和讨论，让他们在新的学习环境下碰撞、激发，提升团队合作的能力，老师及时观察团队"矛盾"出现后学生的表现并记录。老师可以采用拍照、录像等方式记录学生的言行，据此了解学生目前的学习状况。
- 整个学习过程体现了问题驱动的教学理念。随着学习的展开，学生会不断提出新的问题，形成"产生问题—解决问题—产生新问题"的探究循环。学生提出的这些问题会作为学习目标补充在教案里，驱动学习进程，体现学生的能动性。(见图7-3)

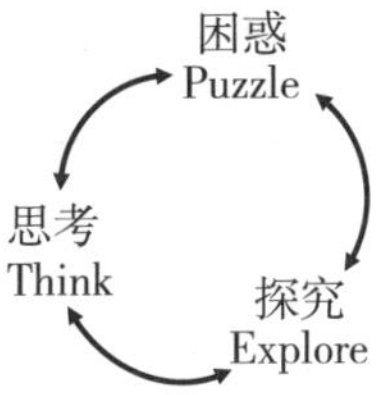

大任务："我推荐的运动"——设计运动项目（球类、综合游戏任选）中多人配合的动作，分析动作的功能与关系，并通过海报展示说明

基本问题：基本运动技能与简单动作同复杂动作有怎样的联系？

子任务1："我是特种兵"游戏比赛
激发困惑1：单个技术动作对本单元的学习有什么帮助？

子任务2：韵律操基本动作学习及创编
激发困惑2：如何进行韵律动作的重新组合？

子任务3："行进间投篮"动作学习
激发困惑3：如何利用前课所学的拆分方式进行新动作学习？

子任务4："三人8字围绕跑动上篮"配合战术学习
激发困惑4：如何合理运用拆分组合方法与同伴共同完成复杂动作的学习？

总结性评估任务："我推荐的运动"海报制作与展示说明
激发困惑5：自己是否已经理解了拆分与组合的学习方式？

思考 Think ⇄ 困惑 Puzzle / 探究 Explore

图 7-3　问题驱动探究

- 为预防学生探究思维过于发散，脱离本单元探究主线，超学科概念与探究线索就显示出不容小觑的作用，始终保证学生在探究主线上进行有根据的探索。(见图7-4)

超学科概念—探究线索	催生老师的问题（引导题）	激发学生的问题
线索1：基本运动技能和简单动作与复杂技术动作之间的联系（关系） 线索2：在完成复杂技术动作过程中基本运动技能和简单动作的作用（功能）	线索1（关系）： 1. 各类游戏、运动中出现了哪些我们学过的基本运动技能？ 2. 拆分与组合的方法还在哪些体育项目的学习中出现过？ 线索2（功能）： 1. 相同的基本运动技能在不同项目中的功能是否有差异？ 2. 如何基于动作的功能性，用拆分与组合的方法去学习新的技术？	线索1（关系）： 1. 如何拆分复杂技术动作以保证动作重新组合的流畅？ 2. 对于需要多人合作的复杂技术动作，如何解决个别同伴表现不足的问题？ 线索2（功能）： 同样的基本运动技能在不同的项目中功能是一样的吗？

图 7-4　探究问题产生的路径

> 小贴士：老师的多与少
> ◇ 精讲、多练，给予学生更多探究空间，通过问题引发学生更多思考，让学生多体验。减少形式化讲解，抛出重要能力探究信息，多给学生个人思考时间，并且鼓励学生记录下分享要点。
> ◇ 灵活分组，增加同伴分享和小组分享，每个学生都有机会参与运动示范及复杂技术动作的拆分和讲解。
> ◇ 采用可视化思路，增强学习的可控性和有效性。
> ◇ 增加对目标学生的密切观察。

2. 元认知（反思性）评估

在进行元认知（反思性）评估时，教师应注意以下事项：

- 从"裁判者"的位置下来，成为观察者、协助者、陪伴者。
- 帮助学生建立"诚实"的态度和成长型思维，评估学生已有的进步和进步的空间。
- 教会学生自评、互评，寻找可以证明自己进步的证据，学习他人高效的学习方法。
- 避免控制性语言，如"你应该……"，改为询问性的语言，如"你对自己的身体感知如何？现在速度、爆发力、灵敏性、柔韧性或是团队协作，哪方面是你最大的挑战？为什么这么说？你最满意的地方是什么？你最想加强的地方是什么？"。

3. 总结性评估

总结性评估是对重要的子任务和大任务的评估，我们用表现性任务来评估学生的真实理解。在本次学习中，学生从自身最感兴趣的运动项目出发，运用拆分与组合的方法进行新一轮的思考和实践，并在此基础上对新运动项目进行创编和展示，进而形成对本单元大观念的概念性理解。

我们基于2022年版体育与健康课程标准的学科教学要求和学业质量描述形成评估标准，结合本单元的大任务生成评估量规。（见表7-8）

表7-8 单元评估量规

评估标准		任务细则
标准A：运动能力	1. 有效地展示和应用运动技能	优异：理解并应用所学过的基本运动技能
		熟练：展示并应用所学过的基本运动技能
		发展中：在展示和应用运动技能方面取得了有限的成功
	2. 设计、解释和论证一项提升运动能力的计划，并且有能力根据结果论证计划的合理性	优异：通过海报创作设计和解释一项多人配合运动技术动作，并且能根据结果论证设计的合理性
		熟练：能制订和描述一项多人配合运动技术动作，并且能根据结果论证设计的合理性
		发展中：基本能制订和概述一项多人配合运动技术动作，并且能根据结果论证设计的合理性
标准B：健康行为	应用安全与健康教育方面的知识解决问题，并做出健康决策	优异：运用所学到的安全与健康知识指导小组参与准备活动以及练习活动
		熟练：能够在他人帮助下，积极参与小组准备活动以及练习活动
		发展中：在他人帮助下也无法积极参与小组准备活动以及练习活动
标准C：体育品德	1. 在解释和展示策略中体现体育精神	优异：在策略的分析和解释中，表达清楚、有逻辑，彰显了小组集体决定、团结协作、懂得担当的品质
		熟练：在策略的分析和解释中，表达较清楚，有共同完成任务的团队意识，但换位思考意识薄弱
		发展中：表达能力欠缺，不愿承担责任，秩序感弱，无团队意识
	2. 具有识别和管理情绪的能力，提高表达自己的感受以及理解和回应他人感受的能力	优异：在完成任务的过程中，能够以成长型心态面对困难和挫折，表达自己的感受，及时寻求帮助，并且帮助别人
		熟练：在完成任务的过程中，能够正确面对困难和挫折，在老师提示下寻求帮助，偶尔帮助别人
		发展中：不能正确面对挫折，不善于表达自己的感受，较难听取他人意见

评估量规中包含了知识（K）和概念性理解（U），也明确了可见的学习证据（D），育人目标也清晰可见，示例见表7-9。

表7-9 评估内容

知识（K）和概念性理解（U） （Learn about）	学习证据（D） （Learn to do）	育人目标 （Learn to be）
K：综合训练游戏的方法 U1：简单动作与复杂动作之间存在功能的联系，拆分与组合可以帮助我们完成复杂的技战术，提高运动能力 U2：不同运动中有很多相同的基本运动技能，这些基本运动技能具有相同的功能，人们可以据此进行新活动的创编	展示海报并将自己小组的学习成果很好地分享给其他的小组，同时能组织大家体验	乐学善思 勇于探究 善于协作

探究发现

请使用下面的思维工具表达你对评估的看法。

关于评估

过去我认为……　　　　　　　现在我认为……

四、大观念的实施

我们以默多克的探究六循环作为大观念实施的依据,本单元的学习活动安排见表 7-10。

表 7-10　本单元学习活动安排

探究循环	学习活动
进入探究 (1课时)	**发布任务**:创设单元探究背景,提出所学的运动技术动作与日常生活的联系,完成多个运动项目的拆分与组合,提高学习复杂技术时的运动表现 **前测**:根据学生体质健康测试表来分析目前学生的身体健康状况以及基本运动能力
探究发现 (1课时)	**子任务 1**:"我是特种兵"游戏比赛 **活动 1**:游戏——"越过障碍" **活动 2**:学习单脚跳、助跑跨越障碍物等单个技术动作
梳理建模 (1课时)	**子任务 2**:韵律操基本动作学习及创编 **活动 1**:学习一套完整的韵律操 **活动 2**:通过已学习的韵律动作展开小组合作探究,创编出一套新的韵律动作并展示出来
深入探究 (2课时)	**子任务 3**:"行进间投篮"动作学习 **活动 1**:学习"行进间投篮"技术动作 **活动 2**:让学生逐步运用拆分与组合的方法去进行动作的学习 **子任务 4**:"三人 8 字围绕跑动上篮"配合战术学习 **活动 1**:观看职业篮球联赛团队配合集锦 **活动 2**:学生进行三角跑动练习 **活动 3**:三人小组合作探究传球的方式方法 **活动 4**:各小组进行"三人 8 字围绕跑动上篮"的成果展示
建构理解 知行合一 (2课时)	**总结性评估任务**:"我推荐的运动"海报制作与展示说明 **活动 1**:分组探究,学生根据自己的体育兴趣自由组合并开启他们的运动探究之旅 **活动 2**:"我推荐的运动"海报制作与展示说明

本章附录：单元计划

单元主题：拆分与组合		
教学内容：人教版体育与健康教材（水平二）韵律活动、小篮球及综合游戏	**创作团队**：重庆市巴蜀常春藤学校博物馆式小学体育与健康学科组	**教学时长**：7课时
阶段一：目标与评估		
基本问题：基本运动技能与简单动作同复杂动作有怎样的联系？		
超学科主题：我是谁　　**超学科概念**：关系、功能　　**学科概念**：动作、互动		
大观念：体育运动中基本运动技能是相通的，简单动作与复杂动作之间存在着功能的联系		
学生将知道的知识（K）： 1. 各种跑动中过障碍的方法 2. 韵律活动中的动作组合 3. 篮球行进间传球和投篮的方法 4. "三人8字围绕跑动上篮"配合战术 5. 综合训练游戏的方法	**学生将理解的概念（U）**： 1. 简单动作与复杂动作之间存在功能的联系，拆分与组合可以帮助我们完成复杂的技战术，提高运动能力 2. 不同运动中有很多相同的基本运动技能，这些基本运动技能具有相同的功能，人们可以据此进行新活动的创编	**学生将成为（　）的人**： 乐学善思 勇于探究 善于协作
学生将具备的能力（D）： **批判性和创造性思考能力** 1. 能快速提取信息，将复杂技术动作拆分成已学过的单个动作 2. 会根据应用情境，思考动作的功能，确定动作的选择，并在动作之间建立联系 3. 能够将拆分与组合的方法迁移到其他项目技术的学习中 **交流、协作和资讯科技能力** 1. 能借助多种工具及线上线下资源开展探究学习 2. 通过图片、文字、图表等视觉呈现方式来记录和表达自己的理解 3. 能在小组学习中发表自己的观点并和自己的队友进行良好的沟通 4. 能将自己小组的学习成果很好地分享给其他小组并能组织大家参与体验		

续表

单元主题：拆分与组合		
阶段一：目标与评估		
探究线索： 线索1：基本运动技能和简单动作与复杂技术动作之间的联系（关系） 线索2：在完成复杂技术动作过程中基本运动技能和简单动作的作用（功能）	引导性问题（老师的问题）： 线索1（关系） 1. 各类游戏、运动中出现了哪些我们学过的基本运动技能？ 2. 动作之间有什么联系？ 3. 拆分与组合的方法还在哪些体育项目的学习中出现过？ 线索2（功能） 1. 如何利用组合动作完成任务？ 2. 相同的基本运动技能在不同项目中的功能是否有差异？ 3. 如何基于动作的功能性，用拆分与组合的方法学习新的技术？	学生的问题（学习进程中收集整理）： 线索1（关系） 1. 如何拆分复杂技术动作以保证动作重新组合的流畅？ 2. 对于需要多人合作的复杂技术动作，如何解决个别同伴表现不足的问题？ 线索2（功能） 同样的基本运动技能在不同的项目中功能是一样的吗？
评估标准： 标准A：运动能力 1. 有效地展示和应用运动技能 2. 设计、解释和论证一项提升运动能力的计划，并且有能力根据结果论证计划的合理性 标准B：健康行为 应用安全与健康教育方面的知识解决问题，并做出健康决策 标准C：体育品德 1. 在解释和展示策略中体现体育精神 2. 具有识别和管理情绪的能力，提高表达自己的感受以及理解和回应他人感受的能力	总结性评估： "我推荐的运动"海报制作与展示说明 形成性评估： 子任务1："我是特种兵"游戏比赛 子任务2：韵律操基本动作学习及创编 子任务3："行进间投篮"动作学习 子任务4："三人8字围绕跑动上篮"配合战术学习 元认知（反思性）评估： TPE反思记录单、分组讨论、角色扮演、创编活动等 总结性评估设计的依据： 学生通过对多个运动项目的拆分与组合，在习得技能的同时，理解动作与动作之间存在着功能的联系，在此基础上，通过介绍、展示新运动项目来表达理解	

续表

单元主题：拆分与组合
阶段二：学习体验

进入 探究	**引导性问题：** 1. 各类游戏、运动中出现了哪些我们学过的基本运动技能？（关系—线索1） 2. 相同的基本运动技能在不同项目中的功能是否有差异？（功能—线索2） **导入：**发布任务并进行前测 **学习活动：** 1. 分组讨论，学生与同伴分享自己热爱的运动，分析实战比赛中单一技术动作的使用与组合，也可以展示自己擅长的运动技能，在讨论中打开大家的思路 2. 观看精彩比赛视频，思考动作的功能及动作之间的关系 3. 用"找朋友"的游戏方式汇集个体意见，形成全班共识；同时收集学生的问题，用"关系""功能"概念进行梳理 【教学策略】分组讨论，"找朋友"，概念梳理 **评估证据：**讨论梳理形成问题墙
探究 发现	**概念性理解：** 简单动作与复杂动作之间存在功能的联系，拆分与组合可以帮助我们完成复杂的技战术，提高运动能力（U1） **探究能力：** 批判性和创造性思考能力以及交流、协作和资讯科技能力 **引导性问题：** 1. 动作之间有什么联系？（关系—线索1） 2. 如何利用组合动作完成任务？（功能—线索2） **子任务**1："我是特种兵"游戏比赛

续表

	单元主题：拆分与组合
探究 发现	**学习活动**： 1. 情境导入：教师作为特战队队长布置穿越原始森林任务，学生分为作战小组开始热身挑战，特战队长为队员传授安全落地缓冲的技能 2. 学生按小队探究如何安全快速通过各种障碍，并针对"小石块""沼泽地""独木桥"等"障碍"展开模拟演练 3. 开展穿越原始森林任务，队员使用单脚跳、助跑跳跃的动作通过"小石块""沼泽地""独木桥"等"障碍"，在真实情境中完成对单个运动动作的掌握和熟练使用 4. 讨论引导性问题，学生理解：可以从任务中梳理出基本动作，使技术标准化，从而更好地完成任务 【教学策略】小组探究、情境教学、比赛游戏、角色扮演、教师示范与纠错 **评估证据**：运用基本运动技能完成游戏任务
梳理 建模	**子任务2**：韵律操基本动作学习及创编 **学习活动**： 1. 教师与学生共同探究学习单个韵律操动作 2. 小组通过个性创意合作创编韵律活动 3. 跟随音乐展示小组创编的韵律活动 4. 讨论引导性问题，学生理解：不同功能的动作的组合可以展现出不一样的运动表现 【教学策略】小组探究、情境教学、比赛游戏、角色扮演、教师示范与纠错、音乐使用 **评估证据**：创编新韵律组合
深入 探究	**子任务3**："行进间投篮"动作学习 **学习活动**： 1. 观看高水平篮球比赛视频，探究如何在行进间快速运球与投篮完成得分 2. 小组进行原地运球与投篮训练 3. 小组配合完成行进间传球与投篮得分 【教学策略】小组探究、多媒体运用、比赛游戏、角色扮演 **评估证据**：完成单人行进间投篮学习和展示

续表

	单元主题：拆分与组合
深入探究	**子任务4**："三人8字围绕跑动上篮"配合战术学习 **学习活动**： 1. 观看职业篮球联赛团队配合集锦 2. 三角跑动练习 3. 探究学习三人配合上篮 4. "三人8字围绕跑动上篮"探究成果展示 5. 讨论引导性问题，理解：篮球动作是由基本运动技能中的简单动作组合而成的，我们能运用这样的方法去学习其他动作 【教学策略】小组探究、情境教学、比赛游戏、角色扮演、教师示范与纠错 **评估证据**：团队完成"三人8字围绕跑动上篮"练习和成果展示
建构理解知行合一	**概念性理解**： 不同运动中有很多相同的基本运动技能，这些基本运动技能具有相同的功能，人们可以据此进行新活动的创编（U2） **探究能力**： 批判性和创造性思考能力以及交流、协作和资讯科技能力 **引导性问题**： 1. 拆分与组合的方法还在哪些体育项目的学习中出现过？（关系—线索1） 2. 如何基于动作的功能性，用拆分与组合的方法学习新的技术？（功能—线索2） **总结性评估任务**："我推荐的运动"海报制作与展示说明 **学习活动**： 1. 分组探究，学生根据体育兴趣进行自由组合，具有共同爱好的学生一起开启他们的运动探究之旅；学生通过之前的学习对基本技术有了较为清晰的认识，借助网络对基本运动技能进行全面的探究，获取并整理相关信息，小组伙伴通过寻找不同项目视频，根据讨论结果设计本小组技战术配合的海报示意图 2. 制作"我推荐的运动"海报，将新的运动项目内容用海报展示出来并在课堂上讲解，指导其他同学体验本组项目并体验其他小组的项目；根据学生的不同情况，教师进行差异化辅导，支持学生进一步探究

续表

单元主题：拆分与组合

建构 理解 知行 合一	3. 梳理上述 4 个子任务和总结性评估任务，形成对单元大观念的理解，并在日常生活中，在其他运动项目中，能够主动运用拆分与组合的思维进行学习 【教学策略】观看教学视频、情景模拟、分组探究、自主设计、角色扮演 评估证据：小组对新运动项目的练习与展示

阶段三：教学反思

教前反思

1. 基于教学目标的反思

之前所学习的简单技术动作为学生探究复杂技术动作提供了一定的基础。在新技能的学习过程中，学生能够对单个技术动作进行有根据的拆分和重组，形成新的技术动作，最终掌握"拆分与组合"这一新的探究方法，而且能够将这一探究方法迁移运用于其他运动项目的探究之中。

前知识、新知识以及未来要学习的知识三者之间存在层层递进、环环相扣的关系。前知识作为铺垫，新知识作为引导，最终指向未来要学习的知识。

2. 基于学情的反思

和低年级学生相比，四年级的学生具有比较强的自主探究能力，同时具有一定的篮球运动基础，在观察能力、思维能力、语言表达能力等方面也有较好的表现，有着强烈的好奇心与动手操作能力。他们喜欢在探索中获取知识，对运动项目中的新技能拥有浓厚的兴趣，有着强烈的学习愿望。同时，此阶段的学生也存在一些欠缺，喜欢独自学习，缺乏合作学习的习惯，不善于与人交流、与人对话，也不能很好地将学习方法迁移到其他运动项目的学习上。

要针对学生特点进行教学，引导学生更多地进行小组合作探究，鼓励学生积极思考、参与交流，使其在不断"试错"中总结、提升，从而掌握复杂技术动作，最后能够明白这一探究方法的功能，并将其迁移至其他运动项目的学习上。

中期反思

针对学生的兴趣与疑问，我们如何回应以支持学生的自主探究（差异化教学）？

在教学过程中，教师课前预设的问题远远不及学生在探究中产生的实际问题。随着学生问题的不断涌现，教师也不断调整教学计划。例如，对课前观看的复杂技术动作的探究，学生毫无头绪，无从下手。此时，教师鼓励学生大胆想象，通过与小组同伴的交流，进行最初的尝试。再者，通过游戏的形式让学生对跑动路线进行有规律的探究，使学生对新技术动作形成运动表象。在探究的过程中，个别学生对视频中的路线记不太清楚，此时教师便和学生一起回忆课前游戏与新学技能之间的关系。这些都对教师的应变能力提出了要求。

单元主题：拆分与组合

教后反思

我们的教学策略多大程度上帮助了学生的理解？哪些主要证据证明学生发展了对 KUD 的理解？

本节课充分结合四年级学生身心发展的规律及特点，以创新作为本节课的出发点。在教与学的关系上，突出学生"学"的主体地位，将课堂真正还给学生，教师仅仅作为一名引导者；在教学模式上，采用学生自主探究的形式，借助各种多媒体手段，小组共同探究；在教学方法上，本着全面提高、突出个性发展的思想，力求让学生在不同维度得到提高，做到真正意义上的全面发展；在教学过程中，教学设计环环相扣、层层递进，从学生的兴趣着手，到最后的迁移式探究，使学生能够明白学习方法的功能及作用。

教师全程没有进行动作示范的教学设计是一次大胆的尝试，学生通过观察、模仿以及不断"试错"进行复杂动作的探究。在学生自主探究的过程中，教师根据学生实际出现的问题，通过视频带领学生及时进行回顾，并且通过不同形式的引导，使学生不断突破困境、克服困难。

四年级的学生，尤其是女生，他们正处于生长发育的关键期，男女学生在身体形态和体能方面开始呈现差异。男生力量素质较好，对篮球运动的好奇心较强；而女生的柔韧素质较好，但是胆量、力气较小，同时较为腼腆。所以在后续的教学中，要更多考虑男女生的差异及兴趣，从而达到教学预期目标。在今后的备课中，设计更多小组探究环节，根据小组自身情况，选择不同形式、不同难度的挑战项目。

仅仅上好一堂课是远远不够的，授人以鱼不如授人以渔，让学生掌握正确的探究方法才能使其受益终身。"我推荐的运动"海报制作与展示说明用可见的作品充分证明了学生对本单元大观念的理解，而这种创造性学习也会不断激发学生的求知欲，激发学生独立自主探究新技能的动力，培养学生探究的独立性和自主性。期待每一位体育教师都能够走进学生的心灵，让每一位学生都感受到运动带来的乐趣。

第八章
艺术：像艺术家一样感知和表达
——"看得见"的节奏

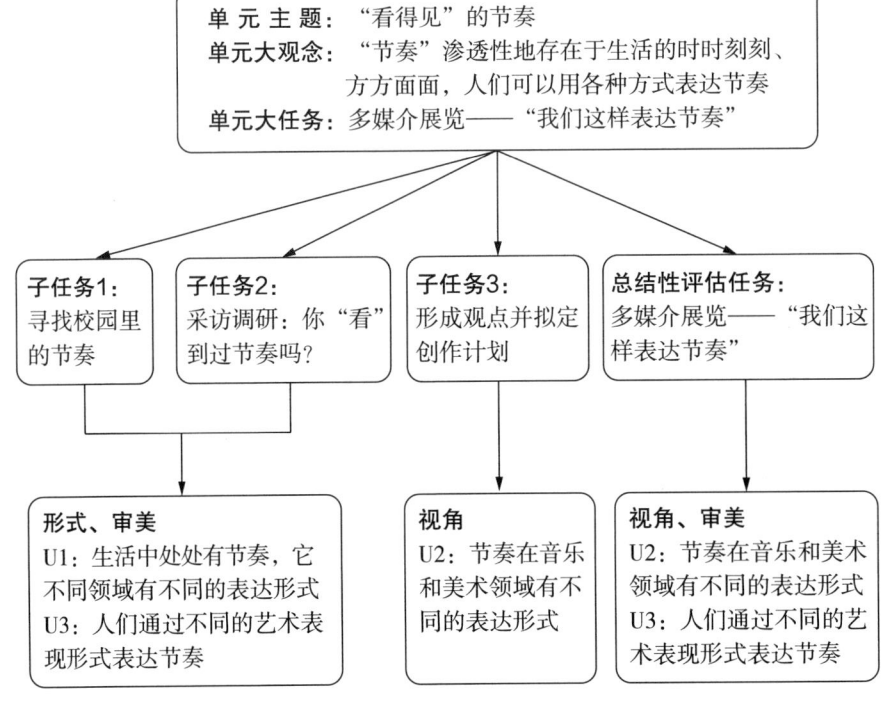

单元探究图谱

第八章 艺术：像艺术家一样感知和表达
—— "看得见"的节奏

单元主题	"看得见"的节奏
单元内容	音乐《老虎磨牙》《点点点》及节奏活动 美术《摆花样》《百变团花》《渐变》
单元大观念	"节奏"渗透性地存在于生活的时时刻刻、方方面面，人们可以用各种方式表达节奏
单元大任务	多媒介展览——"我们这样表达节奏"
设计者	张宁玲 冯卓 曹倩雯 桂栖 吴桃 李天予 赵思妮

一、单元概览

（一）单元设计说明

为什么学习这个单元？它对学生有怎样的重要意义？

会唱歌，但听不懂音乐会，会画画，但看不懂美术展？这是很多学生和家长与我们沟通时提到的困扰。如何理解艺术家的表达方式？如何像艺术家一样表达对生活的感知？观察、理解和表达是竖立在艺术学科面前的三面镜子，提醒我们审视、反思艺术课程的核心素养。

这个单元的着眼点是"节奏"。一说到节奏，人们往往会在第一时间想到音乐。诚然，节奏是音乐学科的基础概念，没有节奏，音乐就会变得杂乱无序，甚至成为噪声。然而，这一概念并不限于音乐，《汉语词典》中对"节奏"的解释：（1）音乐中交替出现有规律的强弱、长短的现象；（2）比喻有规律的进程。阐述这个单元的定位时，与其说它是音乐和美术的跨学科探究单元，不如说它是师生共同创生的超学科单元。在不断提问、调查和探究的过程中，我们各自都"生成"并"升华"了自己对节奏的感知和理解。

节奏是什么？哪里有节奏？除了可以听到节奏，我们能不能看到节奏，甚至闻到、触摸到节奏？当我们把自己置身于各种各样的美学形式当中，我们能感受到艺术家是如何观察生活和用节奏表达生活的，作为生活中真实的个体，我们更能通过观察和记录去收集节奏、整理节奏，像艺术家一样思考，并以美学形式来表达节奏。音乐、数学、美术、文学、光影、脉搏、建筑……，我们能在生活、学习的方方面面感知到节奏，最终我们成为节奏的设计者和表达者，而且这样的表达不是单一的艺术形式，而是多媒介的表达。

本单元教学内容在艺术学科要培养的核心素养中如何定位？所属的学科大观念是什么？

在这个单元的初始阶段，音乐和美术是相对独立的两个学科，在大单元主题引领下独自进行探究。这一相对独立归因于"节奏"这一概念，它在音乐学科中是一个非常重要的概念，而在美术学科中却众说纷纭。

节奏在音乐中有明确的定义，无论是之前学生已经学过的四分音符、全音符，还是未来会接触到的八分音符、十六分音符、休止符等，都有相对固定的音符时值。我们可以说，节奏在音乐中是具象化的，能够在倾听和体验活动中被学生直接掌握。但是，节奏只能被听到吗？音乐家是怎么观察生活中的节奏并在音乐作品中表达的呢？我们也能像音乐家一样用音乐去表达生活中的节奏吗？这些问题随着探究的推进得到了进一步的回答。

而在美术学科中，节奏是一个抽象的概念，这个概念没有一个权威的定义，不同的艺术家在不同的视觉作品中都曾表达过对节奏的理解。可见，在美术学科中，由于受众的文化背景、感知能力、表达能力和想象力不同，对节奏的感知程度不同，即使面对同一作品，不同的人也会对节奏有不同的感悟。在这个单元中"层层叠叠""茂密的花""剪团花"等活动从重复和渐变等美术的学科概念中渗透出美术语言中的"节奏"。这不是我们能够具体听见或者看见的，而是多种感官联合感知到的。

节奏在音乐和美术这两个艺术学科当中存在的形式和定义大相径庭。但是，我们在统整这个单元的时候发现，这两个学科的大观念却是相通的，那就是——"节奏"渗透性地存在于生活的时时刻刻、方方面面，人们可以用各种方式表达节奏。这一大观念与艺术核心素养中的审美感知、艺术表现和创意实践非常契合。学生在探究活动中不断强化了"四力"——可迁移的理解力、敏锐的观察力、专家型的思考力和艺术性的表达力。"四力"结合，运用通感的方式，最终形成个体的观点和表达。在整个单元探究的最后，学生发现"原来'节奏'不是独立存在于音乐和美术学科中的，而是渗透性地存在于我们生活的时时刻刻、方方面面"，形成超学科的认知和表达。正所谓殊途同归、异曲同工，"节奏"在这个大单元的最终呈现中达成了学科间的美学转化和学生作品的风格化、个性化。

大观念延伸出的大任务和核心教学策略是什么？

大观念决定大任务，本单元的大任务设置为：多媒介展览——"我们这样表达节奏"，学生选择自己喜欢的美学形式进行作品设计、制作和阐述。大任务决定教学策略，本单元的教学策略就是让学生从观察中提炼自己的感知，从调查中整理不同的观点，最终形成自己的设计思路和作品表达风格。

除此之外，在单元教学中我们重新反思了教师在教学中的作用。传统教师承担知识和技能的教授任务，此为教师身份的1.0阶段。随着教育改革的推进，教师的身份早已从教授者转变为引导者，这是教师身份的2.0阶段。作为引导者的教师，需要为学生提供多种材料或者资料以供探究使用。在这个单元里，面对单元的核心任务，教师的身份被进一步提升，从资料型教师转变为资源型教师，此为教师身份的3.0阶段。何为资源型教师？当我们要求学习者以专家思维来学习时，艺术教师本身也应该是艺术家，他们的创作激情、创作体验和作品都是激发学生创造力的源泉。在本单元美术第6课时（录像课）我们可以看到，当教师展示自己的作品并和学生交流创作体验的时候，"老师"一下子发光了，学生被激励了，教室从此变得无界，学习因而立体化了。

结合学科探究计划，本单元与前后单元的勾连关系如何？

在二年级的艺术大观念单元设计中，着重将美术语言与学生的生活经验相结合，紧密围绕审美感知、艺术表现和创意实践等核心素养，结合人美版、人教版、湘教版教材中的"百变团花""摆花样""假如我是巨人""动物说话"等内容，先后形成了"组合""节奏""故事"三个大单元。让学生在探究的过程中，了解音乐和美术的多种元素，运用可操作的探究方法，仔细观察生活，像艺术家一样去思考和表达，循序渐进地实现概念性理解。

（二）学习过程扫描

感知音乐中的节奏

人们常常把节奏比作音乐的骨骼，也就是说，节奏是音乐的生命。的确，节奏是音乐的重要组成部分，是音乐的重要表现手段。本单元围绕节奏这个概念，让学生从自己真实的生活场景出发，去探究、体验、思考、整理，最后形成自己对于节奏的概念性理解，尝试着从生活中去发现美、体验美、欣赏美。

本单元的大观念是"节奏"渗透性地存在于生活的时时刻刻、方方面面，人们可以用各种方式表达节奏。围绕"节奏"这个学科概念，学生开启了对本单元的探究之旅。教师先提出问题：在生活中，你都听到过什么节奏？学生先从自己身上找节奏（脉搏、心跳、走路、说话……），然后把寻找节奏的范围扩大到生活的各种场所中，继而拓展到大自然中去，学生发现，原来生活中的节奏是无处不在的。

感知美术中的节奏

同一时间，学生也在美术课堂上寻找节奏的表达：感知日升日落是运动的循环往复，感受建筑的错落、疏密、线条起伏……。节奏以不同的形式出现在学生的视野里。

发现音乐中的节奏

回到音乐课堂，学生在学习整理和尝试记录节奏的过程中，有了新发现：原来我们可以用不同的方式、符号记录节奏，我们还可以自由选择奥尔夫乐器来表达节奏。

节奏是一种发现还是一种发明？生活中的节奏如何表达？学生通过观看音乐家表达节奏的视频以及一系列探究，形成初步认识，再通过对绘本《点点点》中节奏的探索，自己发现规律，然后根据各自的兴趣，选择不同的奥尔夫打击乐器或者舞蹈道具，进行节奏的表达。

声音转瞬即逝，我们如何记录节奏呢？节奏可以塑造音乐形象吗？音乐家是怎样塑造的呢？学生通过欣赏《老虎磨牙》的音乐，感知音乐形象与情绪；他们一起观看视频《好莱坞模拟大师》，发现电影中怪兽的吼叫、大雨瓢泼、骨头断裂等声音原来都是拟音师运用生活中的各种材料模拟出来的；他们通过玩冰糕棒游戏、观看电影片段,尝试用各种打击乐器和物品模拟可能出现的节奏。

最后,我们带领学生来到真实情境中进行声音的录制和收集,场景设置在江边、田野间或者社区的街心花园,学生分头收集不同地区的声音并探究它们的节奏特点,然后,开启他们的创作之旅。

发现美术中的节奏

教师带领学生剪团花,从简到繁,当学生打开团花时都被惊艳到了。有的学生说:"太神奇了!"有的学生说:"像开盲盒一样,打开时总会让我意想不到。"那么,是什么让并未经过刻意设计的团花产生了这样神奇的效果呢?学生发现,从"对折"到"打开",一个部分被复制了,这就是重复,原来就是重复带来了震撼人心的节奏。

我们继续对"重复"这个美术语言进行探究。在一个神奇的国度,那里充满各式各样的美丽图案,那里被称为"花样王国"。那里的雪花各有不同,放大来看,每一朵雪花都是一个美丽的图案。学生发现了这个秘密,赞叹不已。学生玩找规律的游戏,试着用身边的事物来摆出不同花样,文具、水果、蔬菜……,有的是对称样式,有的是发散样式。每一个单元进行重复,得到震撼人心的花样效果。学生体会到重复带来的节奏感。

渐变也是一种节奏。通过各种小游戏,学生看到了各种渐变,感叹渐变的神奇,有学生说由浓到淡的变化让人仿佛感受到了节奏的强弱。此时音乐与美术之间的隔阂被"节奏"打通了。

从重复中感知美术作品的节奏

体会艺术中的节奏

美术语言可以表达声音的节奏。

我们一起来听一段来自沙漠的风声,感受风声带来的节奏,思考可以用什么样的美术语言来表达。学生一边舞动着肢体,一边描述,"我们觉得像起伏的线一样,还有强弱变化的节奏,风时大时小……"。

我们的老师也是一位装置艺术家,她把这件装置艺术作品《听得见的城市》带到了课堂,课堂成了艺术品发布会,教室成了画廊(我们同期展出了其他艺术家的作品),从与身边的艺术家对话,转换到与艺术大师的作品(吴冠中的《春如线》,蒙德里安的《百老汇的爵士乐》,康定斯基的《构成第八号》,埃舍尔的《圆极限》)对话,学生各抒己见,选择给自己最喜欢的作品代言。

最后,学生用美术语言记录身边的节奏带给自己的感受,像艺术家一样去创作属于自己的作品。

节奏无处不在

我们在教室中放置了多个显示器,分别循环播放不同领域专家(包含科学家、作家、音乐领域专家、视觉艺术家等)谈"节奏"的视频,以激发学生的创作热情。

学生选择自己想要表达的节奏和自己感兴趣的表达方式,制订个人创作计划。尝试用不同的美学形式表达自己对节奏的感知:可以是绘画作品,可以是摄影作品,还可以是自己编排/收集的音乐、诗歌、舞蹈等作品。通过召开"我们这样表达节奏"主题展,我们集中展示小小艺术家们的作品。

> **探究发现**
>
> 通过阅读上面的单元概览,与传统教案相比,你发现这份教案有哪些不同点?请列出你的发现。

比较点	传统教案	本教案

二、大观念的生成

(一)超学科主题指向学习的意义

在明确培养目标之前,我们需要反复询问自己这样的问题:我们为什么要学习美术?为什么要学习音乐?更进一步:我们为什么要学习艺术?从2022年版义务教育课程标准音乐、美术课程的学习任务中,我们可以看到"情境表演""发现身边的音乐""欣赏身边的美术""表达自己的感受""改进生活用品"等为一、二年级学生设计的学习内容,由此可见,"真实的生活"毋庸置疑是我们学习艺术的起点和目的地。

素养本位的学习告诉我们,学习艺术不仅仅是为了会画画做手工,会弹琴唱歌,这些都是技术层面的问题,而非艺术层面的问题。其区别在哪儿呢?技术层面讨论的是程度,绘画的熟练程度,技巧的高超程度,临摹的还原程度……;艺术层面讨论的是个人的感受、表达方式和生活的乐趣等。只有让艺术回归生活、服务生活，能够发现生活中的美，艺术学习才会产生真正的价值。

博伊尔的六大超学科主题中"我如何表达自己"，可以帮助教师明确定位学习目的。

我如何表达自己

<u>这是对符号标志、表达方式及审美观的探究</u>。人是通过符号系统进行自我表达和沟通交流的，因而语言符号本身成为重要的研究内容；人们通过各种方式表达情感、价值观、观点，展示创造力，表达方式构成探究的另一内容；<u>人人都有美感，并可通过艺术表现出来，因而，审美也成为重要的探究内容</u>。

上文是六大超学科主题之一"我如何表达自己"的全部探究内容，画线部分是本单元聚焦的细则——探究人们的审美表达方式，学生将理解"人们通过艺术来表现美感"。这个学习目标的定位指向的不仅仅是知识技能的学习，更是对自我与世界交流方式的认知。艺术被赋予了更高的意义。

（二）概念视角统整知识与技能

超学科主题仍然是一个宽泛的研究范畴，我们需要用概念进一步聚焦。

首先，梳理教材，对标《义务教育艺术课程标准（2022年版）》和大观念课程的学科评估标准。（见表8-1）

表8-1　对标文件分析

课程标准		
序号/板块	标准描述	成功标准
"造型—表现"学习领域	本学习任务主要引导学生尝试使用不同的工具、材料和媒介，以及线条、形状、色彩、肌理等造型元素和对称、重复等形式原理，按照自己的想法，以平面、立体或动态等表现形式表达所见所闻、所感所想	能使用不同的工具、材料和媒介，按照自己的想法，以平面、立体或动态等表现形式表达所见所闻、所感所想

续表

课程标准		
序号/板块	标准描述	成功标准
"造型—表现"学习领域	• 尝试用毛笔等工具，在宣纸上进行水墨游戏活动，体验笔墨趣味 • 尝试利用图形的对印，在各种材质的纸上进行表现，体会对称的形式原理 • 通过剪贴、刻画，用拓印、压印等方法制作版画 • 根据自己的观察与感受，尝试用纸、泥等材料，通过折、叠、揉、搓、压等方法、塑造立体造型作品 • 选择自己喜欢的玩具或制作的泥塑，尝试用数码相机、摄像设备拍摄，制作定格动画作品	（内容同上）
"设计—应用"学习领域	本学习任务主要引导学生学会从外观和使用功能等方面了解物品的特点，针对某件物品提出自己的改进意见，进行装饰和美化，初步形成设计意识；引导学生利用不同的工具、材料和媒介，体验传统工艺，学习制作工艺品，知道中国传统工艺是中华民族文化艺术的瑰宝，增强中华民族自豪感 • 从形状、色彩、比例、材料和使用功能等方面欣赏日常生活用品 • 针对自己或他人的一件生活用品，根据外形和使用功能等，提出改进意见，进行装饰和美化 • 在体验传统工艺和制作工艺品时，了解材料的特点，如粗糙、柔滑、坚硬等 • 运用撕、剪、编织等方法制作工艺品，如剪纸、小挂饰等 • 知道中国传统工艺来自民间，是中华民族文化艺术的瑰宝	• 学会从外观和使用功能等方面了解物品的特点，能针对某件物品的设计提出自己的改进意见，进行装饰和美化，初步形成设计意识 • 能利用不同的工具、材料和媒介，体验传统工艺，学习制作工艺品，知道中国传统工艺是中华民族文化艺术的瑰宝，增强中华民族自豪感

续表

课程标准			
序号/板块	标准描述	成功标准
"欣赏—评述"学习领域	本学习任务主要帮助学生感知身边的美，认识美存在于我们周边，初步形成发现、感知、欣赏美的意识 ● 观赏周边自然环境中的山水、树木、花草、动物等，感知其形状美、色彩美和肌理美，体会美存在于我们周围的环境之中 ● 识别学校或社区公共场所中常见的标识，从线条、形状、色彩的角度进行分析，了解其用途和所传递的信息 ● 观赏我国与世界各国表现儿童生活的美术作品，运用线条、形状、色彩、肌理等造型元素，以及对称、重复等形式原理，进行欣赏、评述，了解不同国家的儿童生活	能感知身边的美，认识美存在于我们周边，初步形成发现、感知、欣赏美的意识
"综合—探索"学习领域	本学习任务主要组织学生参与班级或小组开展的美术与姊妹艺术及其他学科相结合的造型游戏活动，初步形成综合探索与学习迁移的能力 ● 利用画笔或计算机，运用线条、形状、色彩等造型元素，以及对称、重复等形式原理，为自己设计名片，为参加小组或班级活动的同学设计席卡等 ● 围绕庆贺生日、过新年、关爱、环保等主题，创作头饰、面具、布景等，以舞蹈、戏剧、动画等形式进行展演	能积极参与班级或小组开展的美术与姊妹艺术及其他学科相结合的造型游戏活动，初步形成综合探索与学习迁移的能力

其次，整理出本单元需要学习的知识，并提炼出学科概念。（见表8-2）

表 8-2　学科概念提炼

学生将知道的知识（K）	学科概念
1. 音乐中节奏的概念 2. 美术语言中能够传递节奏感的方式：重复和渐变 3. 表达声音的美学形式	节奏、表达、通感

我们提炼出"节奏、表达、通感"三个学科概念，但学科概念仍然是孤立存在的，我们需要通过八大超学科概念来进一步统整。我们选择超学科概念"形式、视角、审美"来统整学科概念，形成探究线索：

①节奏在生活中的表现形式（形式）
②节奏的不同表现形式传递的不同意义（视角）
③节奏的创意性表达（审美）

探究线索有助于我们生成以下概念性理解：

①生活中处处有节奏，节奏在不同领域有不同的表达形式。（线索1、2、3，审美感知）
②节奏在音乐和美术领域有不同的表达形式。（线索2，艺术表现）
③人们通过不同的艺术表现形式表达节奏。（线索3，创意实践）

在"形式、视角、审美"这三个超学科概念的加持下，我们发现，单元的研究任务就是让学生理解：艺术的表达形式是多样的，不同的视角会产生不同的意义，艺术的表达是在传达创作者个性化的审美意识。于是，在之前利用超学科主题拟出的大观念"人们通过艺术来表现美感"的基础上，我们将其具体化为本单元的大观念："节奏"渗透性地存在于生活的时时刻刻、方方面面，人们可以用各种方式表达节奏。本单元概念之间的关系见图8-1。

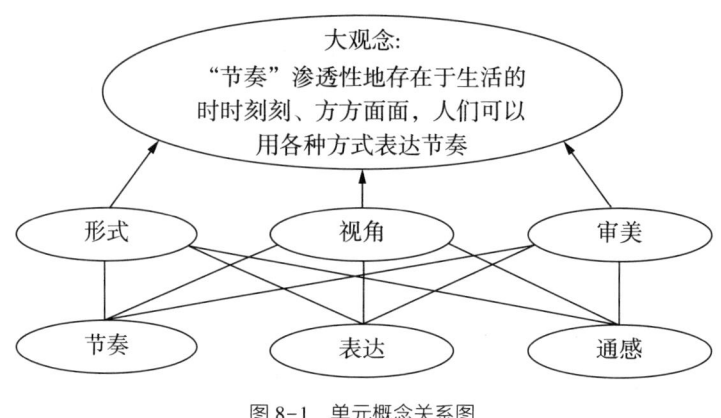

图 8-1　单元概念关系图

（三）概念思维即学科思维

概念思维即学科思维，或专家思维。我们要培养学生的学科思维习惯，把专业的探究方法和程序运用于新的情境。

在对课程标准、教材进行梳理的过程中，我们列出了本单元要求学生做的事情，见下表左栏，这些"事"显得杂而无序。当我们借助"三大探究能力"这一工具，从培养学生的批判性和创造性思考能力、社交和情感能力以及交流、协作和资讯科技能力的角度来梳理这些"事"时，教学就具有了思维培养的属性。以交流、协作和资讯科技能力为例来进行说明，见表 8-3。

表 8-3　学科思维的培养

学生将能做（D）	学科思维
1. 利用乐器进行节奏表现 2. 用美术语言中能够传递节奏感的方式——重复和渐变创作 3. 收集表达声音的美学形式	**交流、协作和资讯科技能力（信息素养）** **制订与规划：** 学生根据任务制订个人创作计划，融入自己对节奏的观察、思考和表达 **收集与记录：** 学生通过校园观察以及采访身边的同学、老师和家人等整理采访信息，从教师提供的艺术家、科学家等各行业专家的采访视频中记录不同人关于"节奏"的观点

续表

学生将能做（D）	学科思维
（内容同上）	整理与阐释： 1. 在整理信息的过程中，学生带着问题进行信息的分类和整理，发现共性与个性，理解不同人的观察、感受和观点、表达都不同 2. 通过对专家视频资料的解读，逐步形成专家思维，增强创作的内驱力和自信心，同时为创作提供更多的想法和材料

同概念的梳理一样，学习能力的梳理也不是一蹴而就的，需要在大任务设计的过程中，在教学活动的设计中，根据需要逐步完善。

我们侧重对具体的学习行为进行描述，便于收集学生理解的证据。通过对行为的描述，我们对学生品格的培养也逐渐清晰起来，示例见表8-4。

表8-4 在"做"中培养品格

学习内容 （Learn about）	学习能力 （Learn to do）	品格养成 （Learn to be）
例1：根据关于"节奏"的艺术家专访进行小组讨论：视觉艺术中哪些概念与"节奏"有关联呢？ 例2：发现生活中的节奏 例3：制订个人创作计划并实施	交流、协作和资讯科技能力——信息素养和信息交流能力	勇于探究 喜欢交流

（四）八大培养目标细化育人目的

品格培养通过"做事"来实现。随着任务的确定和对探究能力的定位，本单元对学习者品格、价值观的培养方向确定为：勇于探究、个性健全、喜欢交流。以"喜欢交流"为例，本单元要收集的证据如下：

● 画廊漫步为艺术品代言，选择喜欢的艺术作品，和同学相互交流对这个作品的解读，通过作品名称、作品中的美术语言共同探究艺术家想要表达的节奏，体验与艺术家对话、与同伴对话的思维激荡的愉悦；直接体验艺术作品代言人和观展者双重身份的冲击，深刻理解艺术作品对生活中真实情感的表达，欣赏他人跟自己不一样的解读。

● 在"节奏大丰收"活动中，与小组成员共同收集节奏、分析节奏，使用打击乐器表达节奏，创作的过程是一个意见碰撞的过程，在不断表达和磨合的过程中，学生完成了一个合作型的表演。

我们用图 8-2 来呈现大观念生成的路径。

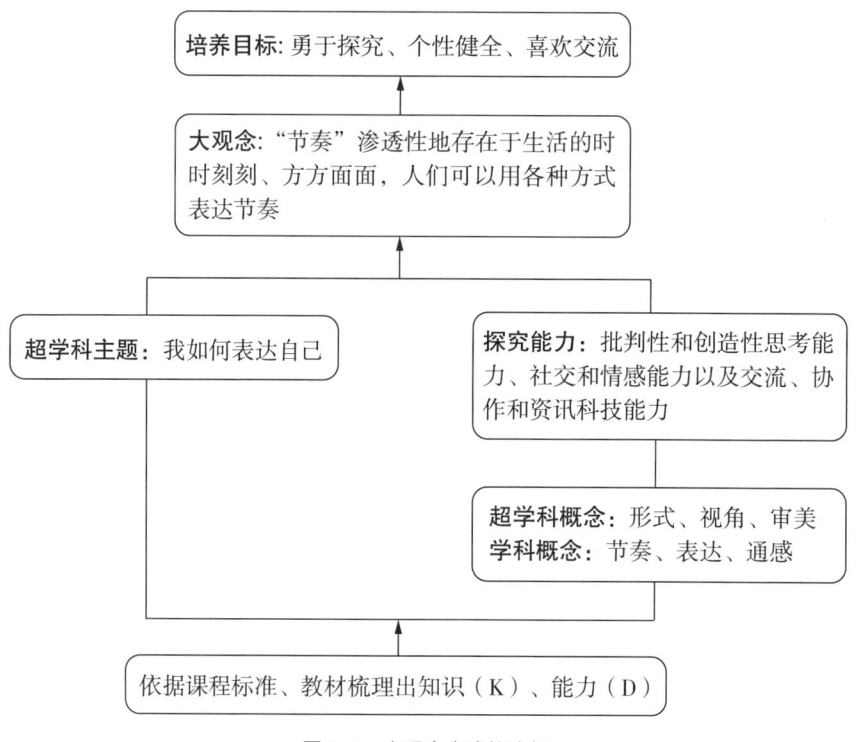

图 8-2　大观念生成的路径

需要再次强调的是，在实际的备课活动中，我们的思维不是线性的，而是在事实与概念、任务之间反复斟酌、调整、打磨、完善。

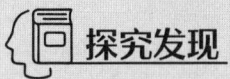 探究发现

从这一部分的描述中,你觉得单元探究教学和传统的单元教学有哪些不同?它是如何落实核心素养导向的教学要求的?请写下你的理解和发现。

与传统单元教学的不同	如何落实核心素养导向的教学要求

三、大任务——大观念的评估

(一)大任务承载大观念

1. 大任务要表现理解

我们借用理解"六侧面"来帮助产生表现性任务,并核查其在多大程度上表现了理解。(见表 8-5)

表 8-5 理解"六侧面"核查表

	评估证据	解释	阐明	应用	洞察	移情	自知
子任务 1	寻找校园里的节奏		√		√		
子任务 2	采访调研:你"看"到过节奏吗?	√			√	√	
子任务 3	形成观点并拟定创作计划	√	√		√	√	
总结性评估任务	多媒介展览:"我们这样表达节奏"	√	√	√			√
其他	KWL 表				√		√
	出门条		√				√

我们用 SOLO 来指导教学目标的制订，检查任务和评估是否表达了理解，以"我们这样表达节奏"为例来说明。（见表 8-6）

表 8-6 SOLO 检查表

SOLO 层次		主要表现	本单元学习中的案例
前结构水平		完全没有理解，答非所问	
浅表性了解水平	单点结构	理解概念或主题的某一方面	能了解音乐的节奏
	多点结构	理解概念或主题的某几方面，但是知识没有被结构化，处于离散状态，不能指向概念性理解	了解音乐的节奏，了解美术的重复、渐变等概念，但是不能建立关系
概念性理解水平	关联结构	能够把多方面的知识、概念结构化，找到相互之间的关系	节奏可以通过通感来表达
	拓展抽象结构	形成了概念性理解，能够迁移，用于解决新情况下的问题	节奏渗透性地存在于生活的方方面面，人们通过不同的方式表达节奏

2. 大任务的设计原则

艺术学科核心素养告诉我们，艺术教育的大观念，就是把"教"与"学"还原为艺术欣赏与创作。

"人人都是艺术家"这一理念贯穿单元设计甚至整个学科设计，从审美感知、艺术表现和创意实践三大层面逐步培养儿童的"双感/敢"——善感知、敢表达。纵向上，提升对生活细节的观察、对个人情绪的描绘；横向上，了解不同人群特别是专家型人群的表达方式，接触更多元化的美学形式，打破"艺术"的局限，形成自己的作品。

在这个单元中，针对"你'看'到过节奏吗？"这个问题，学生采访了身边的朋友、家人，在信息的采集过程中了解到不同的人对节奏有不同的感知。这个过程不仅让他们形成了对不同观念的尊重和理解，也促进了他们对自我观点的反思，走向了艺术的包容性。因为释放了自己，学生最终在多媒介展示中呈现出了文学、物理、医学、美术、音乐等多方面的作品。

千篇一律的思考？整齐划一的训练？大观念教学说"不"。我们要培养的是不

一样的思考者和表达者,他们生而不同、思而不同、行而不同。这样的不同,在大观念上又形成了高度的统一,那就是:"节奏"渗透性地存在于生活的时时刻刻、方方面面,人们可以用各种方式表达节奏。

综上可以看到,大任务的三大属性——学科性、重要性和与学生的相关性都体现在任务探究的过程和目的中。

(二)大任务的评估

我们的评估分为三类:形成性评估、元认知(反思性)评估和总结性评估。

1. 形成性评估

在小学阶段,形成性评估无时不在发生,教师的任务是收集学习证据,以了解学生的理解程度,掌握学习发展进程。本单元主要从以下几个方面开展形成性评估。

● 让学生参与制订学习计划以及成功标准并在学习过程中持续更新。标准更新的过程,就是学生理解发展的过程。

● 同样重要的还有预评估(前测),发生在学习展开之前,用以了解学生学习的起点。教室里准备了一张大大的单元学习的 TPE 反思记录单,所有的疑问都贴在上面,方便学生相互查看并随时解答。随着学习的展开,学生不断撤去已解决的问题并提出新的问题,形成"产生问题—解决问题—产生新问题"的探究循环。这些学生的问题会作为学习目标补充在教案里,驱动学习进程,体现学生的能动性。(见图 8-3)

● 探究线索和超学科概念一起,界定了本单元的探究范围,注意收集学生的问题,对教学计划进行动态调整。(见图 8-4)

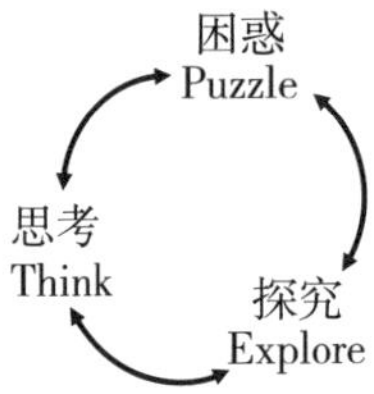

```
                        ┌── 大任务：多媒介展览——"我们这样表达节奏"
                        │
                        │   基本问题：在我们的生活中，哪些地方有节奏呢？
                        │
                        │   子任务1：寻找校园里的节奏
      困惑              │
      Puzzle            │   激发困惑1：什么是节奏？节奏都是听到的吗？节奏可以
        ↑ ↘             │              看到吗？（形式—线索1）
  思考      ↓            │
  Think    探究          │   子任务2：采访调研——你"看"过节奏吗？
        ↖ ↙  Explore    │
                        │   激发困惑2：为什么我们听到的音乐中的节奏是相同的，
                        │              但对美术中的节奏每个人的感觉却不同？艺
                        │              术家的每一幅作品都在表达节奏吗？
                        │              （视角—线索2）
                        │
                        │   子任务3：形成观点并拟定创作计划
                        │
                        └── 激发困惑3：我们怎么运用节奏来表达呢？（审美—线索3）
```

图 8-3 问题驱动探究

超学科概念—探究线索
线索1：节奏在生活中的表现形式（形式）
线索2：节奏的不同表现形式传递的不同意义（视角）
线索3：节奏的创意性表达（审美）

↓

催生老师的问题（引导题）
线索1、3：
1. 节奏是一种发现还是一种发明？
2. 你看到过节奏吗？在哪里看到过？
3. 你能通过哪些感官观察到自然中的节奏？
4. 在生活中你感知到了哪些节奏之美？
5. 艺术家对节奏的理解有哪些不同？
线索2：
1. 音乐作品中不同的节奏能带给我们什么样的感受？
2. 面对相同的美术作品，每个人感受到的节奏都是一样的吗？
3. 美术作品中的"美"与"节奏"有关系吗？
4. 重复和渐变带给我们什么样的节奏感？
5. 艺术家是怎么表达节奏的？
6. 节奏只存在于音乐和美术作品之中吗？

激发学生的问题
线索1、3：
1. 什么是节奏？
2. 节奏是谁发明的？
3. 音乐作品中的节奏在表达什么？
4. 生活中哪些地方有节奏？
5. 艺术家的每一件作品都在表达节奏吗？
线索2：
1. 为什么我感觉到的节奏与别人感觉到的不同？
2. 为什么我们听到音乐中的节奏是相同的，但美术作品中的节奏每个人的感觉却不同？
3. 我们怎么运用节奏来表达呢？
4. 为什么艺术家和科学家都说能"看到"节奏，很多普通人却说节奏是看不到的呢？

图 8-4 探究问题产生的路径

小贴士 1：可用的课堂活动

- 带领学生走出教室，展开调研，进一步增加关于探究问题的一手信息（一手信息比二手信息更能激发探究欲）；
- 校园漫步中，老师可以采用拍照、录像等方式记录学生的言行，据此了解学生学习的起点；
- 鼓励学生参与讨论，激活他们的经验，分享他们的理解，提出新的问题，老师倾听、记录；
- 邀请学生从家里带来各种与探究相关的物件/照片，陈列在教室里，并与同伴分享；
- 在社区调研中，鼓励学生用各种方式记录他们的发现；
- 采用 KWL 表持续记录学生的理解；
- 通过反思展示持续的思考：过去我认为……，现在我认为……；
- 在探究过程中哪些有趣的小故事能够反映学生的理解在进步，老师记录下这些小故事；
- 观察、记录学生的探究行为并分析学习技能的运用情况，或展开直接教学或在应用中予以指导；
- 建立开放的学习空间，如班级视频号，允许家长等校外人士访问并留言反馈；
- 在这个空间里，更多展示老师、家长对学生的"软性"评估，如情感、态度、价值观等。

小贴士 2：可视化思维工具

- STW（观察—思考—怀疑）
- KWL（已知—想知—新知）
- 3-2-1Bridge（3-2-1 桥）
- I used to think…, but now I think…（过去我认为……，现在我认为……）
- Exit Tickets（出门条）

2. 元认知（反思性）评估

元认知（反思性）评估贯穿单元学习始末。KWL 表调动了学生的个体经验，通过前后理解的对比，学生看到了自己每一个阶段的进步。学习结束之后的单元反思，是立足全局，从概念性理解和探究能力（会做）的角度展开的反思，体现了对核心素养的培育。

3. 总结性评估

总结性评估的设计基于学生在学习期间逐渐积累的知识、能力、概念性理解以及态度的改变，目的是在单元学习结束时通过大任务的形式了解学生对单元学习目标的达成情况。我们用表现性任务来评估学生的真实理解，同时用评估标准来生成量规。

以本单元的总结性评估为例，我们看到艺术学科的评价方式要走出对艺术作品和艺术技能的评价，多领域、全方位地去评估学生的艺术核心素养。借助不同的美学形式，利用多感官共同作用，运用所学的艺术技法，结合自己调查收集的资料，以"我们这样表达节奏"为主题进行多媒介展览。学生尝试用不同的美学形式表达自己对节奏的感知：可以是绘画作品，可以是摄影作品，还可以是自己编排/收集的音乐、诗歌、舞蹈等作品。通过召开"我们这样表达节奏"主题展，我们集中展示小小艺术家们的作品。

我们结合艺术学科核心素养，将本单元的总结性评估标准聚焦在审美感知、艺术表现、文化理解和创意实践四个板块。评估思维遵循三项原则：第一，帮助学生找到自己的闪光点和兴趣点，建立"我也可以"的自信心，并让学生像艺术家一样观察起来、思考起来、创作起来；第二，相较于艺术技法和技巧，我们更希望学生能乐学善思、关爱他人、探究创造……，这些多元的评价，要求教师创建更多元的专业空间、文化内涵、探究过程、真实情境、表达方式、教学平台与资源；第三，单元学习评估要成为学生整体学习评价的一部分，而不是一个独立的学科评价，要与其他的评价相互关联、互为因果。

我们选择《义务教育艺术课程标准（2022 年版）》中的音乐和美术学业质量描述（见表 8-7）作为评估标准（见表 8-8）生成的依据，并结合本单元的表现性任务，生成评估量规（见表 8-9）。

表 8-7　义务教育艺术课程标准摘引

音乐学科	美术学科
1. 聆听音乐，对音乐情绪的反应及对音乐的联想和想象符合音乐基本特征并体现个性化；能基本正确地对部分音乐要素及简单的音乐体裁和形式做出适当的反应；能用自己的话简单描述不同音乐的特色（审美感知、文化理解）	1. 能从线条、形状、色彩、肌理等方面欣赏、评述周边环境中各种自然物与人造物，学会发现、感受、欣赏其中的美（审美感知）
2. 跟随录音或与同伴一起演唱，姿势正确，声音自然，词曲基本完整、正确，音色、音量、速度、表情初步做到与歌曲情感相符。唱游活动中能配合音乐进行简单声势、律动、舞蹈或歌表演等，做到身体动作与音乐情绪、节奏和韵律特点基本吻合，能根据音乐及自己的想法变化动作（艺术表现、创意实践）	2. 能识别至少 5 种生活中常见的标识，知道其用途和所传递的信息，并能用自己的语言与同学分享、交流（审美感知）
	3. 能根据教师提出的主题或根据自己的所见所闻、所感所想，使用美术工具、材料和媒介，创作 1—2 件富有创意的平面的、立体或动态的美术作品（如绘画、泥塑、定格动画等）（艺术表现、创意实践）
3. 演奏姿势、方法符合规范，节奏、节拍、旋律等基本正确，力度适宜，速度稳定，伴奏、合奏时能互相配合（艺术表现）	4. 能针对 1—2 件生活用品，提出改进的想法，并能进行装饰和美化（审美感知、艺术表现、创意实践）
4. 认识简单节奏谱和常用音乐符号，模唱简单旋律，做到节奏、音高基本正确（艺术表现）	5. 能运用撕、剪、编织等方法制作 1—2 件工艺品（如剪纸、小挂饰等）（艺术表现、创意实践）
	6. 能口头表述对"中国传统美术是中华民族文化艺术的瑰宝"的感受。（文化理解）
5. 能选用 2—3 种不同的形式进行情境表演，基本表现出情境表演的主题和内容，动作符合音乐特点和角色特征，能体现自己的想法（艺术表现、创意实践）	7. 能积极参与小组或班级组织的各种造型游戏活动，并结合各种活动创作 1—2 件作品（艺术表现）
6. 关注音乐与生活的关系，向他人介绍身边的音乐或音乐现象时，能较清楚地表明自己的感受（文化理解）	8. 在造型游戏活动中，能与同学交流合作，并尊重、理解他人的看法（文化理解）

表 8-8　艺术学科评估标准

标准 A：欣赏与评述 （审美感知、文化理解）	标准 B：造型与表现 （艺术表现、文化理解）	标准 C：设计与应用 （艺术表现、文化理解）	标准 D：综合与探索 （创意实践）
1. 能感知身边的美（自然美、社会美、艺术美），认识美存在于我们周边，初步形成发现、感知、欣赏美的意识 2. 与艺术品建立个人联系，表达对艺术品的看法 3. 以视觉、口头或物理模式（书面或造型表现等形式）传达对艺术作品的初步感知	1. 能使用不同的工具、材料和媒介，按照自己的想法，以平面、立体或动态等表现形式表达所见所闻、所感所想，喜欢体验艺术品 2. 能描述对艺术品的关注点，确定创作艺术品时使用的材料及过程	1. 学会从外观和使用功能等方面了解物品的特点，能针对某件物品的设计提出自己的改进意见并进行装饰和美化，初步形成设计意识 2. 能利用不同的工具、材料和媒介，体验传统工艺，学习制作工艺品，知道传统工艺是民族的文化艺术瑰宝，增强民族自豪感	1. 能积极参与班级或小组开展的美术与姊妹艺术（音乐、戏剧等）及其他学科相结合（综合运用多学科知识）的造型游戏活动，初步形成综合探索与学习迁移的能力 2. 能独自和合作开展创作实践活动

表 8-9　单元评估量规

评估项目	评估标准	评估等级	评估细则
多媒介展览："我们这样表达节奏"	标准 A：欣赏与评述	优异	1. 能深度感知身边的节奏，理解节奏渗透性地存在于我们生活的时时刻刻、方方面面，形成发现、感知、欣赏节奏美的意识 2. 能从艺术作品中感知到节奏与艺术家表达的情感，并能细致表达自己对艺术作品的看法 3. 能使用口头、书面、造型表现等形式清晰传达自己对节奏的感知

续表

评估项目	评估标准	评估等级	评估细则
多媒介展览："我们这样表达节奏"	标准A：欣赏与评述	熟练	1. 能感知身边的节奏，认识节奏存在于我们周边，初步形成发现、感知、欣赏节奏美的意识 2. 能从艺术作品中感知到节奏与艺术家表达的情感，并能简单表达自己对艺术作品的看法 3. 能使用口头、书面、造型表现等形式传达自己对节奏的感知
		发展中	1. 能初步感知身边的节奏，认识节奏存在于我们周边，基本形成发现、感知、欣赏节奏美的意识 2. 能从艺术作品中感知到节奏与艺术家表达的情感，但不善于表达自己对艺术作品的看法 3. 能使用口头、书面、造型表现等形式中的一到两种大致传达自己对节奏的感知
	标准B：造型与表现	优异	1. 能使用不同的工具、材料和媒介，按照自己的想法，以平面、立体或动态等表现形式创造性地表达对节奏的所见所闻、所感所想 2. 能描述自己对节奏的感受，详细记录创作艺术品时的思考、使用的材料及过程
		熟练	1. 能使用一些工具、材料和媒介，按照自己的想法，以平面、立体或动态等表现形式表达对节奏的所见所闻、所感所想 2. 能描述自己对节奏的感受，简单记录创作艺术品时的思考、使用的材料及过程
		发展中	1. 能使用一些工具、材料和媒介，按照自己的想法，以平面、立体或动态等表现形式简单表达对节奏的所见所闻、所感所想，形式比较单一 2. 能简单描述自己对节奏的感受，缺少记录创作艺术品时的思考、使用的材料及过程

续表

评估项目	评估标准	评估等级	评估细则
多媒介展览:"我们这样表达节奏"	标准C:设计与应用	优异	1. 能深度理解重复、变化等设计原则,并能熟练运用设计原则进行关于"节奏"表现的艺术品创作 2. 感受到传统工艺的魅力与节奏并能熟练地借助传统工艺的创作形式表达自己对节奏的理解
		熟练	1. 能理解重复、变化等设计原则,并能基本运用设计原则进行关于"节奏"表现的艺术品创作 2. 感受到传统工艺的魅力与节奏并能借助传统工艺的创作形式表达自己对节奏的理解
		发展中	1. 开始理解重复、变化等设计原则,初步尝试运用设计原则进行关于"节奏"表现的艺术品创作 2. 感受到传统工艺的魅力与节奏,但借助传统工艺的创作形式表达自己对节奏的理解比较困难
	标准D:综合与探索	优异	1. 艺术作品的创作巧妙地结合了姊妹艺术(音乐、戏剧等)及其他学科知识(综合运用多学科知识),形成综合探索与学习迁移的能力 2. 能独自和合作开展创作实践活动
		熟练	1. 艺术作品的创作结合了姊妹艺术(音乐、戏剧等)及其他学科知识(综合运用多学科知识),初步形成综合探索与学习迁移的能力 2. 能独自和合作开展部分创作实践活动
		发展中	1. 艺术作品的创作未结合姊妹艺术(音乐、戏剧等)及其他学科知识(综合运用多学科知识),暂未形成综合探索与学习迁移的能力 2. 需要在他人的帮助下开展创作实践活动

评估量规中包含了知识（K）和概念性理解（U），也明确了可见的学习证据（D），育人目标也清晰可见，示例见表8-10。

表8-10 评估内容

知识（K）和概念性理解（U） （Learn about）	学习证据（D） （Learn to do）	育人目标 （Learn to be）
能仔细欣赏不同的艺术作品，并在老师的引导下探究这些艺术作品中节奏的表达方式	将收集到的信息用思维导图进行记录；以个人或小组的形式进行作品解读的分享	勇于探究 喜欢交流

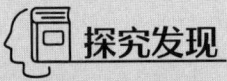

探究发现

请使用下面的思维工具表达你对评估的看法。

关于评估

过去我认为……　　　　　　　　现在我认为……

四、大观念的实施

我们以默多克的探究六循环作为大观念实施的依据，本单元的学习活动安排见表 8-11。

表 8-11　本单元学习活动安排

探究循环	音乐学科	美术学科
进入探究 （1 课时）	**第 1 课时：发现节奏** **引导性问题（形式与审美 1 和 3）：** 生活中你感知到了哪些节奏之美？你能通过哪些感官感受到自然中的节奏？ **学习活动：** 1. 前测，KWL 表，了解学生关于"节奏"的已有认知与兴趣 2. 在自己身上找一找节奏（脉搏、心跳、走路、说话……） 3. 分小组到校园中寻找我们学习和生活中的节奏，用不同的形式进行表达（点、线、面、符号或文字），并在工作纸上记录下来，分小组展示自己在校园中寻找到的节奏 **发现**：生活中节奏是无处不在的	
探究发现 （1 课时）	**第 2 课时：感受节奏** **引导性问题（形式与审美 5）：** 我们可以怎样记录节奏？ **学习活动：** 1. 分析、整理发现的节奏，观察节奏的记录方式并用思维导图的形式记录下来贴在教室里 2. 每个小组从记录表中挑选 2—3 组节奏，选择不同的乐器进行节奏的模拟和表现 **发现**：我们可以用自己的方式记录节奏，并用不同方式表达节奏	**第 2 课时：发现节奏** **引导性问题（形式与审美 3）：** 你"看"到过节奏吗？每个人看到的节奏都有什么不同？ **学习活动**：采访同学、家人、各学科老师、各行各业的人们：你"看"到过节奏吗？利用可视化工具，对这些观点进行整理和分类 **发现**：关于节奏，人们有多种观点——有人看到过，有人从来没有看到过，有人觉得音乐中的节奏可以迁移到美术中来……

续表

探究循环	音乐学科	美术学科
梳理建模（3课时）	**第3课时：认识节奏** **引导性问题（形式与审美4）：** 节奏是一种发现还是一种发明？ **学习活动：** 1. 观看关于"节奏"的音乐专家采访视频，梳理关键信息，获得对节奏的理解 2. 用音乐的方式去表现绘本《点点点》中的节奏 **发现：** 音乐节奏可以表达规律，也可以表达变化 **第4课时：认识节奏** **引导性问题（视角2）：** 音乐作品中不同的节奏能带给我们什么样的感受？ **学习活动：** 欣赏并分析节奏——《老虎磨牙》 **发现：** 通过不同的速度、力度表达的节奏可以塑造不同的音乐形象 **第5课时：收集节奏** **引导性问题（视角1）：** 艺术家是怎么表达节奏的？ **学习活动：** 欣赏并分析视频《好莱坞模拟大师》，学习如何通过乐器或物品模拟生活中的节奏 **发现：** 节奏能够给我们带来不同场景的画面感，把听到的音乐和脑海中的视觉画面联系起来，呈现出不同感官的共同效果	**第3课时：认识视觉艺术中的"节奏"** **引导性问题（形式与审美3）：** 你"看"到过节奏吗？ **学习活动：** 欣赏大自然中的节奏；制作百变团花，感受视觉艺术作品中"重复"的节奏 **发现：** 重复可以带来震撼人心的节奏 **第4课时：重复带来节奏美** **引导性问题（视角1）：** 艺术家是怎么表达节奏的？ **学习活动：** 摆花样，运用节奏创造美 **发现：** 重复可以带来有节奏的视觉美感 **第5课时：渐变带来节奏美** **引导性问题（视角1）：** 艺术家是怎么表达节奏的？ **学习活动：** 出示渐变色的图片，学生感到"渐变"是一种节奏；开展小游戏，用紫甘蓝创造"渐变" **发现：** 渐变带来神奇的视觉体验，让我们感知到韵律之美

续表

探究循环	音乐学科	美术学科
深入探究 （1课时）	**第6课时：表达节奏** **引导性问题（视角2）：** 我们怎么运用节奏来进行创造性的表达？ **学习活动：** 1. 录制和收集 （1）到江边、田野间或者社区的花园里搜集各种声音并发现它们的节奏 （2）思考和观察：一场雨有怎样的节奏？ （3）感受和回忆：春节期间，你发现哪些声音中蕴含着节奏？ 2. 创编节奏 **发现：**节奏不是通过一种感官的体验来表达的，而是通过多种感官的共同体验来进行创作和表达的	**第6课时：表达节奏** **引导性问题：** 1. 艺术家是怎么表达节奏的？（视角1） 2. 面对相同的艺术作品，每个人感受到的节奏都是一样的吗？（视角2） **学习活动：** 1. 观看视频，回顾音乐中的节奏以及美术中的重复和渐变作品 2. 美术语言可以表达身边的节奏 3. 欣赏不同的艺术作品，感受其中的节奏 4. 创作实践：用美术语言记录身边节奏带给自己的感受 5. 分享交流 **发现：**我们也可以像艺术家一样，通过我们多种感官的共同体验来对节奏进行创作和表达
建构理解 （2课时）	**第7、8课时：创意实践——我们可以像艺术家一样表达节奏（超学科融合）** **引导性问题（视角1）：** 艺术家和各行业的专家对节奏的理解有哪些不同？艺术家是怎么表达节奏的？ **学习活动：** 1. 根据各行业专家的视频梳理观点，列出个人创作计划（第7课时） 2. 在教师的指导下，制作自己的作品和作品阐述文本（第8课时） **发现：**节奏无处不在，在自己感兴趣的领域里，我们都能找到节奏；每个人都对节奏有自己的理解，我们可以用自己的方式来表达节奏	

续表

探究循环	音乐学科	美术学科
知行合一 （2课时）	第9、10课时：多媒介展览——"我们这样表达节奏" **引导性问题（视角2）：** 我们怎么运用节奏来进行创造性的表达？ **学习活动：** 1. 借助不同的美学形式，利用多感官共同作用，运用所学的艺术技法，结合自己调查收集的资料，以"我们这样表达节奏"为主题进行多媒介展览，如绘画作品、摄影作品、具有视觉画面的音乐作品等 2. 根据观众反馈，完成单元反思	

本章附录：单元计划

单元主题："看得见"的节奏			
教学内容： 二年级"节奏"单元	**创作团队：**重庆市巴蜀常春藤博物馆式小学音乐学科组和美术学科组		**教学时长：10**课时
阶段一：目标与评估			
基本问题：在我们的生活中，哪里可以找到节奏？			
超学科主题：我如何表达自己	**超学科概念：**形式、视角、审美		**学科概念：**节奏、表达、通感
大观念："节奏"渗透性地存在于生活的时时刻刻、方方面面，人们可以用各种方式表达节奏			
学生将知道的知识（K）： 1. 音乐中节奏的概念 2. 美术语言中能够传递节奏感的方式：重复和渐变 3. 表达声音的美学形式	**学生将理解的概念（U）：** 1．生活中处处有节奏，节奏在不同领域有不同的表达形式（审美感知） 2．节奏在音乐和美术领域有不同的表达形式（艺术表现） 3．人们通过不同的艺术表现形式表达节奏（创意实践）		**学生将成为（　　）的人：** 勇于探究 个性健全 喜欢交流
学生将具备的能力（D）： **交流、协作和资讯科技能力** 1. 信息素养 ● 制订与规划：借助可视化思维工具提出问题，整理、分析和解决问题，制订个人创作规划 ● 收集与记录：在真实情境中开展探究活动，多角度调查，运用所有感官来关注细节，获取体验；在探究过程中借助多种工具记录自己的发现 ● 整理与阐释：整理各种调研资料（视频、音频、文字等），分析、比较、归纳、总结，得出观点 ● 评价与交流：通过图片、视频等可视化方式来记录和表达自己的观点 2. 信息交流能力 ● 听：在探究体验活动中积极倾听别人的观点			

续表

单元主题:"看得见"的节奏			
• 表达：借助各种技术和媒体进行交流 **社交和情感能力** 自我管理能力 • 制订合理的计划并有效执行			（内容同上）
探究线索： 线索1：节奏在生活中的表现形式（形式） 线索2：节奏的不同表现形式传递的不同意义（视角） 线索3：节奏的创意性表达（审美）	**引导性问题（老师的问题）：** **基于线索1和线索3生成的问题** 1. 生活中你感知到了哪些节奏之美？ 2. 美术作品中的"美"与"节奏"有关系吗？重复和渐变给我们带来了怎样的节奏感？ 3. 你能通过哪些感官感受到自然中的节奏？你"看"到过节奏吗？每个人看到的节奏有什么不同？ 4. 节奏是一种发现还是一种发明？ 5. 我们可以怎样记录节奏？ **基于线索2生成的问题** 1. 艺术家是怎么表达节奏的？艺术家和各行业的专家对节奏的理解有哪些不同？ 2. 面对相同的艺术作品，每个人感受到的节奏都是一样的吗？音乐作品中不同的节奏能带给我们什么样的感受？我们怎么运用节奏来进行创造性的表达？		**学生的问题（学习过程中收集整理）：** **基于线索1和线索3生成的问题** 1. 什么是节奏？ 2. 节奏是谁发明的？ 3. 音乐作品中的节奏在表达什么？ 4. 生活中哪些地方有节奏？ 5. 艺术家的每一样作品都在表达节奏吗？ **基于线索2生成的问题** 1. 为什么我感觉到的节奏与别人感觉到的不同？ 2. 为什么我们听到音乐中的节奏是相同的，但对美术作品中的节奏每个人的感觉却不同？ 3. 我们怎么运用节奏来表达呢？ 4. 为什么艺术家和科学家都说能"看"到节奏，而很多普通人却说节奏是看不到的呢？

续表

单元主题："看得见"的节奏	
评估标准： **标准 A：欣赏与评述（审美感知、文化理解）** 1. 能感知身边的美（自然美、社会美、艺术美），认识美存在于我们周边，初步形成发现、感知、欣赏美的意识 2. 与艺术品建立个人联系，表达对艺术品的看法 3. 以视觉、口头或物理模式（书面或造型表现等形式）传达对艺术作品的初步感知 **标准 B：造型与表现（艺术表现、文化理解）** 1. 能使用不同的工具、材料和媒介，按照自己的想法，以平面、立体或动态等表现形式表达所见所闻、所感所想，喜欢体验艺术品 2. 能描述对艺术品的关注点，确定创作艺术品时使用的材料及过程	**总结性评估：多媒介展览——"我们这样表达节奏"** 借助不同的美学形式，利用多感官共同作用，运用所学的艺术技法，结合自己调查收集的资料进行多媒介展览——"我们这样表达节奏" **形成性评估：** 子任务1：寻找校园里的节奏——观察并用自己的方式记录在校园里寻找到的各种节奏 子任务2：采访调研——你"看"到过节奏吗？采访同学、家人、各学科老师、各行各业的人们，落实观点，利用可视化工具整理和分类这些观点 子任务3：形成观点并拟定创作计划——运用可视化工具，梳理自己感受节奏的各种途径，结合子任务2中自己整理和分类的观点进行反思并提炼出自己的观点；回顾自己在整个单元学习过程中的思考路径，结合自己关于节奏的观点，在教师的引导下形成创作计划 **元认知（反思性）评估：** 每一个子任务的设计和完成都指向了最终的总结性评估任务的达成；同时运用KWL表、出门条等思维工具，让学生对每一节课进行反思，对自评和互评的结果进行记录，最终形成学习档案，设计作品的过程也是对学习的回顾过程 **其他评估证据：** 前测、表现节奏的小作品、艺术家采访视频信息整理思考、学习活动工作纸等都设置了自评、互评、师评的标准，用这些评价的表格来推进学生的思考 **总结性评估与大观念的关系：** 　　本单元的总结性评估，以多媒介展览的形式开展。每位学生的作品都经历了前期调研、个人创作理念梳理和设计实施的过程。这个过程中，学生不断回顾对每一个子任务的所学所思，最终通过作品来传达自己对"节奏"的理解。值得关注的是，个人创作理念梳理并不是简单的书写过程，这个过程是"像艺术家一样"的思考过程，要提炼

续表

单元主题："看得见"的节奏	
标准C：设计与应用 **（艺术表现、文化理解）** 1. 学会从外观和使用功能等方面了解物品的特点，能针对某件物品的设计提出自己的改进意见、进行装饰和美化，初步形成设计意识 2. 能利用不同的工具、材料和媒介，体验传统工艺，学习制作工艺品，知道传统工艺是民族的文化艺术瑰宝，增强民族自豪感 **标准D：综合与探索** **（创意实践）** 1. 能积极参与班级或小组开展的美术与姊妹艺术（音乐、戏剧等）及其他学科相结合（综合运用多学科知识）的造型游戏活动，初步形成综合探索与学习迁移的能力 2. 能独自和合作开展创作实践活动	自己对"节奏"的观点，整合前期各项采访和调查获得的资料，并在资料中选取自己作品的主要创作方向，从而形成自己的作品。最终在展览上，以作品传递观点，以作品承载思想，以作品表达自己，正如本单元超学科主题"我如何表达自己"所要求的那样，围绕大观念，从不同的视角去探究，呈现自己的观点，提升自我的创造力和审美鉴赏能力。 本单元我们确立了"'节奏'渗透性地存在于生活的时时刻刻、方方面面，人们可以用各种方式表达节奏"这一大观念。通过一系列的探究活动，学生不仅整理和分析了大量的观点，也在这个过程中"升华"了自己的观点。在"我们这样表达节奏"的展览中，为学生创设了表达自己生活中的节奏的空间和任务，鼓励学生更细致地观察生活中的韵律之美。这项任务一方面考虑到学生的差异性，让学生可以选择自己喜欢的美学形式，另一方面从一开始就发布了这个任务，使其贯穿整个单元学习，学生在完成任务的过程中运用到了多个学科的知识和技能。观察生活并且表达生活，这样的任务增强了趣味性，也强化了生活化审美的重要性。 本单元的总结性评估指向的是艺术学科要培养的核心素养，提炼的大观念与艺术核心素养中的审美感知、文化理解、艺术表现和创意实践非常契合。在整个单元的大任务和子任务的完成过程中，学生不断强化"四力"——敏锐的观察力（如子任务1）、可迁移的理解力（如子任务2）、专家型的思考力（如子任务3）和艺术性的表达力（如总结性评估任务）。"四力"结合，运用通感的方式，最终形成自己的观点和表达（大任务）。在整个单元探究的最后，学生发现原来节奏不是独立地存在于音乐和美术学科中的，而是渗透性地存在于我们生活的时时刻刻、方方面面，形成超学科的认知和表达。正所谓殊途同归、异曲同工，"节奏"在这个大单元的最终呈现中达成了学科间的美学转化和学生作品的风格化、个性化。

续表

	单元主题:"看得见"的节奏		
	阶段二：学习体验		
	学习目标		
	概念性理解： 审美感知——生活中处处有节奏，节奏在不同领域有不同的表达形式		
	学习活动		评估证据
进入探究	**第1课时：发现节奏** **引导性问题：** 生活中你感知到了哪些节奏之美？你能通过哪些感官感受到自然中的节奏？（形式与审美1和3） **学习活动：** 1. 前测，KWL表，了解学生关于"节奏"的已有认知与兴趣 2. 在自己身上找一找节奏（脉搏、心跳、走路、说话……） 3. 分小组到校园中寻找我们学习和生活中的节奏，用不同的形式进行表达（点、线、面、符号或文字），并在工作纸上记录下来，分小组展示自己在校园中寻找到的节奏 **发现：** 生活中节奏是无处不在的 【教学策略】探究式学习		"寻找校园里的节奏"工作纸和STW工作纸
	学习目标		
	概念性理解： 艺术表现——节奏在音乐和美术领域有不同的表达形式 **探究能力：** 交流、协作和资讯科技能力		
探究发现	学习活动		评估证据
	音乐学科 **第2课时：感受节奏** **引导性问题：** 我们可以怎样记录节奏？（形式与审美5）	美术学科 **第2课时：发现节奏** **引导性问题：** 你"看"到过节奏吗？每个人看到的节奏都有什么不同？（形式与审美3）	（无）

续表

	单元主题:"看得见"的节奏		
	学习活动		评估证据
探究发现	学习活动： 1. 分析、整理发现的节奏，观察节奏的记录方式并用思维导图的形式记录下来贴在教室里 2. 每个小组从记录表中挑选2—3组节奏，选择不同的乐器进行节奏的模拟和表演 发现： 我们可以用自己的方式记录节奏，并用不同方式表达节奏 【教学策略】探究式学习	学习活动： 采访同学、家人、各学科老师、各行各业的人们：你"看"到过节奏吗？利用可视化工具，对这些观点进行整理和分类 发现： 关于节奏，人们有多种观点——有人看到过，有人从来没有看到过，有人觉得音乐中的节奏可以迁移到美术中来……。 【教学策略】 广泛调研、探究式学习	观察记录 任务单
梳理建模	第3课时：认识节奏 引导性问题： 节奏是一种发现还是一种发明？（形式与审美4） 学习活动： 1. 分组观看关于"节奏"的音乐专家采访视频，梳理关键信息：节奏是什么？生活中的节奏是怎么通过音乐来表现的？通过小组合作，理解音乐专家的对话，再次梳理自己对节奏的理解 2. 用音乐的方式去表现绘本《点点点》中的节奏 (1) 阅读绘本《点点点》，感受文本的用意 (2) 出示文本前三张图片，教师选择不同的奥尔夫打击乐器进行节奏示范	第3课时：认识视觉艺术中的"节奏" 引导性问题： 你"看"到过节奏吗？（形式与审美3） 学习活动： 1. 欣赏大自然中和视觉艺术作品中的节奏 2. 观看关于"节奏"的艺术家专访视频，小组讨论：视觉艺术中哪些概念与"节奏"有关联？ 3. 节奏的震撼力——百变团花 (1) 将正方形纸对折后，剪出四个一样的图案	观察记录 任务单

续表

	单元主题:"看得见"的节奏		
	学习活动		评估证据
梳理建模	（3）分成4个小组，将绘本分成4份，让学生自己去探索规律并选择奥尔夫打击乐器或者舞蹈道具进行节奏的表达 （4）分小组进行作品的展示和解说 **发现**：音乐节奏可以表达规律，也可以表达变化 【教学策略】启发式教学 **第4课时：认识节奏** **引导性问题**：音乐作品中不同的节奏能带给我们什么样的感受？（视角2） **学习活动**： 1. 欣赏《老虎磨牙》中的音乐，猜一猜，这段音乐表现的是什么？ 2. 观看微课视频，小组讨论和探究：节奏是如何塑造音乐形象的（不同的速度和力度……）？ 3. 创编和展示：运用大鼓和不同的节奏塑造不同的老虎形象 **发现**：通过不同的速度、力度表达的节奏可以塑造不同的音乐形象 【教学策略】情境教学法	（2）试剪"月牙""锯齿""毛毛纹"等剪纸艺术语言符，尝试用剪刀口与剪刀尖剪出镂空图形 （3）尝试用三折法、四折法剪一个团花 **发现**：重复可以带来震撼人心的节奏 【教学策略】启发式教学 **第4课时：重复带来节奏美** **引导性问题**： 1. 艺术家是怎么表达节奏的？（视角1） 2. 面对相同的美术作品，每个人感受到的节奏都是一样的吗？（视角2） **学习活动**：摆花样，运用节奏创造美 **发现**：重复可以带来有节奏的视觉美感 【教学策略】启发式教学	课堂作品 创意作品

续表

	单元主题:"看得见"的节奏		
	学习活动		评估证据
梳理建模	**第5课时：收集节奏** **引导性问题**：艺术家是怎么表达节奏的？（视角1） **学习活动**：欣赏并分析视频《好莱坞模拟大师》 1. 一起观看视频《好莱坞模拟大师》，感受声音中的节奏 2. 讨论生活中都会出现什么样子的节奏 3. 分小组观看电影片段，用各种打击乐器和物品模拟节奏 4. 分小组展示，并说明创作思考 5. 发布任务 （1）录制和收集：到江边、田野间或者社区的花园里搜集各种声音并发现它们的节奏 （2）思考和观察：一场雨有怎样的节奏？ （3）感受和回忆：春节期间，你发现哪些声音中蕴含着节奏？ **发现**：节奏能够给我们带来不同场景的画面感，把听到的音乐和脑海中的视觉画面联系起来，呈现出不同感官的共同效果 【教学策略】探究式学习	**第5课时：渐变带来节奏美** **引导性问题**：艺术家是怎么表达节奏的？（视角1） **学习活动**： 1. 问题：什么是渐变？你能说出哪些形式的渐变？ 2. 教师出示一张图，里面由黑到白、由近到远、由宽到窄、由大到小地逐渐变化，请学生找出来这些变化 3. 再出示一张图片（云雾风景），感知色彩的渐变（明度、纯度、色相） 4. 小游戏，用紫甘蓝创造渐变过程（形状、大小、颜色） **发现**：渐变带来神奇的视觉体验，让我们感知到韵律之美 【教学策略】启发式教学	感受与表达

257

续表

	单元主题："看得见"的节奏	
	学习活动	评估证据
梳理建模	回顾并讨论： 1. 为什么我们听到音乐中的节奏是相同的，但美术中的节奏每个人的感觉却不同？ 2. 为什么艺术家和科学家都说能"看"到节奏，很多普通人却说节奏是看不到的呢？ 3. 音乐可以表达视觉感受吗？ 4. 我们怎么运用视觉来表达节奏呢？	学生反馈
	学习目标	
	概念性理解： 创意实践——人们通过不同的艺术表现形式表达节奏 **探究能力：** 交流、协作和资讯科技能力	
	学习活动	评估证据
深入探究	音乐学科 **第6课时：表达节奏** **引导性问题：**我们怎么运用节奏来进行创造性的表达？（视角2） **学习活动：** 1. 观看视频，根据问题引导学生发现生活中多样的节奏 2. 通过聆听不同乐器和音频素材，将自己的听觉和其他感觉联系起来，进行对应主题的选择 3. 根据游戏进行分组，进一步探索乐器及素材的声音	美术学科 **第6课时：表达节奏** **引导性问题：** 1. 艺术家是怎么表达节奏的？（视角1） 2. 面对相同的艺术作品，每个人感受到的节奏都是一样的吗？（视角2） **学习活动：** 1. 观看视频，回顾音乐中的节奏以及美术中的重复和渐变作品 2. 美术语言可以表达身边的节奏	任务单

续表

单元主题："看得见"的节奏			
	学习活动		评估证据
深入探究	4. 用奥尔夫乐器和上节课的任务素材进行主题创作： （1）小溪与大海的对话 （2）热闹的乡村田野 （3）风和雨的舞蹈 （4）我们的春节 5. 小组进行节奏主题编创的表演展示 **发现**：节奏不是通过一种感官的体验来表达的，而是通过多种感官的共同体验来进行创作和表达的 【教学策略】探究式学习	（1）听一段风声，感受风声带来的节奏感，思考可以用什么美术语言表达 （2）教师装置艺术作品《听得见的城市》发布会，学生扮演记者对教师进行提问 3. 欣赏不同艺术作品，感受其中的节奏感，如吴冠中的《春如线》、蒙德里安的《百老汇的爵士乐》、康定斯基的《构成第八号》、埃舍尔的《圆极限》等 4. 创作实践：用美术语言记录身边节奏带给自己的感受（提供不同的材料：铅笔、彩色长短纸条、泡沫印章和颜料、彩色大小不同的圆……） 5. 分享交流 **发现**：我们也可以像艺术家一样，通过多种感官的共同体验来对节奏进行创作和表达 【教学策略】启发式教学	主题作品

续表

	单元主题："看得见"的节奏	
	学习目标	
	概念性理解： 审美感知——生活中处处有节奏，节奏在不同领域有不同的表达形式 创意实践——人们通过不同的艺术表现形式表达节奏 **探究能力**： 社交和情感能力 交流、协作和资讯科技能力	
	学习活动	**评估证据**
建构理解	**第7、8课时：创意实践——我们可以像艺术家一样表达节奏（超学科融合）** **引导性问题**：艺术家和各行业的专家对节奏的理解有哪些不同？艺术家是怎么表达节奏的？（视角1） **学习活动**： 1. 画廊漫步：在教室中陈列多个显示器，分别循环播放不同领域专家谈"节奏"的视频，包含科学家、作家、音乐领域专家、视觉艺术家等 2. 学生梳理专家视频中的信息，整理自己对节奏的理解，在前期探究的基础上逐步形成专家思维 3. 选择自己想要表达的节奏以及自己感兴趣的表达方式，制作个人创作计划：如何观察、如何记录、如何表达 4. 在教师的指导下，制作自己的作品和作品阐述文本，完成反思 **发现**：节奏无处不在，在自己感兴趣的领域里，我们都能找到节奏；每个人都对节奏有自己的理解，我们可以用自己的方式来表达节奏 【教学策略】探究式学习	创作计划表

续表

单元主题："看得见"的节奏		
	学习活动	评估证据
知行合一	**第9、10课时：多媒介展览——"我们这样表达节奏"** 引导性问题：我们怎么运用节奏来进行创造性的表达？（视角2） **学习活动：** 1. 借助不同的美学形式，利用多感官共同作用，运用所学的艺术技法，结合自己调查收集的资料，以"我们这样表达节奏"为主题进行多媒介展览，如绘画作品、摄影作品、具有视觉画面的音乐作品等 2. 根据观众反馈，完成单元反思	个人作品
阶段三：教学反思		

教前反思

1. 基于教学目标的反思

本单元教学目标围绕音乐和美术两大艺术学科要培养的核心素养来建构，突出了学生的审美感知、文化理解、艺术表现和创意实践。同时，使"高于生活"的艺术重新回归到生活当中，学生通过拆解、体验、重点关注，找到这些艺术语言在生活中的"原型"，尝试理解和模仿艺术家的思考和表达方式，并最终形成自己的表达。

结合2022年版艺术课程标准对一、二年级学生核心素养培育的要求，我们找到了教学目标的方向，其描述可以归纳为：在"造型—表现"学习领域，学习任务主要是引导学生尝试使用不同的工具、材料和媒介，以及线条、形状、色彩、肌理等造型元素和对称、重复等形式原理，按照自己的想法，以平面、立体或动态等表现形式表达所见所闻、所感所想；在"设计—应用"学习领域，学习任务主要是引导学生学会从外观和使用功能等方面了解物品的特点，针对某件物品提出自己的改进意见，进行装饰和美化，初步形成设计意识；在"欣赏—评述"学习领域，学习任务主要是帮助学生感知身边的美，认识美存在于我们周边，初步形成发现、感知、欣赏美的意识；在"综合—探索"学习领域，学习任务主要是组织学生参与班级或小组开展的美术与姊妹艺术及其他学科相结合的造型游戏活动，初步形成综合探索与学习迁移的能力。

在目标设定的过程中，我们紧紧围绕课程标准的要求来设计单元目标，让学生在大任务的引导下去探究，统整了课程标准、教学内容和教学方式，在质疑和探究中形成了师生的"创生"课程，促进了教师和学生观点的碰撞和升华。"节奏"，在这两个艺术学科当中其存在的形

续表

单元主题:"看得见"的节奏

式和定义大相径庭。但是,我们在统整这个单元的时候发现,这两个学科的大观念是相通的,都指向"四力"——可迁移的理解力、敏锐的观察力、专家型的思考力和艺术性的表达力。"四力"结合,运用通感的方式,最终形成自己的观点和表达。

在整个单元探究的最后,学生发现"原来'节奏'不是独立存在于音乐和美术学科中的,而是渗透性地存在于我们生活的时时刻刻、方方面面",形成超学科的认知和表达。正所谓殊途同归、异曲同工,"节奏"在这个大单元的最终呈现中达成了学科间的美学转化和学生作品的风格化、个性化。

2. 基于学情的反思

二年级的学生在观察和表达方面有了一定的积累,想象力丰富,具有一定的生活经验,知识储备逐渐增多,这些有助于其在本单元的学习中进行经验的迁移并形成超学科的思考。在分析和整理资料的过程中,有一定的阅读和书写能力,对可视化思维工具的使用也逐渐熟练。但就"节奏"这一学科概念,学生理解起来会有一定的难度,因此,将整个单元的探究过程放到生活当中,有利于提升学生的兴趣,增强他们的学习内驱力,也方便他们在生活中随时随地去观察和获取信息,激发他们的任务意识。在单元推进过程中,专家访谈等一系列资料,帮助学生开阔眼界并形成了资源意识,有助于学生专家型思维和艺术性表达能力的形成。

中期反思

针对学生的兴趣与疑问,我们如何回应以支持学生的自主探究(差异化教学)?

兴趣与疑问都是学生自主探究的诱发点,但每个学生的兴趣与疑问不一定是同时产生的。有些学生容易好奇,但不善于提问,因此注意力很快会转移,以至于探究活动不够专注或者不够深入。我们的策略是,抓住学生瞬间的疑惑,并且鼓励他们记录下来,运用反思工具让学生自己进行记录,结合教师的观察记录表,用探究线索来梳理并纳入探究流程中,使问题得以解决。

在差异化教学方面,本单元的大任务之所以为综合展示,就是为了让学生用自己感兴趣的方式去表达节奏。艺术表达不是艺术单一学科的事情,而是将学生的艺术表现、思辨理解、语言能力等进行综合展现和评价的。不同艺术表现力的学生在创作设计计划时可以得到来自不同专业背景的导师的指导,很大程度上保障了这些导师不会仅从艺术角度去指导和评价学生的作品。艺术本身就是个人思想的多元表达,展览是呈现的途径,我们不能说谁的作品更美,我们从每个学生的作品中解读他们对节奏的理解和对生活的认知。我们发现,静下心来去聆听学生

续表

单元主题："看得见"的节奏
对自己作品的解读，是一件有意义的事情，每个学生丰富又充满惊奇的内心世界是如此有趣。让更多人参与到学生的创作和展示环节，就能让更多人去找到不同形式的共鸣，扩大观众基数也是让学生得到更公平和更多关注的方式。同时，我们也有进一步的思考，那就是——不同艺术表现力的学生如何在综合展示中获得公平的关注？

教后反思

1. 我们的教学策略多大程度上帮助了学生的理解？

在探究式学习中，我们进行了多次调研，让学生从生活中、从身边去发现节奏，发现每个人的理解都各不相同。世界是多元的、变化的，来自真实世界不同角度的声音让我们看到原来同样的问题有着不同的解答。这一策略也让学生听到来自科学、艺术、文学等不同领域专家对"节奏"的看法，深刻理解"节奏"带来的不同形式的美。

启发式教学在这个单元里主要体现为"艺术家经验"，即学生如何从模仿开始，将老师的经验转化成自己的经验，最后通过艺术的形式表现自己的所思所想。在《看得见的城市》一课中，我们看到，在教师分享自己的艺术家创作经验时，我们可以从理性的角度去剖析"节奏"是怎么样形成的，再从感性的角度去阐述如何才能用"节奏"表达自己的内心世界。学生可以通过模仿进行尝试，并在教师引导下逐步做得更好。当然，单纯的模仿并不能让学生理解"节奏"在生活中是如何与我们产生联系的，因此教师引导学生走出课堂去观察生活，并且把生活经验与知识储备运用到对"节奏"的学习上。例如，将蒙德里安的《百老汇的爵士乐》、埃舍尔的《圆极限》等经典艺术作品制作成随着节奏进行颜色跳动变化的动画，让学生能够积极主动地观察，看颜色和线条是如何翻转变化的。随着观察的推进，学生逐渐感受到了音乐与美术节奏律动的相同与不同。因为有了很多生活里的观察，学生回到教室进行创作计划的设计时，教师要做的仅仅是引导他们如何把这些观察落实到表达上来。例如，将生活中出现的"节奏"几何化并运用不同的色彩加以表现，通过颜色的搭配与对比变化，用线条造型概括具体形象与抽象概念的变化，等等。

2. 哪些主要证据证明学生发展了对 KUD 的理解？

在音乐课上，学生利用奥尔夫乐器进行了《点点点》绘本节奏的创编，再现了《老虎磨牙》的音乐形象，在收集身边的节奏时有目的、有选择地进行筛选，从美术活动中感受到艺术作品蕴藏的节奏，并结合后续的探究，最终将所学落实到个人的创作计划中。学生对每次学习活动的小任务充满兴趣，[每次任务完成后都要进行反思，通过自评、互评和师评的方式不断回顾自己的所学所思。通过小任务的工作纸、教师观察记录以及反思表，我们可以发现学生对知

续表

单元主题:"看得见"的节奏
识的理解和迁移,最终反映在单元大任务的完成过程中,一方面学生在阐述作品的过程中充分运用了本单元学习的知识点和概念性理解,另一方面对大任务的完成也是学生个人交流、协作和资讯科技能力以及社交和情感能力的体现。整个单元中,学生表现出高度的自信,能够利用多次调研的记录生成自己的想法,梳理收集到的信息,并从这些信息中提炼自己的想法,形成个人创作计划并按照计划实施,这些过程和结果都很好地体现了学生对KUD的理解。

第九章
超学科：个人身份与文化认同
——听，服饰在说话

单元主题：我们如何表达自己
单元大观念：服饰可以表达自我和社会文化
单元大任务：
1. 设计学校戏剧节服饰
2. 提出校服改良建议
3. 在变装日突破自己的穿衣风格

探究六循环

进入探究
- 布置大任务
- 从KWL表中提炼中心思想逆向设计

探究发现
- 从个人、社会、时间、地域四个维度开展探究
- 挖掘三条探究线索

辩论：
- 男孩穿裙子去幼儿园，家长该不该阻止

梳理建模
- 使用思维工具整理发现环节的活动
- 发展出自己的理解

深入探究
- 基于学生提问，探究时尚潮流与个人、社会的关系

建构理解
- 梳理整个单元活动的概念性理解

知行合一
- 完成大任务
- 基于个人兴趣开展自己的行动

单元探究图谱

第九章　超学科：个人身份与文化认同
——听，服饰在说话

单元主题	我们如何表达自己
单元内容	服饰与表达
单元大观念	服饰可以表达自我和社会文化
单元大任务	设计学校戏剧节服饰，提出校服改良建议，在变装日突破自己的穿衣风格
设计者	代　韵　杜璐遥　司雅静　李一莹

一、单元概览

（一）单元设计说明

为什么学习这个单元？它对学生有怎样的重要意义？

衣、食、住、行，组成了我们生活的日常。其中，"衣"被放在了首位，它与我们的关系复杂又有趣。服饰不仅反映了一个人的性格，也是时空文化的镜子。五年级的学生正处于半幼稚、半成熟的过渡时期，对于个人形象开始有了更多的关注。

这个单元我们定位在超学科主题"我如何表达自己"上，我们和学生一起从个人、社会、时间、地域四个维度去探究服饰与表达的关系。社会学涉及的生活现象很容易激发学生的好奇心，促使学生从更多元的角度反思服饰之于个体身份认同与文化认同的意义，从而定位自己及族群在世界上的位置。

社会学研究本身就是跨学科的：统计与调查涉及概率，数据的传递和图表化表达涉及数学和编程，对文学形象的服饰分析涉及语文，人们选择服饰时会考虑哪些因素涉及心理学……。在研究服饰"表达"的过程中，以上学科领域自然被纳入。学生由此会认识到，各学科知识在真实世界的问题面前本身就是以一个整体的形式被需要的。

本单元教学内容在道德与法治学科要培养的核心素养中如何定位？所属的学科大观念是什么？

超学科单元指向道德与法治学科要培养的核心素养"健全人格"，所体现的社会学科的大观念是变化与时空。它聚焦于"创造力、多样性、刻板印象"这三个概念，从时间维度引导学生了解服饰的变化，理解个人与社会的关系，从地域维度理解服饰之于族群的文化意义，从而理解自己以及所属文化群体在世界上的位置。为此，我们提炼的单元大观念为：服饰可以表达自我和社会文化。

大观念延伸出的大任务和核心教学策略是什么？

大观念决定大任务，我们结合本学期的学校活动以及学生最关心的校服话题，设计了三项大任务——设计学校戏剧节服饰，提出校服改良建议，在变装日突破自己的穿衣风格。大任务决定教学策略，本单元的教学策略就是从身边的服饰现象、话题入手，逐步将对服饰的探究拓展到社会和世界范围，采用体现多元文化观点的教学资源，充分利用多媒体手段，激励学生参与学习，在讨论、辩论和行动中建构理解。

结合学科探究计划，本单元与前后单元的勾连关系如何？

在整个小学阶段的课程图谱中，"我如何表达自己"这个主题从一年级的图像、二年级的故事、三年级的网络平台、四年级的戏剧到五年级的服饰，一直在围绕价值观、审美、发现与表达开展探究。这一次我们聚焦"创造力、多样性、刻板印象"这三个相关概念，多维度审视服饰与我们的关系。

（二）学习过程扫描

"你是否因为穿上一件衣服变得更自信了？"

"是的，我有类似的经历。"

"你能从图片中人物的衣着推测他们的职业、性格、社会阶层吗？"

……

我们通过有趣的活动来开启探究之旅，激发学生好奇心，同时也了解学生的认知起点。这些活动既涉及个人身份，也涉及社会因素，很轻松地把学生导向本单元的研究主题——服饰不仅与个人相关，也与社会文化相关。

在探究发现环节，我们通过调研活动让学生近距离观察真实生活。如观察亲人或好友近一个月服装的颜色、款式和风格，根据服装店老板对顾客的观察，借此分析服饰与个人的关系；通过爸爸妈妈十年前的"时尚"衣服照片，分析服饰与时代的关系；我们提供多媒体资源，如 APEC（亚洲太平洋经济合作组织）会议各国领导人的着装，让学生讨论服饰与文化的关系；观看视频材料《断舍离》《环境灾难》《快时尚》《服饰造型师》，了解"服饰动机"，思考服饰与环境的关系，与个人选择、消费心理的关系……。通过辩论"男孩穿裙子去幼儿园，家长该不该阻止""我们是否应该遵守社会规范"，帮助学生建立个人服饰与社会规范之间的平衡。

如何让学生展开更充分的对话，让每个学生都有充足的机会把理解"说出来"？我们采用了多种可视化思维路径——"之前与之后"、笔谈、"从我到我们"和"一棵管理情绪的树"等组织教学；我们通过"过去我认为……，现在我认为……"这一反思工具帮助学生进行持续的思考；我们建立开放的学习空间，如班级群、在线协作墙等，允许家长等校外人士访问互动，在探究"爸妈的时尚我能懂"的环节，很多家长把自己十年前自认为最时尚的穿搭照片发在群里，讨论时尚的潮流变化，和学生一起共建理解。

在最终的知行合一阶段，教师带领学生融合美术进行了戏服设计；在校服改良方案的设计中，学生从整体的美观性和舒适性出发，寻找个体审美与校园文化之间的平衡；在"变装日"主题活动中，学生身着自己设计和搭配的衣服摆出了形态各异、憨态可掬的姿势，表现了另一个自我，充分展示了想象力和创造性。

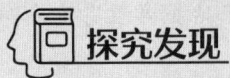

通过阅读上面的单元概览,与传统教案相比,你发现这份教案有哪些不同点?请列出你的发现。

比较点	传统教案	本教案

二、大观念的生成

(一)超学科主题指向学习的意义

超学科的设计,我们以道德与法治和科学学科为主干,展开各个学科的融合。如何落实五、六年级道德与法治课程标准中"中华优秀传统文化"的学习,增强学生的族群文化认同,以包容的心态对待不同文明之间的对话交流?我们选择了"我们如何表达自己"这一主题来承载大观念的建构。博伊尔六大超学科主题中的"我如何表达自己"可以帮助我们明确定位学习目的。(见表9-1)

表 9-1 对标文件分析

《道德与法治课程标准》	我如何表达自己
道德教育领域： ● 愿意反思自己的生活和行为，学习理性思考，做出正确的判断与选择 ● 理解平等待人的意义，懂得谦让、友善和宽容，学会尊重、同情、关心和感恩，能够相互帮助，具有团结互助精神 **中华优秀传统文化领域：** ● 了解不同文明之间交流互鉴的重要性，尊重不同文化的差异，以包容的态度看待不同文明之间的交流对话	这是对符号标志、表达方式及审美观的探究。人是通过符号系统进行自我表达和沟通交流的，因而语言符号本身成为重要的研究内容；<u>人们通过各种方式表达情感、价值观、观点，展示创造力，表达方式构成探究的另一内容</u>；人人都有美感，并可通过艺术表现出来，因而，<u>审美也成为重要的探究内容</u>。

在这个单元，我们将从五年级学生非常关注的话题——着装入手，展开对价值观、创造力和审美能力的探讨，我们希望学生理解：服饰是人类一种独特的表达方式，它涉及个人认知，也涉及群体认同，涉及审美，也涉及观点的表达，我们期待学生通过服饰理解个体的多元、文化的多元，通过反思，学会尊重与宽容。

（二）概念视角统整知识与技能

课程标准和超学科主题只是确定了大方向，我们还需要用概念来进一步聚焦。从第一步的主题定向中我们可以看到，本单元实际研究的是服饰在不同文化视角下的功能，而我们的探究是从超学科概念"因果"起步的。

大观念"服饰可以表达自我和社会文化"决定了大单元的探究在个人与社会两个维度展开。我们通过"因果"来深入探究服饰的功能——为何服饰是人的精神的延伸，是社会文化的延伸。

首先，我们从个人维度展开因果探究。对于个人而言，"穿衣"是基本需求，也是一种自我表达。在社会层面，服饰更多是一种社会身份的符号。对这两个维度的对比探究，我们发现了个人与社会表达之间的冲突与平衡，于是理解了服饰礼仪和社会规范与个人表达的关系。

接着，我们从社会维度展开因果探究。我们进一步把"因果"深入到时间和地域两个维度，服饰和人们生活的关系变得更加复杂而迷人。透过服饰，我们看到了不同地区的社会和文化特征；通过服饰，我们感受到了不同时代的潮流，体会到了经典服饰的魅力，认识到了服饰也是一种文化表达。

综上，社会、时空和文化给了学习者多元的视角，让他们领略了不同时空文化下服饰承载的功能。但是，超学科概念的探讨需要借助事实来支持，我们需要从事实中提取学科概念。从上面的表述中可以看到，我们实际上是在研究社会学的一些概念：多样性、创造力、刻板印象。这几个学科概念与"因果、功能、视角"三个超学科概念之间形成了一个关系网，并生成了指导单元学习的三条探究线索：

①人们的着装及其原因（因果）
②第一印象的作用（功能）
③如何扭转误解（视角）

但是，社会学的研究本身需要学生具备综合能力，如调研需要的统计能力、数据分析能力、对身份意识的分析能力等，我们需要寻求其他学科的支持。在梳理五年级所有学科的课程标准、教材的过程中，我们发现："创造力"可以融合美术课程的服饰要素与服饰设计内容；"多样性"需要做穿衣习惯的社会调查，数学学科的"随机性"知识以及数学与编程的数据统计与分析技能，可以帮助学生处理调研数据；对服饰与"刻板印象"的关系，心理学可以介入；语文学科则可以提供大量经典人物形象，学生通过分析人物服饰，进一步理解服饰之于人物的功能。（见表9-2）

表9-2 概念整合学科知识

学生将知道的知识（K）	学生将理解的概念（U）
1. 不同地域人们的着装风格（社会学） 2. 人们选择服饰时考虑的因素（心理学）	1. 性格、性别、家庭、社区和社会文化等因素影响人们的服饰选择（因果）
3. 不同服饰给人的印象（社会学） 4. 人们对于服饰的不同观点（社会学） 5. 经典文学形象的服饰特征（语文）	2. 服饰传达的个人和文化信息容易形成刻板印象，人们可以巧用刻板印象打造形象（功能、视角）
6. 数据分析（编程） 7. 图表数据传递的信息（数学）	3. 图表能够直观地传达信息，并帮助我们形成理解（视角）

学科知识、学科概念、超学科概念和大观念之间的关系见图 9-1。

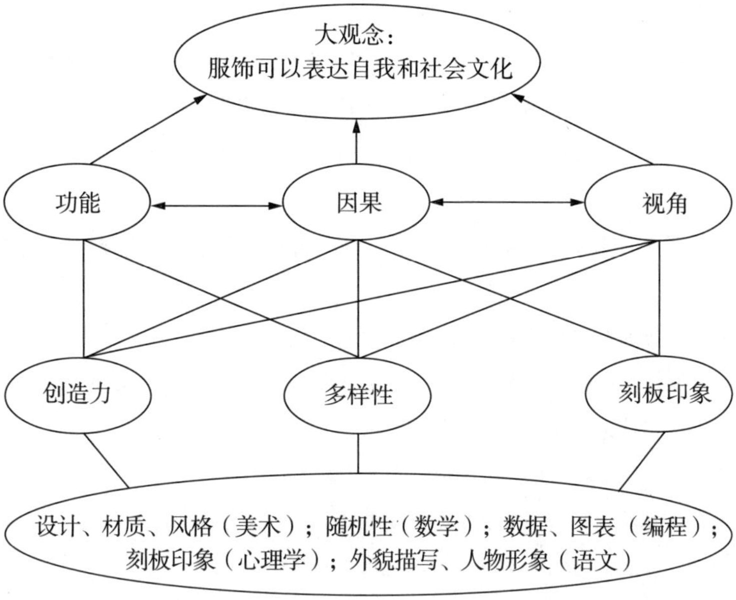

```
                    大观念：
              服饰可以表达自我和社会文化

         功能  ←→   因果   ←→    视角

         创造力      多样性        刻板印象

      设计、材质、风格（美术）；随机性（数学）；数据、图表（编程）；
      刻板印象（心理学）；外貌描写、人物形象（语文）
```

图 9-1　单元概念关系图

从上图我们看到，在传统的教学里，学科知识是以离散状态被传授的，在学生的大脑里，堆砌的知识往往储存在记忆层面，难以被真正理解。而大观念的学习，我们通过主题、概念来层层聚焦，完成对知识的统整，并且打破各学科知识之间分离的状况，最终推动学生走向对大观念的理解。

（三）概念思维即学科思维

概念思维即学科思维，或专家思维。我们要培养学生的学科思维习惯，把专业的探究方法和程序运用于新的情境。

本单元是立足于社会学展开的，因此，社会学的研究方法决定了学生将学会的探究能力。（见表 9-3）

表 9-3　学科思维的培养

学生将具备的能力（D）
1. 提出/定义问题：能对事物或现象进行观察比较，发现其相同与不同（服饰与性格） 2. 预测与假设：能根据观察结果提出问题并大胆猜测答案（服饰与社会） 3. 收集与记录：能通过调查收集信息，识别信息的可信度，并用记录表记录信息，用图表分析信息 4. 整理信息：利用统计图分析数据、发现关系、做出解释（多元视角看待刻板印象） 5. 成果展示： （1）能够针对现有产品改进设计（校服改良方案） 改良校服——根据自身体验和服饰与个人、与社会的关系，完成校服改良建议书 （2）能够在物品之间建立意想不到的或特别的联系（为角色选服装） 设计戏剧节服饰——根据戏剧角色的人物特点设计服饰 （3）能以开放的心态尊重他人的穿衣风格（变装日） （4）能实践同理心，关心他人的需要（辩证地看待刻板印象）

（四）八大培养目标细化育人目的

品格培养通过"做事"来实现。随着任务的确定和对探究能力的定位，本单元对学习者品格、价值观的培养方向确定为：国际视野、个性健全、勇于探究。

以"个性健全"为例，本单元收集的证据如下：

● 通过"男孩穿裙子去幼儿园，家长该不该阻止"的辩题，让学生思考服饰和个人表达、社会规范的关系，学会从多元审美的角度理解他人的着装选择。

● 在不同地域、不同历史时期的服饰鉴赏过程中，培养学生以成长型思维看待服饰与社会发展的关系，也让学生以平和、欣赏的心态进行社会交往。

我们用图 9-2 来呈现大观念生成的路径。

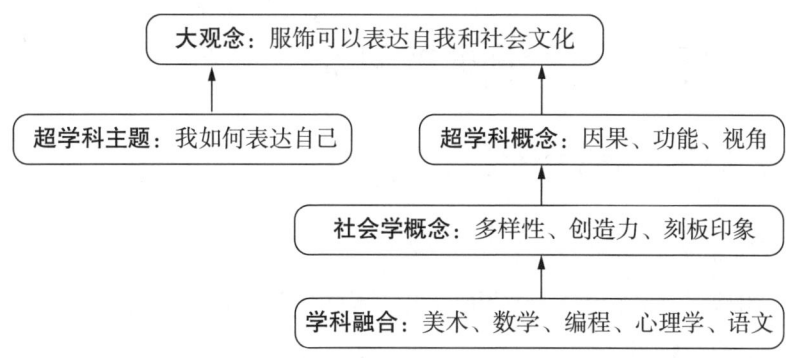

图9-2 大观念生成的路径

需要再次强调的是,在实际的备课活动中,我们的思维不是线性的,而是在事实与概念、任务之间反复斟酌、调整、打磨、完善。

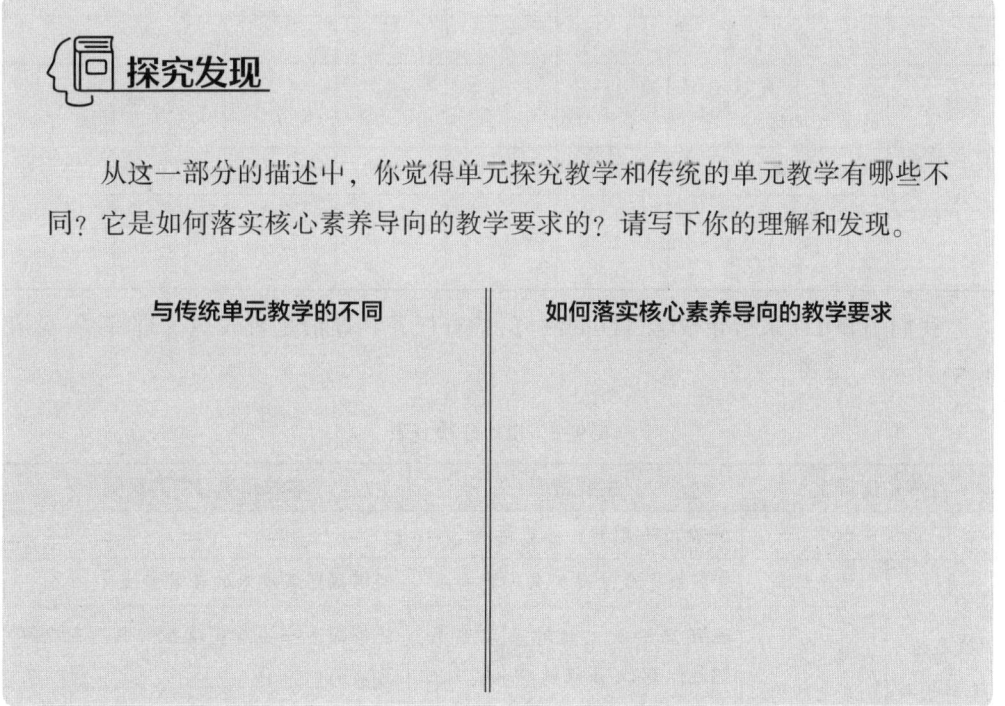

三、大任务——大观念的评估

（一）大任务承载大观念

1. 大任务要表现理解

我们借用理解"六侧面"来帮助产生表现性任务，并核查其在多大程度上表现了理解。（见表9-4）

表9-4 理解"六侧面"核查表

评估证据		解释 解读角色 分析服饰	阐明 连接个人 说明理由	应用 迁移	洞察 多观点 评价	移情 同理心 视角切换	自知 收获知识 方法 认知局限
大任务1	设计学校戏剧节服饰	√		√		√	
大任务2	提出校服改良建议		√	√			
大任务3	在变装日突破自己的穿衣风格		√		√	√	
其他	单元反思表				√	√	√
	用弗雷尔模型图呈现"社会规范"		√				

我们用SOLO来指导教学目标的制订，检查任务和评估是否表达了理解。（见表9-5）

表9-5 SOLO检查表

SOLO层次		主要表现	本单元学习中的案例
前结构水平		完全没有理解，答非所问	
浅表性 了解水平	单点结构	理解概念或主题的某一方面	能够描述某些人的着装特点
	多点结构	理解概念或主题的某几方面，但是知识没有被结构化，处于离散状态，不能指向概念性理解	能够描述一些着装现象，但是不能解释原因

续表

SOLO 层次		主要表现	本单元学习中的案例
概念性理解水平	关联结构	能够把多方面的知识、概念结构化，找到相互之间的关系	能够根据某个人的服饰特征分析着装原因，并解释这种现象背后的个人及文化因素
	拓展抽象结构	形成了概念性理解，能够迁移，用于解决新情况下的问题	理解人们出于社会与自我的需求选择服饰，能够欣赏他人的着装风格并且迁移运用到个人形象的塑造上

2. 大任务的设计原则

服饰本来是生活日常，在大观念加持下本单元的总结性评估任务却具有了"大"的特征。本单元的大任务有三个：设计学校戏剧节服饰，提出校服改良建议，在变装日突破自己的穿衣风格。

第一个大任务"设计学校戏剧节服饰"，着重评估学生是否能综合理解服饰的"形式"和"功能"二者的关系（即表现人物性格和身份），这和语文、艺术学科有紧密的关联，学生将深切理解人物刻画这一概念，体现了学科的重要性。

第二个大任务"提出校服改良建议"，着重评估学生是否理解服饰的社会功能，理解个人需求与群体需求之间的平衡性。这个概念性理解还体现了大任务与学生校园生活的连接，充分体现了学生作为学校和社区的主人的能动意识。

第三个大任务"在变装日突破自己的穿衣风格"关注服饰与个人表达的关系，帮助学生多角度地深入探索自我。

以上三个任务都体现了大任务设计的三大原则。

（二）大任务的评估

我们的评估分为三类：形成性评估、元认知（反思性）评估和总结性评估。

1. 形成性评估

在小学阶段，形成性评估无时不在发生，教师的任务是收集学习证据，以了解学生的理解程度，掌握学习发展进程。本单元主要从以下几个方面开展形成性评估。

● 在单元开始时完成 KWL 表中的 K（已知）和 W（想知）两栏内容，掌握学生对于服饰已有的认知和兴趣点。

● 让学生参与制订学习计划以及成功标准。单元启动之初，我们发布了"设计学校戏剧节服饰""提出校服改良建议"和"在变装日突破自己的穿衣风格"三个大任务后，就与学生一同商讨：什么样的戏服设计是成功的？什么样的校服改良建议是有意义的？为什么要突破自我风格，应该如何突破？完成这些任务还需要哪些知识、能力或理解上的支持？基于此我们一起制订了探究计划、学习目标和成功标准，并保持在学习过程中持续更新标准。

● 我们在教室里设置了"问题墙"，展示所有学生在探究过程中的想法或问题，形成交流氛围。学生可以互相回应，相互查看并解答。随着学习的展开，学生不断解答问题并提出新的问题：服饰的设计有哪些步骤？所有国家的学校都有校服吗？服饰可以改变一个人的形象吗？还有哪些关于服饰的误解？在学习中，随着学生理解逐渐深入，问题持续更新。学生的这些问题会作为学习目标补充在教案里，推动学习进程，体现"产生问题—解决问题—产生新问题"的探究循环过程。（见图9-3）

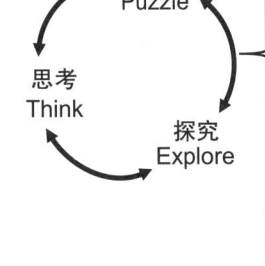

大任务：设计学校戏剧节服饰，提出校服改良建议，在变装日突破自己的穿衣风格

基本问题：如何利用服饰表达自我和社会文化？

子任务1：辩论——男孩穿裙子去幼儿园，家长该不该阻止？

激发困惑1：服饰选择受到哪些因素的影响？（因果—探究线索1）

子任务2：模拟APEC会议，设计国家代表性服饰

激发困惑2：如何运用刻板印象设计服饰？（功能—线索2、3）

子任务3："爸妈的时尚我能懂"，互相交流爸妈十年前的服饰审美

激发困惑3：时尚潮流变化与社会的关系是什么？（视角—线索3）

图 9-3　问题驱动探究

- 探究线索和超学科概念一起，界定了本单元的探究范围，使学生的问题无论如何繁多都跑不出我们的探究领域。（见图9-4）

超学科概念—探究线索	催生老师的问题（引导题）：	激发学生的问题：
线索1：人们的着装及其原因（因果） 线索2：第一印象的作用（功能） 线索3：如何扭转误解（视角）	1. 能体现职业的服装有哪些？ 2. 当你选择一套服饰的时候，你考虑了哪些因素？ 3. 什么是社会规范？ 4. 不同地域的人的服饰有何不同？ 5. 什么是刻板印象？ 6. 第一印象有哪些作用？ 7. 如何给人留下正面的第一印象？ 8. 生活中有哪些常见的因服饰导致的误解？ 9. 不同的社会对同一种服饰的观点是否相同？ 10. 哪些服饰元素的设计特别具有代表性？ 11. 同一种服饰是否会随着时间的推移而给人带来不同的感受？	1. 我们的服装是如何被设计出来的？ 2. 一个人的着装完全是自己的选择吗？ 3. 服饰设计需要考虑哪些因素？ 4. 服饰和第一印象有什么关系？ 5. 我穿哪些衣服会给人带来误解？ 6. 服饰会不会掩饰一个人的内心？ 7. 怎样才能预测服饰的潮流？ 8. 为什么不同国家的服饰风格这么不一样？

图9-4 探究问题产生的路径

- 带领学生走出教室，多次展开社会调研和家庭调查，包括随机调查三个人近一个月穿衣的风格、颜色、款式等，采访服饰店主关于购买人群的特征并进行用户画像，收集家里人十年前最时尚的照片，调查家中使用十年以上的服饰。相比直接给学生提供二手信息，鼓励学生收集一手信息并将其作为探究资源更能激发他们的探究欲。

- 讨论时鼓励学生激活经验，联系自己的亲身经历或家人的真实例子来分享他们的理解，提出新的问题，并采用拍照、录像等方式进行记录。通过这样的方式在倾听的同时记录了学生的言行，据此了解学生学习的起点。

- 我们欣赏了世界各地的校服，并分析了校服与社会、历史、文化的关系，作为完成校服改良建议书的参考资料，帮助学生建立成功标准。

- 活动后，我们用了"之前与之后"、笔谈、"滚雪球"和"一棵管理情绪的树"等学习工具，帮助学生持续梳理自己的理解。

- 通过反思展示持续的思考。"过去我认为……，现在我认为……"这一思维工具非常有效。在探究时尚时，学生过去认为潮流离他们的生活很远，现在认为时尚是生活中人人都受到影响的现象，对比鲜明、印象深刻。

- 学生在探究过程中碰撞出非常有趣的思维火花，能够反映出他们的理解在进步，我们在教案反思里记录了这些"小故事"。

- 建立开放的学习空间，如班级群、公告墙等，允许家长等校外人士访问互动，并且发布家长信，告知家长单元的主要探究内容。在"爸妈的时尚我能懂"这个环节，很多家长把自己十年前自认为最时尚的穿搭照片发在群里，讨论时尚潮流的变化。

小贴士1：老师的增加与减少

◇ 老师少说，多听，多观察和记录。整个单元设计了大大小小30多个探究活动，给了学生充足的时间去交流、表达。老师在这个过程中以听和观察为主，以视频、照片、文字等形式记录学生的精彩发言和疑问。

◇ 减少全班性的竞相举手回答，增加学生个体思考的时间，并且鼓励学生记录下分享的要点。老师提供KWL、STW、"之前与之后"等思维工具和语言支架，给学生独立思考和记录想法的时间，再以灵活的形式进行全班的自由分享。

◇ 增加同伴分享及小组分享，让人人都有机会展示理解。本单元设计了笔谈、拼图阅读、"滚雪球"等多种活动形式，让学生成为探究学习的主体，有充分的机会与同伴分享和交流。探究活动结束后，邀请学生在全班展示学习成果。在这个过程中，老师只是辅助者，适时为学生提供支持与引导。

◇ 采用可视化思维工具，增强学习的可控性和有效性。我们为本单元的每个活动都设计了工作纸，为学生提供了丰富的思维工具和语言支架。学生可以通过完成工作纸及时对自己的想法进行梳理和记录，老师也可以借此了解学生的思考路径和学习状态，在课中和课后对学情都有更强的把控。

◇ 增加对目标学生的密切观察。在课程实施中关注有不同需求的学生并提供个性化的支持和引导。

> **小贴士 2：可视化思维工具**
>
> ◇ KWL（已知—想知—新知）：开启单元的时候，我们采用 KWL 表帮助学生针对任务思考已知的内容，梳理现有的疑惑，制订学习计划。
>
> ◇ STW（观察—思考—怀疑）：在单元探究中我们用到了大量的视频材料作为学习资源，我们便采用"我看到了……，我想到了……，我现在的疑惑是……"这一结构对信息进行梳理。
>
> ◇ I used to think …, but now I think …（过去我认为……，现在我认为……）：用于总结探究活动的发现，帮助学生进一步梳理自己的理解。
>
> ◇ Blob Tree（一棵管理情绪的树）：这是学生最喜欢的一种反思工具，因为它可以通过可视化的方式将目前的学习状态展示出来。在下课前学生可以从树上各种状态的小人中选出最能代表自己目前学习状态的小人，并和同伴、老师交流原因。
>
> ◇ Chalk Talk（笔谈）：5—6 人为一组进行头脑风暴，每人都写下自己的想法，在阅读完小组其他成员的想法后进行讨论，快速形成小组共识。

2. 元认知（反思性）评估

在进行元认知（反思性）评估时，教师应注意以下事项：

● 从"裁判者"变为观察者、协助者，提供充分的阅读材料、视频与网络资源等，让学生选择感兴趣的内容进行探究。

● 提供资料时说明出处，帮助学生建立诚实的学术态度。以成长型思维看待学生，在不同学习阶段评估学生已有的进步和进步的空间。例如，在探究了服饰的社会规范后，请学生回顾单元内容，对比、总结生活中需要注重服饰礼仪的主要场合，提出自己的穿搭改进建议。

● 每节课后都设置了学生自评环节，通过"红绿灯""一棵管理情绪的树""3-2-1 桥"等反思工具，鼓励学生寻找证明自己进步的证据。

● "教别人"是最好的学习方式，创造机会让学生成为小老师，例如让学生为老师的服饰风格提建议，并教授后者一些穿搭技巧。

- 提供脚手架，如量规、核查表、能力矩阵等，将学习过程导向学习目标和成功标准。

- 避免控制性的语言，如"你应该……"，改为询问，如"你对自己的服饰搭配感觉如何？为什么这么说？你最满意的是什么？你最想改进的是哪里？"。

3. 总结性评估

总结性评估的设计基于学生在学习期间逐渐积累的知识、能力、概念性理解以及态度的改变，目的是在单元学习结束时通过大任务的形式了解学生对单元学习目标的达成情况。我们用大任务来评估学生的真实理解，同时根据评估标准生成量规。本单元的大任务共分为三个——

一是设计学校戏剧节服饰：评估学生是否能在物品之间建立意想不到的或特别的联系，结合真实情境——戏剧节，根据戏剧角色的人物特点，为角色设计服饰。

二是提出校服改良建议：评估学生是否能针对现有产品改进设计，根据自身体验和服饰与个人、社会的关系，完成校服改良建议书，并与校领导和校服供应商进行协商。

三是在变装日突破自己的穿衣风格：评估学生是否能够尊重他人的穿衣风格，实践同理心、关心他人，辩证看待刻板印象。在了解自己的着装风格的前提下，勇于尝试突破自己的风格，也可以提出充分理由说服他人突破原有风格。

大观念课程有成熟的评估标准，贯穿九年义务教育课程体系。我们基于国家课程标准对于跨学科探究的描述，立足于对一个任务的评估，生成了跨学科的评估细则，并据此生成了量规。

大任务1"设计学校戏剧节服饰"评估量规见表9-6。

表 9-6 大任务 1 评估量规

评估标准	优异	熟练	发展中	初学
标准 A： 知识与理解 应用学科知识解决各种情境中的问题	全面运用各学科知识，结合人物特征设计服饰；能深刻理解人物与服饰的关系，通过设计作品准确传递人物的性格、社会阅历等信息	能融入部分学科知识，结合人物特征设计服饰；能理解人物与服饰的关系，通过设计作品传递人物基本信息	运用单一的学科知识，结合人物特征设计服饰；基本能通过设计作品传递少量的人物信息	未能结合各学科知识设计服饰；不能理解人物与服饰的关系，无法通过设计作品传递人物信息
标准 B： 调研与计划 用多种方法收集、记录相关的信息，在指导下评价调研的过程和结果	能通过多种方法收集到不同人物的代表穿着与风格特色的信息	能通过单一方法收集到不同人物的代表穿着与风格特色的信息	能收集到少量人物的代表穿着与风格特色的信息，但结果较为单一	不能收集到人物的代表穿着与风格特色的信息
标准 C： 整理与评价 根据其来源和目的，分析一系列原始资料/数据，认识到它们的价值和局限性	能够整理收集到的不同人物的服饰搭配数据，能运用一定的学科知识解读数据，并总结出影响不同人物穿衣风格的因素；能够形成关于服饰表达信息的不同观点	能够大致整理收集到的不同人物的服饰搭配数据，能运用一些学科知识解读数据，并联想到部分影响该人物穿衣风格的因素；能够产生少量关于服饰表达信息的想法	能简单地整理收集到的不同人物的服饰搭配数据，能运用少量学科知识解读数据，但不能联想到影响该人物着装的具体因素；对于服饰表达信息的理解较浅	不太能整理收集到的不同人物的服饰搭配数据，很难运用学科知识解读数据；很难认识到服饰可以表达信息
标准 D： 交流与展示 有效地应用各种交流方式	能有效地应用各种交流方式展示对服饰的理解	能应用一些交流方式清晰地展示对服饰的理解	能应用少量的交流方式分享对服饰的理解，但表达较模糊	不太能应用多种交流方式进行分享，展示的对服饰的理解较浅

大任务 2 "提出校服改良建议"评估量规见表 9-7。

表 9-7　大任务 2 评估量规

评估标准	优异	熟练	发展中	初学
标准 A：知识与理解 描述学科知识，通过解释和例证展示对具体学科内容和概念的认识与理解	能够清晰描述服饰与个人、服饰与社会的关系，并且能够通过解释和例证展示服饰表达的丰富信息	能够大致描述服饰与个人、服饰与社会的关系，并有一定的解释和例证	知道一些关于服饰与个人、服饰与社会的案例，但对于它们之间的关系理解较浅	不能描述服饰与社会的关系，很难举出服饰表达个人喜好、职业等案例
标准 B：调研与计划 用多种方法收集、记录相关信息，在指导下评价调研的过程和结果	能够通过多种方法收集学生、家长、老师及社会人士对校服的看法和期待	能够通过较单一的方法收集到部分学生、家长、老师及社会人士对校服的看法和期待	能够收集到少量学习社区成员对校服的看法和期待	未通过调查收集他人对校服的看法和期待
标准 C：整理与评价 1. 展示收集到的和经过整理的数据 2. 运用学科知识与研究方法解读数据，做出有效的、论据充分的论证并描述结果	1. 能够整理收集到的学生、家长、老师及社会人士对校服的看法和期待 2. 能运用一定的学科知识解读数据，总结出社会规范和着装要求；能够形成关于服饰表达信息的不同观点	1. 能够大致整理收集到的学生、家长、老师及社会人士对校服的看法和期待 2. 能运用一些学科知识解读数据并联想到社会规范和着装要求；能够产生少量关于服饰表达信息的想法	1. 能够简单地整理收集到的各方成员对校服的看法和期待 2. 能运用少量学科知识解读数据，但不能联想到社会规范和着装要求；对于服饰表达信息的理解较浅	1. 不太能整理收集到的他人对校服的看法和期待 2. 很难运用学科知识解读数据，很难认识到服饰可以表达信息

续表

评估标准	优异	熟练	发展中	初学
标准D：交流与展示 1. 有效地应用各种交流方式 2. 以适合受众的方式交流信息和思想观点	1. 能有效地应用各种交流方式展示对服饰的理解 2. 以具有说服力的语言与校领导和校服供应商沟通校服改良方案	1. 能应用一些交流方式清晰地展示对服饰的理解 2. 以简洁清晰的语言介绍校服改良方案	1. 能应用一些交流方式分享对服饰的理解 2. 介绍校服改良方案表达较模糊	1. 只能应用单一交流方式进行分享 2. 对校服改良方案的介绍不清晰

大任务3"在变装日突破自己的穿衣风格"评估量规见表9-8。

表9-8 大任务3评估量规

评估标准	优异	熟练	发展中	初学
标准A： 知识与理解 描述学科知识，通过解释和例证展示对具体学科内容和概念的认识与理解	能够清晰描述服饰与个人、服饰与社会的关系，并且能够通过解释和例证展示服饰表达的丰富信息	能够大致描述服饰与个人、服饰与社会的关系，并有一定的解释和例证	知道一些关于服饰与个人、服饰与社会的案例，但对于它们之间的关系理解较浅	不能描述服饰与社会的关系，很难举出服饰表达个人喜好、职业等案例
标准B： 调研与计划 用多种方法收集、记录相关信息，在指导下评价调研的过程和结果	能通过多种方法收集到个人穿着习惯与风格偏好的信息，能拟定突破风格的服饰搭配方案	能通过单一方法收集到个人穿着习惯与风格偏好的信息，能大致拟定突破风格的服饰搭配方案	能收集到少量个人穿着习惯与风格偏好的信息，能拟定出部分突破风格的服饰搭配细节	不能收集到关于个人穿着习惯与风格偏好的信息，很难拟定出突破风格的服饰搭配方案

续表

评估标准	优异	熟练	发展中	初学
标准C： 整理与评价 认识到不同的观点并解释它们的内涵	能够整理收集到的个人服饰搭配数据，能运用一定的学科知识解读数据，并总结出刻板印象；能够形成关于服饰表达信息的不同观点	能够大致整理收集到的个人服饰搭配数据，能运用一些学科知识解读数据，并联想到刻板印象；能产生少量关于服饰表达信息的想法	能简单地整理收集到的个人服饰搭配数据，能运用少量学科知识解读数据，但不能联想到刻板印象；对于服饰表达信息的理解较浅	不能整理收集到的个人服饰搭配数据，很难运用学科知识解读数据；很难认识到服饰可以表达信息
标准D： 交流与展示 有效地应用各种交流方式	能有效地应用各种交流方式展示对服饰表达自我、顺应社会文化和遵守社会规范的理解	能应用一些交流方式清晰地展示对服饰表达自我、顺应社会文化和遵守社会规范的理解	能应用少量的交流方式分享对服饰表达自我、顺应社会文化和遵守社会规范的理解，但表达较模糊	不能应用多种交流方式进行分享，展示的对服饰表达自我、顺应社会文化和遵守社会规范的理解较浅

评估量规中包含了知识（K）和概念性理解（U），也明确了可见的学习证据（D），育人目标也清晰可见，示例见表9-9。

表9-9 评估内容

知识（K）和概念性理解（U） （Learn about）	学习证据（D） （Learn to do）	育人目标 （Learn to be）
1. 性格、性别、家庭、社区和社会文化等因素影响人们的服饰选择（因果） 2. 服饰传达的个人和文化信息容易形成刻板印象，人们可以巧用刻板印象打造形象（功能、视角） 3. 图表能够直观地传达信息，并帮助我们形成理解（视角）	1. 时尚潮流的判断与变化原因分析 2. APEC会议服饰设计与制作，不同社交场景的着装守则 3. 服饰穿搭调查表	国际视野 个性健全 勇于探究

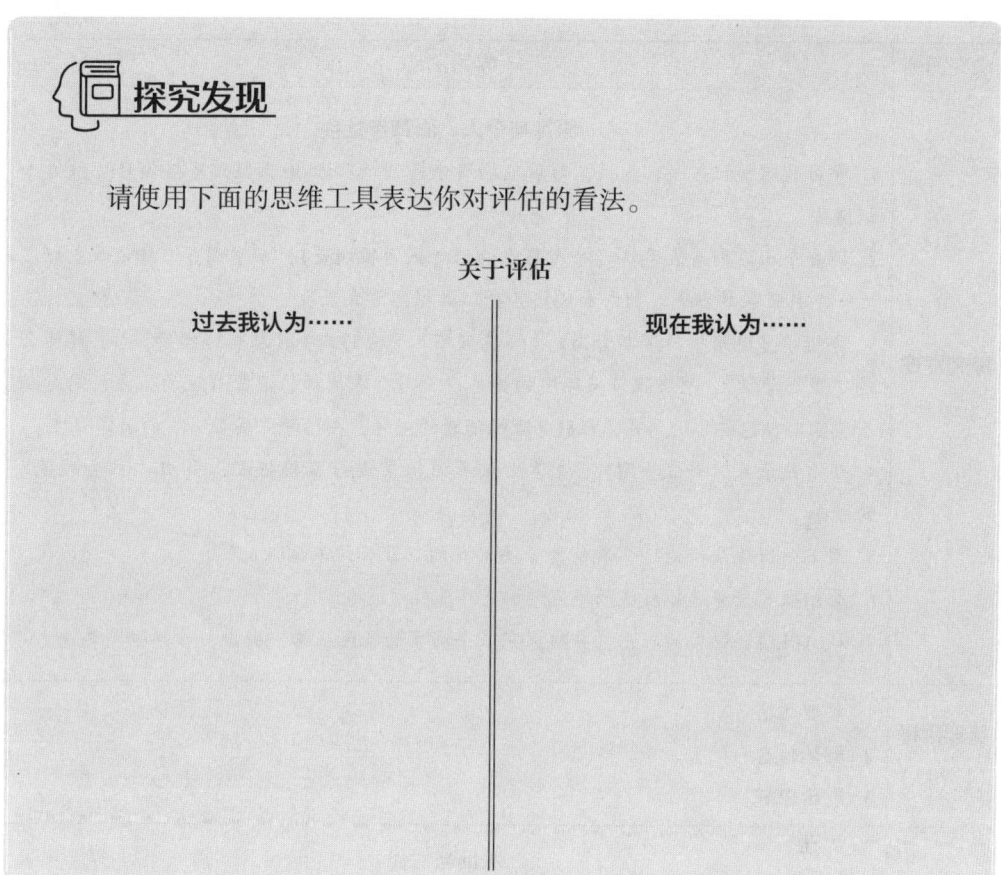

四、大观念的实施

我们以默多克的探究六循环作为大观念实施的依据，本单元的学习活动安排见表 9-10。

表 9-10　本单元学习活动安排

探究循环	学习活动
	提出/定义问题、制订计划
进入探究 （2 课时）	1. 引出话题、前测话题 2. 提出/定义问题 3. 制订计划

续表

探究循环	学习活动
探究发现 （8课时）	**服饰与个人、服饰与社会** 1. 学习数学知识——可能性，为后期调研分析"个人近30天服饰穿搭偏好"做好知识储备 2. 调查个人近期着装风格（个人与服饰店老板两项调查），回家调查三位亲人或好友近一个月服装的颜色、款式和风格，并以数据图方式呈现 3. 分组学习视频材料《断舍离》《环境灾难》《快时尚》《服饰造型师》，了解什么是"服饰动机"，思考服饰与环境的关系以及与个人选择、消费心理的关系，同时融入"需要和想要"的内容，在引导理性消费的同时，去思考"买买买"的消费心理 4. 观看纪录片《着装守则》，请学生在不同场景进行服饰搭配，引出"社会规范"的概念 5. 用五角辩论法辩论"男孩穿裙子去幼儿园，家长该不该阻止" 6. 分组探究世界各地校服的特点 7. 从APEC会议案例入手，分组探究8个国家的特色服饰，引出"多样性"概念
梳理建模 （1课时）	1. 整理信息 2. 解读信息 3. 展示理解
深入探究 （4课时）	**服饰与时代** 学生的问题： 服饰是一直都不变的吗？为什么之前觉得很美的穿搭，过一段时间来看就觉得很土？ 学习活动： 1. "爸妈的时尚我能懂"照片大赏 2. 全班观看法学教授讲西方服饰史的视频 3. 分组阅读材料《龙袍》《帝王黄》《不爱红装爱武装》 4. 画廊漫步活动，分组观看各大品牌的服饰回顾展视频
建构理解 （1课时）	**反思，加深理解** 1. 整理收集到的个人服饰搭配数据，运用学科知识解读数据，并联想到刻板印象，产生关于服饰表达信息的想法 2. 以6人小组为单位，随机抽取3张课堂活动照片，交流回顾活动的主要内容，提炼出活动蕴含的概念性理解

续表

探究循环	学习活动
知行合一 （2课时）	**成果展示** 1. 学校戏剧节服饰设计 2. 提出校服改良方案 3. 在变装日突破自己的穿衣风格

本章附录：单元计划

单元主题：我们如何表达自己			
教学内容： 服饰与表达	**创作团队：** 代韵、杜璐遥、司雅静、李一莹		**教学时长：** 18课时
阶段一：目标与评估			
基本问题： 服饰如何表达自我和社会文化？			
超学科主题： 我们如何表达自己	**超学科概念：** 因果、功能、视角	**学科概念：** 社会学——创造力、多样性、刻板印象 语文——外貌描写、人物形象 数学——随机性 编程——数据、图表 美术——设计、材质、风格	
大观念： 服饰可以表达自我和社会文化			
学生将知道的知识（K）： 1. 不同地域人们的着装风格（社会学） 2. 人们选择服饰时考虑的因素（心理学） 3. 不同服饰给人的印象（社会学） 4. 人们对于服饰的不同观点（社会学） 5. 经典文学形象的服饰特征（语文） 6. 数据分析（编程） 7. 图表数据传递的信息（数学）		**学生将理解的概念（U）：** 1. 性格、性别、家庭、社区和社会文化等因素影响人们的服饰选择（因果——线索1） 2. 服饰传达的个人和文化信息容易形成刻板印象，人们可以巧用刻板印象打造形象（功能、视角——线索2、线索3） 3. 图表能够直观地传达信息，并帮助我们形成理解（视角——线索3）	**学生将成为（　　）的人：** 个性健全 勇于探究 国际视野
学生将具备的能力（D）： 批判性和创造性思考能力 1. 能对事物或现象进行观察比较，发现其相同与不同（服饰与性格） 2. 能够针对现有产品改进设计（校服改良方案）			

续表

单元主题：我们如何表达自己	
3. 能够在物品之间建立意想不到的或特别的联系（为角色选服装） **交流、协作和资讯科技能力** 1. 根据观察结果提出问题并大胆猜测答案（服饰与社会） 2. 通过调查收集信息，识别信息的可信度，并用记录表记录信息，用图表分析信息 3. 利用统计图分析数据、发现关系、做出解释（多元视角看待刻板印象） **社交和情感能力** 1. 能以开放的心态尊重他人的穿衣风格（变装日） 2. 能实践同理心，关心他人的需要（辩证地看待刻板印象）	（内容同上）

探究线索：	引导性问题（老师的问题）：	学生的问题（学习过程中收集整理）：
线索1：人们的着装及其原因（因果） 线索2：第一印象的作用（功能） 线索3：如何扭转误解（视角）	**线索1** 1. 能体现职业的服装有哪些？ 2. 当你选择一套服饰的时候，你考虑了哪些因素？ 3. 什么是社会规范？ 4. 不同地域的人的服饰有何不同？ 5. 什么是刻板印象？ **线索2** 1. 第一印象有哪些作用？ 2. 如何给人留下正面的第一印象？ **线索3** 1. 生活有哪些常见的由服饰导致的误解？ 2. 不同的社会对同一种服饰的观点是否相同？ 3. 哪些服饰元素的设计特别具有代表性？ 4. 同一种服饰是否会随着时间的推移给人带来不同的感受？	**线索1** 1. 我们的服装是如何被设计出来的？ 2. 一个人的着装完全是自己的选择吗？ 3. 服饰设计需要考虑哪些因素？ **线索2** 服饰和第一印象有什么关系？ **线索3** 1. 我穿哪些衣服会给人带来误解？ 2. 服饰会不会掩饰一个人的内心？ 3. 怎样才能预测服饰的潮流？ 4. 为什么不同国家的服饰风格这么不一样？ 5. 服饰是一直都不变的吗？为什么之前觉得很美的穿搭，过一段时间来看就觉得很土？

单元主题：我们如何表达自己	
评估标准：	总结性评估：
大任务1：设计学校戏剧节服饰	设计学校戏剧节服饰，提出校服改良建议，在变装日突破自己的穿衣风格
标准A：知识与理解	
全面运用各学科知识，结合人物特征设计服饰；能深刻理解人物与服饰的关系，通过设计作品准确传递人物的性格、社会阅历等信息	形成性评估：
	子任务1：调查三个人近一个月穿衣的风格、颜色、款式等
标准B：调研与计划	子任务2：访谈服饰店店主关于购买人群的特征并进行用户画像
能够通过多种方法收集到不同人物的代表穿着与风格特色的信息	子任务3：根据服饰图片判断一个人的社会地位、职业、性格等特征
标准C：整理与评价	
能够整理收集到的不同人物的服饰搭配数据，能运用一定的学科知识解读数据，并总结出影响不同人物穿衣风格的因素；能够形成关于服饰表达信息的不同观点	子任务4：辩论"男孩穿裙子去幼儿园，家长该不该阻止"
	子任务5：解读世界各地校服与当地社会文化的关系
标准D：交流与展示	子任务6：模拟APEC会议，设计不同国家的服饰
能够有效地应用各种交流方式展示对服饰的理解	
大任务2：提出校服改良建议	子任务7：对比不同年代的时尚潮流
标准A：知识与理解	元认知（反思性）评估：
能够清晰描述服饰与个人、服饰与社会的关系，并且能够通过解释和例证展示服饰表达的丰富信息	KWL表、"红绿灯"反思、"3-2-1桥"反思、服装设计等
标准B：调研与计划	
能够通过多种方法收集学生、家长、老师及社会人士对校服的看法和期待	
标准C：整理与评价	
1. 能够整理收集到的学生、家长、老师及社会人士对校服的看法和期待	
2. 运用一定的学科知识解读数据，总结出社会规范和着装要求；能够形成对服饰表达信息的不同观点	
标准D：交流与展示	
1. 能够有效地应用各种交流方式展示对服饰的理解	

续表

单元主题：我们如何表达自己	
2. 以具有说服力的语言与校领导和校服供应商沟通校服改良方案 **大任务3：在变装日突破自己的穿衣风格** **标准A：知识与理解** 能够清晰描述服饰与个人、服饰与社会的关系，并且能够通过解释和例证展示服饰表达的丰富信息 **标准B：调研与计划** 能通过多种方法收集到个人穿着习惯与风格偏好的信息，能拟定突破风格的服饰搭配方案 **标准C：整理与评价** 能够整理收集到的个人服饰搭配数据，能运用一定的学科知识解读数据，并总结出刻板印象；能够形成关于服饰表达信息的不同观点 **标准D：交流与展示** 能有效地应用各种交流方式展示对服饰表达自我、顺应社会文化和遵守社会规范的理解	**总结性评估与大观念的关系：** 本单元我们确立了"服饰可以表达自我和社会文化"这一大观念，为了让学生能更好地理解我们设置了三项任务：任务1，通过分析人物性格、身份与服饰的关系，全面理解大观念；任务2侧重理解服饰的社会功能，理解个人与社会需求的平衡；任务3体现自我探索，侧重理解服饰的个人表达。后两项体现了服饰与学生生活的相关性，解决学生现实生活中的问题

阶段二：学习体验		
	学习活动	评估证据
进入探究	**引出话题、前测话题：** 1. 用"甜甜圈"的方式讨论服饰心理学，思考服饰与个人的关系（学生平均分为外圈组和内圈组，一一对应后根据老师课件展示的问题互相交流，内外圈转动，学生的交流对象也有变化。老师的提问围绕学生的日常生活，重在引起共鸣。） 2. "Yes, me too!"，感受服饰带来的各种心理体验（老师描述一个生活场景，学生如遇见过同样的场景就立刻起立回答"Yes, me too"。例如，老师说"你是否因为穿上一件衣服变得更自信了？"，学生有共鸣就起立回答，最后请有类似体验的学生在一起分享故事。）	教师倾听

续表

单元主题：我们如何表达自己		
	学习活动	评估证据
进入探究	3. "以貌取人"卡片活动，感受服饰传递的信息（打印身着不同服装的人的照片，请学生根据服饰推断图中人物的职业、性格、社会地位等信息。） **提出/定义问题：** 借助 KWL 表，收集学生在"服饰与表达"单元中想要知道的知识和问题 **制订计划：** 梳理班级的 KWL 表，制订单元探究计划，尝试让学生设计部分引导性问题，并根据问题梳理探究线索，和老师的单元探究计划进行比较	教师倾听 KWL 表 班级探究计划
阶段二：学习体验		
	学习目标	
	概念性理解： 性格、性别、家庭、社区和社会文化等因素影响人们的服饰选择（U1） **探究能力：** 交流、协作和资讯科技能力 社交和情感能力	
	学习活动	评估证据
探究发现	**学生的问题：** 一个人的着装完全是自己的选择吗？服饰设计需要考虑哪些因素？ **线索 1：** 人们的着装及其原因（因果） **子任务 1：** 调查三个人近一个月穿衣的风格、颜色、款式等 **学习活动：** 1. 学习数学知识——可能性，为调研分析"个人近 30 天服饰穿搭偏好"做好知识储备 2. 调查个人近期着装风格，回家调查三位亲人或好友近一个月服装的颜色、款式和风格，并以数据图方式呈现 **子任务 2：** 访谈服饰店店主关于购买人群的特征并进行用户画像 **学习活动：** 1. 访谈服饰店老板，调查服饰购买人群的特征，并以数据图方式呈现	倾听对于数据特征的回答 数据图

续表

	单元主题：我们如何表达自己	
	学习活动	**评估证据**
探究发现	2. 分组学习视频材料《断舍离》《环境灾难》《快时尚》《服饰造型师》，了解什么是"服饰动机"，思考服饰与环境的关系以及与个人选择、消费心理的关系，同时融入"需要和想要"的内容，在引导理性消费的同时，去思考"买买买"的消费心理 **子任务 3**：根据服饰图片判断一个人的社会地位、职业、性格等特征 **学习活动**：观看纪录片《着装守则》，请学生在不同场景进行服饰搭配，引出"社会规范"的概念 **子任务 4**：辩论"男孩穿裙子去幼儿园，家长该不该阻止" **学习活动**：用五角辩论法辩论"男孩穿裙子去幼儿园，家长该不该阻止"，启发学生从个人表达和社会规范以及心理影响等方面去分析辩题 **子任务 5**：解读世界各地校服与当地社会文化的关系 **学习活动**：分组探究世界各地校服的特点（老师以日本校服为例，分析校服背后日本的社会、历史、文化等因素，引出"刻板印象"的概念） **子任务 6**：模拟 APEC 会议，设计不同国家的服饰 **学习活动**：从会议案例入手，发布国际服装日（分组探究八个国家的特色服饰，引出"多样性"的概念） **梳理归纳**： 每一个子任务结束都引导学生形成结论；6 个子任务完成后，再次利用学生的问题梳理所有的结论，实现对 U1 的理解 【教学策略】访谈调研、分组阅读、五角辩论、自主设计	倾听记录学生问题 观察学生行为是否有意识考虑到着装守则，是否搭配得体 观察学生的角色分工和语言表达能力，记录不同学生在社会层面对于服饰的认知 倾听记录学生关于文化和服饰关系的解读学生的作品，倾听对理念的解释
	学习目标	
梳理建模	**概念性理解**： 服饰传达的个人和文化信息容易形成刻板印象，人们可以巧用刻板印象打造形象（U2） 图表能够直观地传达信息，并帮助我们形成理解（U3） **探究能力**： 批判性和创造性思考能力	

续表

单元主题：我们如何表达自己			
	学习活动		评估证据
梳理建模	**学生的问题：** 服饰和第一印象有什么关系？ **线索2：** 第一印象的作用（功能） **学习活动：** 利用统计图整理信息并分析数据，发现关系，了解人们的性格与服饰选择存在一定的关联，不同场合影响了服饰选择；小组选择不同的思维工具，用自己的方式来表达理解；小组尝试撰写大观念，并全班分享，展示对大观念的认识和理解 **梳理归纳：** 利用学生的问题，形成对U2的理解；引导学生反思学习方式，形成对U3的理解 【教学策略】分组合作、可视化思维工具的使用		大观念工作纸
	学习目标		
深入探究	**概念性理解：** 服饰可以表达自我和社会文化 **探究能力：** 批判性和创造性思考能力		
	学习活动		评估证据
	学生的问题： 服饰是一直都不变的吗？为什么之前觉得很美的穿搭，过一段时间来看就觉得很土？ **线索3：** 如何扭转误解（视角） **子任务7：** 对比不同年代的时尚潮流 **学习活动：** 1. 通过"爸妈的时尚我能懂"照片大赏，引导学生去比较、感受时尚潮流的特征，思考为什么不同年代的服饰有不同，补充不同年代的社会事件，让学生总结社会对服饰的影响 2. 全班观看法学教授讲西方服饰史的视频，了解不同时代社会变革与服饰的关系 3. 分组阅读材料《龙袍》《帝王黄》《不爱红装爱武装》，理解我国不同时代的服饰变革，并且和家人进行联动，从鲜活的往事分享里感受时代的信息 4. 举行画廊漫步活动，利用电子显示器，分组观看各大品牌的服饰		收集学生对于不同年代审美的问题，记录他们对于"不同年代审美不同"这一问题的看法 观看视频的专注度以及做笔记情况 收集阅读材料上的标注记录

续表

单元主题：我们如何表达自己			
深入探究	学习活动			评估证据
	回顾展视频，发现变化的潮流和不变的元素，感受经典的魅力，同时提升服饰审美 **归纳梳理：** 学生自己归纳梳理，深化概念性理解 【教学策略】分组阅读、画廊漫步			观察学生在观看回顾视频的反应
建构理解 **知行合一**	学习活动			评估证据
	总结性评估任务： 设计学校戏剧节服饰，提出校服改良建议，在变装日突破自己的穿衣风格 **学习活动1：** 反思，加深理解 1. 整理收集到的个人服饰搭配数据，运用学科知识解读数据，并联想到刻板印象，产生关于服饰表达信息的想法 2. 以6人小组为单位，通过随机抽取的三张课堂活动照片，交流回顾活动的主要内容，提炼出活动蕴含的概念性理解 【教学策略】分组、梳理归纳 **学习活动2：** 成果展示 1. 改良校服——根据自身体验和服饰与个人、与社会的关系，完成校服改良建议书 2. 设计戏剧节服饰——根据戏剧角色的人物特点设计服饰 3. 变装日——了解自己的着装风格，并且勇于尝试突破自己的风格 再次反思，建构理解			设计方案以及建议书 选择的戏剧服饰 选择的个人服饰
阶段三：教学反思			

教前反思

1. 基于教学目标的反思

教学目标的设定决定了一个单元的成败。在制订超学科单元的教学目标时，我们确定了几个比较核心的学科作为支撑，相应的课程标准内容成了制订教学目标的重要参考。在"新三维"目标的引领下，超学科团队把教学目标细分为学生将知道的知识（K）、学生将理解的概念（U）以及学生将具备的能力（D），并且结合目标的难度进行了分层设计。以终为始的教学目标设计理念非常具有超前意识，也为后期顺利开展学科教学奠定了坚实的基础。

2. 基于学情的反思

五年级是学生进行超学科探究很有深度的一年。经过前面四年多的学习，在不同的超学科主题下，学生已经研究过价值观、中西文化对比等社会科学的内容，同时掌握了搜集信息、阅读文

续表

单元主题：我们如何表达自己

本、表达观点等多种技能。随着年龄的增长，"服饰"这一话题逐渐成为学生新的关注点。基于这一学情，超学科团队制订了以"服饰"为话题、以"我们如何表达自己"为主题的单元教学计划，为学生的兴趣发展提供更加专业、全面的支撑。

中期反思

针对学生的兴趣与疑问，我们如何回应以支持学生的自主探究（差异化教学）？

学生对于服饰的讨论热情超乎老师的想象，特别是讨论校服改良提案时，他们从各个角度有条理地进行表达，对于校服改良报以极大期望，充分体现了主人翁精神。从他们提出的融合学校办学理念"中西合璧、古今融通"的中式服装改良建议中可以看出，他们理解了"社会规范"，并且用服饰的语言表达了出来。学校领导认真倾听、记录了他们的建议，支持了他们的探究。学生对时尚潮流充满了兴趣，针对他们提出的问题，老师及时调整了探究内容，增加了时尚、潮流、经典等学习素材，并且增加了提升日常生活审美这一教学目标。

教后反思

1. 我们的教学策略多大程度上帮助了学生的理解？

学生一开始对服饰的理解多是集中在学校的规定、个人的喜好层面，但是"甜甜圈"分享、五角辩论、观看纪录片、"滚雪球"整理等体验拓宽了学生的视野，将服饰与历史、经济、技术、文化等多个层面联系起来，也让学生通过"服饰会说话"的环节理解了"You are what you wear"（你穿什么，就是什么）。学生最开始对服饰的理解比较浅，有的学生觉得服饰是随便选择的，有的学生觉得注重服饰就是追求物质，但是在探究过程中，他们不断质疑自己之前的想法，开始认识到服饰对个体特别是个体心理的影响。在一次次课堂思辨活动中，他们把第一印象和服饰联系起来，从服饰的变化看到了社会的变革，从穿衣体验中感受到服饰的强大力量。最后，每一个学生都对服饰这个话题有了非常深刻甚至是颠覆性的理解。这样的理解会长久伴随他们之后的生活，并将随着个体实践而持续更新。

2. 哪些主要证据证明学生发展了对KUD的理解？

学生的课堂笔记以及"红绿灯"反思、"3-2-1桥"反思、"爆米花问答"、APEC会议服饰设计、世界各地校服分析等产出证明学生对服饰与个人、社会、时间、地域的关系有了深入的理解。

附 录

附录1 六大超学科主题

三大维度	六大超学科主题	描述
人与自我	我是谁	这是对自我的探究。自我是探究主体，也是探究对象；自我拥有丰富的探究资源，对自我的探究既包括对自我构成如身体、心智、精神追求等的探究，也包括对各种人际关系、权利与责任的探究。
	我如何表达自己	这是对符号标志、表达方式及审美观的探究。人是通过符号系统进行自我表达和沟通交流的，因而语言符号本身成为重要的研究内容；人们通过各种方式表达情感、价值观、观点，展示创造力，表达方式构成探究的另一内容；人人都有美感，并可通过艺术表现出来，因而，审美也成为重要的探究内容。
人与社会	我们如何组织自己	这是对个体与群体关系的探究。人人均是群体中的一员，群体组织塑造了我们的生活，我们也塑造了组织机构。因而，制度与社区的关系，组织的结构与功能，当地发展过程与全球发展过程的关系、决策机制对人类的影响等问题成为重要探究内容。
	我们身处什么时空	这是对时空意识的探究。每个人都身处一定的时空并都有感知时空的能力。因而，个体（群体组织）的过去与未来、各种人类文明、旅游与迁徙，从个人、当地和全球的观点探讨个体与文明之间的相互关系等人类现象，成为这一主题领域的重要探究内容。
人与自然	世界如何运作	这是"关于自然"的自然探究。这不仅包括对自然现象、自然规律、科学技术的体验和对科学原理的探究，也包括人与自然的互动、科技进步对社会和环境的影响、环境对人类活动的影响。
	保护自然	这是"为了自然"的自然探究。关照自然探究的伦理原则，既要对自然研究的目的、手段以及过程给予伦理观照，也要致力于化解人与自然的冲突，明确人类与自然的权利与责任，保护、善待自然并笃行践履，提高保护自然的实践能力。

附录2　八大超学科概念

形式	它是什么样子的?
功能	它是怎样运作的?
因果	它为什么是这样的?
变化	它是怎样变化的?
关系	它与其他事物有什么联系?
视角	来自不同视角的观点有哪些?
道德	我们的责任担当是什么?
审美	我们对文化、艺术和自然的鉴赏态度是怎样的?

附录3　三大探究能力

		批判性和创造性思考能力
批判性思考	分析	• 我能够将想法分成更小的部分，追溯根源，分析因果 • 我能够寻找模式、相似性和差异性 • 我能够识别特征
	评价	• 我能够基于证据形成一个论点，并质疑那些没有证据的论点 • 我可以把想法、观点和挑战联系起来 • 我能够检验、概括和下结论
	形成结论	• 我可以进行归纳，得出结论 • 我可以利用支持性信息创造、发展和捍卫我的解决方案
	反思	• 我可以回应关于我所接触或经历事情的质疑 • 我可以确定我的长处和需要改进的地方
	元认知	• 我可以质疑自己对学习的理解和过程 • 我意识到人们的学习方式不同，我知道自己学习的最佳方式

续表

批判性和创造性思考能力		
创造性思考	产生新想法	• 通过接触不同的经验和资源，我可以产生新想法、开启新探究 • 我可以在貌似缺乏关联的事物之间建立联系 • 我可以重建或改进现有的产品和流程
	考虑新角度	• 我可以提出"如果……会怎么样"的问题，并利用它们来推动我的探究 • 我重视"不可能"的事情，并从中得到启发 • 我的思维是灵活的，并能以多种方式表达出来
	迁移应用	• 我可以将知识和技能用于校内和校外的不同情况 • 我可以将我的知识和技能应用于当地和全球的环境中

社交和情感能力		
自我意识	专注力	• 我可以把我的注意力集中在当下 • 我可以清除内部和外部的干扰 • 我可以根据自己的需要确定和选择正念练习（例如，引导式冥想、瑜伽、正念行走）
	毅力	• 当我遇到障碍或挑战时，我会体现出毅力 • 我通过坚持不懈地克服挑战来发展理解力，显示我的决心 • 我有策略来消除或克服学习中的障碍
	情绪管理	• 我知道是什么触发了我的不同情绪 • 我为自己的行为负责 • 我可以使用诸如正念练习等策略来帮助管理压力和极端情绪
	自我驱动	• 我了解我被驱动去做什么 • 我可以确定实践的动力是来自内部（内在的）影响还是外部（外在的）影响 • 我使用我的主动权
	自我修复	• 我能够以富有成效的方式管理挫折，包括采用正念练习 • 我将逆境、失望和环境变化作为催化剂，反思、重新评估和重新制订我的计划

社交和情感能力		
自我管理	制订规划	• 我可以为自己计划一个平衡的时间表 • 我可以根据不同任务的需要准备和组织设备 • 我可以创建并使用一个系统来记录我的学习 • 我可以有效地使用技术并取得成果
	时间管理	• 我使用工具来帮助我记录时间 • 我可以对完成某件事情需要多长时间做出现实的估计并在必要时进行调整
	目标设定	• 我可以设定具有挑战性和现实性的短期和长期目标 • 我可以在特定的时间范围内承担并完成任务
负责任的决定	自制力	• 我可以调节自己的情绪、想法和行动 • 我可以为自己的权利和需要辩护
	决策力	• 我知道我对自己的看法可能与其他人对我的看法不同 • 当别人有积极或消极的经历时,我能与他们共鸣 • 我可以做出公平和公正的决定
关系管理	尊重他人	• 我关心他人的需要 • 我有一个开放的心态,用行动尊重源自差异的力量
	帮助他人	• 我尽力帮助他人成功 • 我为他人的权利和需要发言 • 我使用策略来防止和消除欺凌行为
	团队角色	• 我知道我的行为对团队的影响 • 在团队中工作时,我练习并鼓励合作行为 • 我在合作或协作时,会改变我所扮演的角色
	解决冲突	• 我能够对具有挑战性的情况做出合理的反应 • 我认真倾听他人的意见 • 我可以清楚和冷静地表达我的需求,帮助纠正分歧 • 当其他人发生冲突时,我可以充当调解人

交流、协作和资讯科技能力		
信息交流能力	聆听	• 我能够听从指令和说明，并在必要时提出澄清的问题 • 我能够谦逊地听取信息和他人的观点
	理解	• 我能够识别、创造并使用符号、标志和声音来表达想法 • 我知道我的肢体语言和面部表情可以给别人很多信息 • 我的肢体语言在不同的国家可能意味着不同的意思
	说	• 我能够清晰地表达自己的想法，让别人理解 • 我能够在小组和大团体中分享想法和意见 • 我能够与他人面对面或使用数字媒介讨论和协商想法与事实
	读	• 我阅读各种文本获取快乐和信息 • 我对我所读的内容进行反思和质疑，建立与文本的联系和超越文本的联系 • 我可以用我所读的内容来支持和加强我的创意作品
	写	• 我可以为不同的目的和读者写作 • 我可以用自己的语言记录和重写我所读的信息 • 我使用图形组织器等工具来协助计划和起草书面作品 • 据我所知，书面语言的形式因学科而异，例如数学和音乐符号 • 我意识到我的用词会影响别人对我的看法，特别是在网络环境中
	知情选择	• 我可以根据受众选择最有效的沟通方式 • 我可以调整或改变我的沟通方式，适应不同的受众
信息素养	制订与规划	• 我知道我想/需要发现什么，我可以提出问题来推动这一探究 • 我可以预测我在探究中需要采取的步骤，并利用这些步骤来制订计划 • 我可以选择适当的工具/资源来帮助我进行探究
	收集与记录	• 我可以通过各种渠道（主要和次要）收集信息 • 我可以使用我所有的感官来注意细节 • 我可以确定最合适的方法（绘图、记笔记、表格、统计等）来记录我发现的细节
	整理与阐释	• 我可以对信息进行排序和归类 • 我可以从不同的地方获取相关的信息，并将其组合成一个有意义的整体
	评价与交流	• 我可以从我收集的数据和信息中识别出模式和关系 • 我在交流发现时会识别信息来源 • 在考虑受众之后，我会选择一个平台来分享我的发现

	交流、协作和资讯科技能力	
媒体素养	媒体表达	• 我意识到人们如何在网上表达自己和被表达 • 我批判性地思考这种表达可能的准确性 • 我对自己在网上的表达会做出有意识的选择
	消费与加工	• 我可以使用在线平台来查找信息 • 我可以使用批判性思维技能来评估我在网上找到的信息
	考虑线上观点	• 我从网上查找各种观点 • 我从多个来源收集信息以支持或挑战我的想法
	创造	• 我可以使用不同的媒体和平台来沟通我的想法 • 我在为我的想法和创作选择沟通方式时，会考虑有效性和效率
	道德使用	• 在与媒体互动时，我有原则并表现出诚信 • 我考虑到我的选择对他人的影响
	来源的可靠性	• 我意识到偏见，并使用策略来检测来源中的偏见 • 我使用工具和批判性思维来确定来源的可信度

附录4 八大培养目标

家国情怀	有理想，热爱祖国，热爱人民，热爱党，理解和践行社会主义核心价值观，将个人价值融入国家富强、民族振兴、人民幸福的伟大梦想中
国际视野	关心时事，热爱和平，尊重和理解文化的多样性，初步具有国际视野和人类命运共同体意识
乐学善思	勤于思考，有强烈的好奇心与求知欲，形成良好学习习惯，发展终身学习能力
勇于探究	敢于创新，学会在真实情境中发现问题、解决问题
喜欢交流	学会交往，善于沟通
善于协作	具有基本的合作能力和团队精神
个性健全	强身健体，健全人格，形成积极的心理品质，具有抗挫折能力和自我保护能力；向善尚美，具有审美情趣和艺术表达能力
敢于担当	坚毅勇敢，自信自强，诚实守信，明辨是非，遵纪守法，孝亲敬长，团结友爱，热爱自然，珍爱生命

附录5　理解"六侧面"

在以学生为中心的课堂上,教师的任务更多的是通过倾听、记录来收集学生达成概念性理解的证据。那么,我们如何知道学生理解了?理解有哪些可以识别的外部特征?在此,我们借用美国教育家威金斯的理解"六侧面"来帮助我们检验任务是否指向理解。

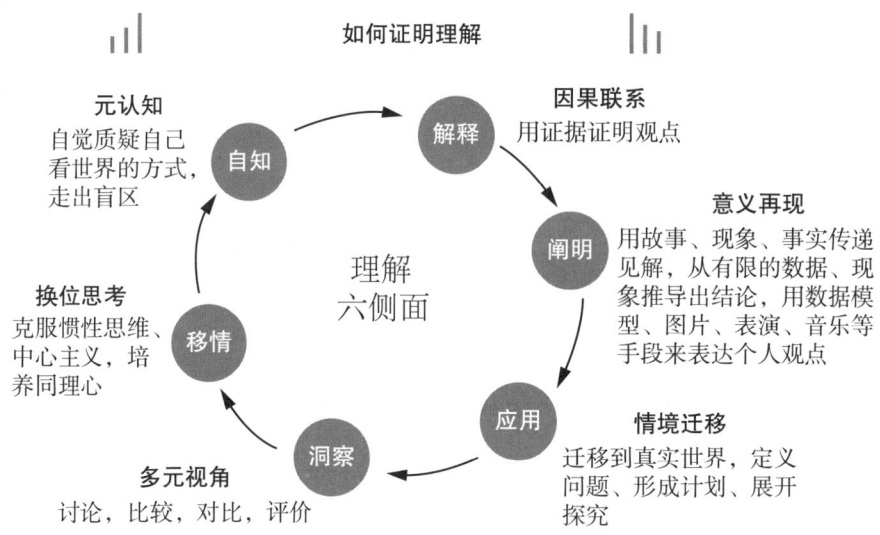

为什么是这六个侧面?因为理解是复杂的。有时候,深入的领悟是理解(洞察),但很多时候,我们受自己处境所限很难理解对方(自知),尤其是对方的观点,这时候,我们需要换位思考,去寻求尊重与认同(移情);有时候,理解是理性的批判性思考,用证据证明观点(解释);有时候,感性地讲一个故事、用一张图片也能传达我们的理解(阐明);有时候,我们能够解释,但是不能够迁移(应用)……。这种复杂情况促使我们寻求多元理解的证据。

侧面1:解释(explain)

为观点提供证明,为现象、数据提供解释,说明背后的关联、原因等。比如,学生对数学定理提供证明和推导,对科学现象提供理论分析,为疫情提供预测,为某一观点提供辩护等。这些动词就是我们要寻找的证据。用"解释"来表现理解,贯穿整个学习活动始终。

侧面 2：阐明（interpret）

如果说解释是理性的批评性思考，那么阐明就是感性地通过描述故事/事实传递见解。比如：数学从有限的数据中推导出结论，经济学通过现有的现象与指标判断出大趋势，历史学通过有限的历史线索重建时间和文物的意义，文学则通过自己人生经验与文本的对接进行阐明。和解释不同，解释是以理论为依托，是理性的；阐明是个性的、情境的，对同一理解可以有不同的阐释方式，如学生可以用数据模型、图片、表演或音乐来表达个人观点。

侧面 3：应用（apply）

这个最容易理解，但是也最容易误解。比如：数学应用题是应用吗？威金斯称之为"假应用"，真应用是迁移到新的情境。真实世界的问题往往足够复杂，学生不能直接把知识搬去用，而是要判断任务、形成过程性计划，经历"探究—行动—反思"的循环，还要关注到完成的作品对受众的影响。

侧面 4：洞察（perspective）

指站在一定高度看全局，审视多元观点，多个角度看问题，从而形成自己的理解。比如学习新闻，需要审查不同媒体平台的立场，在得出结论时，要关注同一领域的不同观点，同时注意各个观点之间的关系。课堂辩论往往有助于形成洞察能力。

侧面 5：移情（empathy）

也称换位思考，它不同于前面几个侧面：解释是批判的眼光、客观的角度，洞察更是保持距离地冷峻审视，而移情是温暖的，把自己代入，试图找到他人观点和行为的合情合理之处。移情也是一种洞察，可以克服我们惯性思维的局限，帮助我们理解不熟悉、不被接受的事物。这一侧面对应的任务可以是角色扮演，比如：科学课上为某某被质疑的理论提供辩护，可以是改换人称视角的二度创作，可以用于英语的跨文化理解，可以是历史课上还原某一历史时刻的重大决定……学生经历"入戏"和"出戏"，对代入的角色进行"审视"：这个角色视角的洞见是什么？偏见是如何被塑造的？这些任务都有助于帮助学生克服自我中心主义、民族中心主义、当代中心主义的倾向，培养多元理解力。

有意思的是，移情属于思考技能中的辩证思维：同时考虑两个或多个不同观点，能够基于别人运用的知识为每个观点构建论据，认识到别人也会有自己的观点。

侧面6：自知（self-knowledge）

和我们通常理解的"反思"相比，这里更多指向的是"认识自己的局限与无知"：我承认自己的无知，我知晓自己的思维模式和行为方式的优势与局限，自觉质疑自己看世界的方式。

我们可以提供这样一些脚手架给学生，帮助他们建立元认知：我知道了什么？我是如何知道的？这个知识的可信度如何？我是以什么方式获取这个知识的？这一方式的优势与局限是什么？我的观点如何被经验、习惯、偏见等塑造？

我们可以设计一些学习活动，帮助学生发展自知，如为作文提供一个自我创作的陈述、提供一份自评、提供一个非常个性化的自我介绍、探究过程中 KWL 表的填写等。

附录6　可视化思维工具中英文名称对照表

英文名称	中文名称
3-2-1 Bridge	3-2-1 桥
3-2-1 Reflection	3-2-1 反思
4C（Contact-Call in question-Conclusion-Change）	联系—质疑—观点—变化
5W1H	六何分析法
Blob Tree	一棵管理情绪的树
Brainstorming	头脑风暴
Bubble Map	气泡图
Cause and Effect	因果
Chalk Talk	笔谈
Chart Paper	记录纸

续表

英文名称	中文名称
CSI（Color-Symbol-Image）	颜色—符号—图像
CSQ（Claim-Support-Question）	主张—证明—提问
Exit Tickets	出门条
Gallery Walk	画廊漫步
Give One, Get One	分享与得到
I used to think…, but now I think…	过去我认为……，现在我认为……
KWHL	已知—想知—怎么做—新知
KWL	已知—想知—新知
Make a Survey	做调查
Me-to-We	找朋友
Parking Lot	停车场
Pushing the Snowball	滚雪球
Question Starts	问题星
Rainbow Walk	彩虹环游
STW（See-Think-Wonder）	观察—思考—怀疑
Survey Table	调查表
T-chart	T 表
Throwing a Snowball	扔雪球
TPE（Think-Puzzle-Explore）	思考—困惑—探究
Venn Diagram	韦恩图
Wonder Wall	问题墙

参考文献

中文文献

联合国教科文组织，2017. 反思教育：向"全球共同利益"的理念转变？［M］. 联合国教科文组织总部中文科，译. 北京：教育科学出版社：28.

威金斯，麦克泰格，2017. 追求理解的教学设计（第二版）［M］. 闫寒冰，宋雪莲，赖平，译. 上海：华东师范大学出版社：92-118.

张华，1999. 论课程实施的涵义与基本取向［J］. 外国教育资料，(2)：28-31.

英文文献

BIGGS J B, COLLIS K F, 1982. Evaluating the Quality of Learning：The SOLO Taxonomy［M］. New York：Academic Press：27-28.

DEWEY J, 1987. The Challenge of Democracy to Education［M］//John Dewey：The Later Works, 1925-1953. Vol. 11. Carbondale, IL：Southern Illinois University Press：183-184.

DEWEY J, 1976. The School and Society［M］//John Dewey：The Middle Works, 1899-1924. Vol. 1. Carbondale, IL：Southern Illinois University Press：29-33.

ERICKSON H L, 2008. Stirring the Head, Heart and Soul：Redefining Curriculum, Instruction, and Concept-Based Learning［M］. 3rd ed. Thousand Oaks, CA：Corwin.

ERICKSON H, LANNING L, 2014. Transitioning to Concept-Based Curriculum and Instruction［M］. Thousand Oaks, CA：Corwin.

GARDNER H, 2008. Five Minds for the Future［M］. Boston, MA：Harvard Business Press：32-33.

GARDNER H, 2011. The Unschooled Mind［M］. New York：Basic Books：155-180.

KANT I, 1992. Lectures on Logic［M］. Cambridge, UK：Cambridge University Press：589.

KANT I, 1996. Critique of Pure Reason［M］. Indianapolis：Hackett：106-107.

MURDOCH K, 2015. The Power of Inquiry［M］. Northcote Vic, Australia：Seastar Education：89.

NEISBITT J, NEISBITT D. Education and Shared Values in 21st Century［J］. Lecture in Jinan, 2019（2）.

PAPERT S, 1991. Situating Constructionism［M］//HAREL I, PAPERT S. Constructionism. Hillsdale, NJ：Lawrence Erlbaum Associates：1-14.

TABA H, 1962. Curriculum Development: Theory and Practice [M]. New York: Harcourt, Brace & World, Inc.: 175.

WHITEHEAD A, 1929. The Aims of Education and Other Essays [M]. New York: The Free Press.

WIGGINS G, MCTIGHE J, 2005. Understanding by Design [M]. Expanded 2nd Edition. Alexandria, VA: ASCD: 13-34.